看美国媒体如何打官司

江　鸿 ｜ 编著 ｜

南方日报出版社
NANFANG DAILY PRESS
中国·广州

图书在版编目（CIP）数据

看美国媒体如何打官司 / 江鸿编著 . — 广州 : 南方日报出版社 , 2016.1
ISBN 978-7-5491-1079-7

Ⅰ . ①看… Ⅱ . ①江… Ⅲ . ①诉讼 – 案例 – 美国 Ⅳ . ① D971.25

中国版本图书馆 CIP 数据核字 (2016) 第 007181 号

出 版 人：周洪威
责任编辑：阮清钰
装帧设计：邓晓童
责任技编：王　兰
责任校对：王　燕

KAN MEIGUO MEITI RUHE DA GUANSI
看美国媒体如何打官司

编　　著：江　鸿
出版发行：南方日报出版社
地　　址：广州市广州大道中 289 号
经　　销：全国新华书店
印　　刷：佛山市浩文彩色印刷有限公司
开　　本：787mm × 1092mm　1/16
印　　张：15.25
字　　数：215 千字
版　　次：2016 年 1 月第 1 版
印　　次：2016 年 1 月第 1 次印刷
定　　价：45.00 元

投稿热线：（020）87373998-8503　读者热线：（020）87373998-8502
网址：http://www.nanfangdaily.com.cn/press　http://www.southcn.com/ebook
发现印装质量问题，影响阅读，请与承印厂联系调换。

目 录 Contents

第五部分　法院的“案”不好审

第一部分
媒体的“嘴”不好管

小报编辑放大了美国人的表达权

——尼尔诉明尼苏达州案

在美国芝加哥论坛报总部大厅中镌刻着一句话：“对勇敢、警觉的媒体之需要，显得尤为迫切，在大都市里更是如此。”这句至理名言来自一起影响深远的官司的判决书，而这起官司就是被后人评价为“将美国人的表达权利彻底从英国式的事前限制中解放出来”的尼尔诉明尼苏达州案。

/ 案件回顾 /

有人曾经做过这样的评价，1931 年美国联邦最高法院终于迎来了第一起重要的出版自由案件——尼尔诉明尼苏达州案，这起案件在最高法院的最终判决结果是维护表达自由的一方取得了胜利，此结果在美国新闻史和宪法史上都产生了里程碑式的作用。正如最高法院的判决书中所写，“控诉应受谴责的行为，特别是官员的失职行为，无疑会制造一起公众丑闻，但是宪法保障的原则却认为，如果阻挠出版，将会造成更大的社会灾难”。

那么这起影响如此深远的案件究竟是一起什么样的案件呢？

“扒粪者”尼尔

本案的主人公杰伊·尼尔是一个颇有个性的新闻记者，在新闻工作中，此君最热衷于揭露各类社会丑闻，有这类喜好的记者一般被称为“扒粪者”，也就是美国进步主义运动中兴起的黑幕揭发记者。

作家弗雷德·弗兰德利在其著作《明尼苏达小报》中这样描写尼尔：

他是一个反天主教，反犹太人，反黑人，反工会的极端人士。

就是这样的一个人 1927 年在明尼苏达州的明尼阿波利斯市创办了一份名叫《周六新闻》的报纸。正所谓报如其人，这份周报也秉承了尼尔的反犹太传统，在报纸上大肆刊登反犹太人的文章。例如在一篇报道中，尼尔就直接指责该市的警察局长和“犹太匪帮”沆瀣一气，昏庸腐败，“暗地里操纵着明尼阿波利斯市的一切”。

表面上看，尼尔这个人比较偏激，但实际上，尼尔是一个比较有正义感的人，也是一个恪守新闻职业道德、敢于挑战权贵的正直人士。曾经就有人在一次聚会上讲过这样一件事：

杜邦公司总裁欧文·夏皮罗的父亲萨姆·夏皮罗曾在明尼阿波利斯市经营过一家干洗店，在做小生意的过程中，萨姆·夏皮罗得罪了当地帮会，于是当地帮会的头目巴内特要求他立即停业，并将干洗店转给别人。萨姆·夏皮罗拒绝了巴内特的要求，结果巴内特派遣手下闯进了干洗店，肆意在客户衣服上泼洒硫酸。那时的欧文·夏皮罗才 11 岁，躲在店内木头隔板后面目睹了这些人的恶行。事件发生后，当地报纸也进行了报道，但都没有提到事件的幕后主使巴内特。这件事后来被尼尔获悉，他便在《周六新闻》上详细披露了这件“黑恶势力”做的恶事，报道中尼尔不仅详细阐述了事件的由来，还指名点姓点出巴内特的名字，顺便还批判了当地媒体畏首畏尾的行径。报道发出后不久，巴内特便因这件事被政府起诉，最终被送进了监狱。

尼尔不但敢于“得罪”黑帮，还有着一个“爱好”，就是喜欢批评政府官员，揭这些人的“短”。

明尼阿波利斯市有一个海乐平郡，该郡的检察官叫佛洛伊德·奥尔森，这个奥尔森曾先后当过三届明尼苏达州州长。尼尔对此君毫不客气，在他的《周六新闻》里也是极尽挖苦，正是对此君的这些报道让尼尔惹上了官司。

州长的诉讼

在无法忍受尼尔的那些挖苦、讽刺甚至是下流文字的报道后，佛洛伊德·奥尔森选择了打官司——在法院以诽谤罪提起对尼尔的诉讼。

佛洛伊德·奥尔森在起诉时依据的是一部名为《防治公共滋扰法》的法律。提到滋扰，按照一般人的理解，主要指的是那些骚扰邻人或者不文明的行为，如乱丢垃圾，在休息时间肆意制造噪音等。但是在当时明尼苏达州的这部《防治公共滋扰法》中，任何经营“恶意诽谤、毁人清誉的报纸”者也属滋扰罪。为什么在该州有这样的规定呢？

原来，在 1925 年，为了惩罚一份名叫《德卢斯锯报》的报纸，该州州议会才通过了这部涵盖范围比较广的较为特殊的《防治公共滋扰法》。由于当时受到该法惩罚的报纸属于那种经常假借揭发丑闻之名而行敲诈勒索之实的一些不得人心的报纸，因此，该法在该州也就没有引起媒体的声讨。

就这样，依据该法律，佛洛伊德·奥尔森向法院起诉了尼尔，起诉书声称，被告尼尔在 1927 年 9 月 24 日以及 10 月和 11 月的连续八个发行日期中出版和传播了在很大程度上是恶意、诽谤、诋毁性的文章。

根据《防治公共滋扰法》有关条款，地区法院对事实的裁决因循了起诉书中的指控，并笼统地指出，考虑到那些被列出姓名的个人的名誉，这些受到争议的出版文章“确实是恶意、诽谤、诋毁性的文章”，法院因此裁决，被告“确实定期、惯常地制造、出版、传播了一份恶意、诽谤、诋毁性的报纸”，“在《周六新闻》或任何其他媒体中的上述出版文章在州法律下都构成了公害”。判决书认为，“大家所熟知的《周六新闻》这份报纸、杂志和期刊”，作为一种公害，“应该被予以取缔”。为此，法庭判决永久地禁止被告“制造、编辑、出版、传播、占有、销售或者分发任何法律所界定的恶意、诽谤、诋毁性的报纸”，同时还禁止被告“再次以《周六新闻》的名义或其他名义危害公共利益”。这一判决简单地说就是让《周六新闻》停止发行，永远歇业。

但是毕竟时过境迁，法律不与时俱进的话也会出问题。况且此番遭受惩罚的《周六新闻》又不是那种敲诈勒索的不良媒体，面对这样的惩罚，尼尔当然是不甘就范了，于是一场官司就此打了起来。

/ 官司进程 /

上诉！上诉！

不服初审判决的尼尔向明尼苏达州最高法院提起了上诉，上诉之初，尼尔原本对打赢这场官司信心满满，况且他的律师在梳理案件、书写上诉状的时候也告诉他，初审法院判决时所依据的《防治公共滋扰法》不但违反了宪法第十四修正案，而且违反了明尼苏达州宪法中有关保护出版自由的条款。

但令尼尔始料不及的却是，在州最高法院，官司依然输了。明尼苏达州最高法院在审理尼尔的上诉后很快便驳回其上诉请求。该州最高法院的大法官们做出了如下裁决：

> 我们的宪法从未打算保护恶意诽谤、蓄意中伤他人的不实之词，或者动机不良、别有用心的出版物。宪法只对诚信、审慎、尽责的报业提供保护。宪法规定的出版自由，不是为放纵那些居心险恶者肆意妄为，正如它赋予人民集会权利，却不容许非法集会或骚乱暴动。

曾经获过普利策奖的美国记者安东尼·刘易斯多年后在评价这起官司时写道，明尼苏达州最高法院的判决难免让人想起联邦党人当年为《防治煽动法》的辩护。与那部法律一样，即使被告证明自己陈述、报道完全属实，《防治公共滋扰法》一样要求他们必须具有“善良动机、正当目的”。州最高法院在这里只支持“我们所赞同的思想”的自由。

在州最高法院输掉官司后，本不富裕的尼尔可以说到了山穷水尽的地步，他已经再没有财力进行上诉了。就在这起官司看似已然终结的时候，两家社会机构向尼尔伸出了援手。

伸出援手的两家机构，一家名为“美国公民自由联盟”，而另一家则是大名鼎鼎的右翼报纸《芝加哥论坛报》。

本来尼尔同上面两家机构没有任何关联，但为什么他们愿意帮助尼尔继续上诉呢？

原来，《芝加哥论坛报》的发行人罗伯特·卢瑟福·麦考密克是一位有着长远新闻理想的新闻人，特别是对新闻自由的尊奉更是近乎狂热。在知道尼尔的这起官司后，他就认定，明尼苏达州的这部《防治公共滋扰法》是典型的恶法，已经严重地威胁到了该州的新闻自由。因此，当他获悉尼尔在州最高法院败诉已没有财力继续上诉后，便游说了那些最初对尼尔的官司漠不关心的报业同仁，并成功地通过了一项谴责《防治公共滋扰法》的决议，称其为“对人民自由最严重的侵扰”的法律。同时这些报业同仁还开始出资出力，帮助尼尔继续上诉，最终尼尔的官司在报界同仁的推动下上诉到了联邦最高法院。

最高法院里的交锋

1931 年 1 月美国联邦最高法院开庭审理尼尔诉明尼苏达州案，法庭上尼尔的代理律师韦姆斯·柯克兰首先陈述。

在陈述中，柯克兰提出，即使报纸刊登了针对公众人物的诽谤性文字，也不能成为政府打压报界的正当理由。因为，只要有人为非作歹，报业自然会出现所谓的诽谤性言论。

为了增加说服力，柯克兰还拿出了 19 世纪《纽约时报》揭露臭名昭著的政客鲍斯·特维德的恶行时的例子，这个特维德当时就曾以诽谤的罪名控告过纽约时报，但最终结果却是法院判处特维德败诉。柯克兰举出这个例子的目的就是向法官表明，“前有来者”，作为社会公器的媒体在代表人民行使监督权时不可避免地会触犯到某些人的利益，但这根本构不成诽谤。

在联邦最高法院，代表被告明尼苏达州政府出庭的是该州的助理司法部长詹姆斯·马卡姆。仔细研读了案卷，并且对《周六新闻》一一过目的布兰代斯大法官问马卡姆，在《周六新闻》的这些文章里，记者努力证明警匪勾结，操纵赌场捞钱的事实，甚至还点出了警察局长和一些不法官员的名字……我们的确不知道这些指控的真假，但我们很清楚，如果这种警匪一体的情况确实存在，这将是很多城市的耻辱。这些报人孜孜以求的，无非是揭露更多被官方遮蔽的黑幕，如果这样的言论都不能免责，那么还有什么样的言论能免责呢？如果我们不允许人民讨论这类事务，公共安全又如何能得以保障？的确，很多情况下，诽谤确实存在，但是你总不能一面揭发罪恶，一面掩盖作恶者的姓名吧。很难想象，一家没有任何言论免责特权的媒体，能够担当起维护民主社会安危的重任。如果不给他们免责特权，那么，还有什么工作配享有这种特权？

面对大法官的咄咄逼问，马卡姆认为，出版自由只保护出版物不受事前限制，而明尼苏达州的《防治公共滋扰法》并未施加任何事前限制，也即这部法律并没有要求任何人在出版发行前必须要取得官方的出版许可，该法只是规定，报纸发行后，如果确实刊载了诽谤言论，那么可以由一名法官决定是否对出版物进行追惩或查封。而且，在出版许可中，承担举证责任的并不是报纸发行人，而是政府。

此外，马卡姆在陈述中还指出，宪法第一修正案中的“出版自由”只能解释为禁止事前限制。同样为了增加说服力，马卡姆还引用了最高法院的霍姆斯大法官在1907年的帕特森诉科罗拉多州案中的一句判决意见，“第一修正案只禁止对出版的事前限制”。马卡姆的话音未落，当时仍未退休的霍姆斯大法官插了一句话：“写那些话时，我还很年轻，马卡姆先生，现在我已经不那么想了。”

在唇枪舌剑的庭上辩论后，尼尔和明尼苏达州政府谁能赢得官司呢？这一切都只能静候最高法院9位大法官的最终判决了。

影响深远的判决

经过深思熟虑，联邦最高法院最终做出了如下判决：

> （明尼苏达州的做法）侵犯了宪法第十四修正案所保护的新闻出版自由……本案中所提到的政府官员，以及与之有关的对官员失职行为的指控，可能被认为并无过错，但这并不影响我们得出结论，即该法规对出版实行了限制，这是违反宪法的。原判被推翻。

当时最高法院的首席大法官休斯撰写了判决意见。判决意见中，休斯援引了麦迪逊驳斥1798年的《防治煽动法》中的一句话：“任何事务一旦实际运转，总难避免某种程度上的滥用，这类情形在新闻界体现得尤为明显。不过，我始终认为，留存一些芜枝杂叶，任由其自由凋敝，会比直接剪除更有利于树木生长。”

在判决书中，休斯还提出了大法官们对媒体社会角色的看法，他写道，当报界轻率诋毁公众人物，谩骂诽谤恪尽职守的公职人员，并借用公共舆论对他们施加影响时，我们不能说媒体权力正被严重滥用，因为与开国先驱们当年遭受的人身攻击相比，这类言论根本算不上什么。如今，我们政府的行政架构已愈加庞大、复杂，渎职、贪污腐败的几率也大大增加，犯罪率更是屡创新高。玩忽职守的官员与黑帮分子狼狈为奸，这将对人民的生命和财产安全构成极大威胁，因此，社会是非常需要勇敢、警觉的媒体的，在大城市中更是如此。

判决书还提到，这个世界的所有胜利应该感恩于从错误和压抑中获得的理性和人性；而美国作为一个自由独立的国家所施行的大多数权利都得益于这一政策，这些权利将美国的政治体制有力地推进到了一种令人幸福愉悦的程度。如果煽动法案一律施行于新闻界的话，美国今日岂不是会在一个病弱的联邦之下日益衰弱？如果不是这样的话，美国不也可能会沦为悲惨的殖民地，在列强的枷锁下呻吟吗？

约150年以来，几乎从未出现过企图对涉及政府官员失职行为的出版物进行事先约束的行为，因为人们深信这种约束违反了宪法权利。应该允许人们在媒体上对政府官员的品质和行为进行自由的争论和评论，对于错误的指责，他们可以通过诽谤法来进行纠正和惩罚，而不应该约束报纸和期刊的出版……

在判决书中，休斯还写道，出版者在禁令发布之前虽被允许证明其出版的内容是真实的，并且出版是基于善良的动机和正当的目的，但这一事实并不能证明受到质疑的法规是正当合理的。如果在此基础上，批准压制和禁令的这一法规被认为是符合宪法精神的，那么就等于说，立法者规定报纸的出版人任何时间都能够被带上法庭，甚至带到一个行政官员面前（因为宪法保护并不仅仅被看做是停留在程序细节上的），并被要求提交能够证明其出版或即将出版的内容的真实性及出版动机的证据，否则报纸的出版就会被禁止。倘若真是这样的话，立法机构就应对判断其目的是否正当的方法作出规定，并依此限制出版。这距离完全的审查制度仅有一步之遥……

坚持认为该法规旨在防止意欲破坏社会稳定、挑起争端和引起犯罪行为的诽谤的传播，同样是无效的。控诉应受谴责的行为，特别是官员的失职行为，无疑会制造一起公众丑闻，但是宪法保障的原则却认为，如果阻挠出版，将会造成更大的社会灾难……

最终判决虽然推翻了明尼苏达州最高法院的判决，但这起引起轰动效应的官司在当时却只能说是“险胜”，最高法院的9位大法官中5位赞同推翻原判，4位则是持不同意见。5位持赞同意见的大法官分别是休斯、霍姆斯、布兰代斯、哈兰·斯通、欧文·罗伯茨，4位持异议的法官则是皮尔斯·巴特勒、威利斯·范·德凡特、詹姆斯·麦克雷诺兹和乔治·萨瑟兰。

/ 法眼观案 /

第一观：判决结果为美国的出版法确立了一个基本命题

尼尔诉明尼苏达州案堪称为美国的出版法确立了一个基本的命题，即根据宪法第一修正案，以往的对出版物的事前限制应当受到质疑。

在最高法院针对本案的最终判决中，休斯大法官使用了“质疑”这一词汇而不是“废止”。这也就意味着最高法院并没有完全把事前限制剔除出历史舞台，而是为它留下了“复活”的可能。

如何“复活”？日后的一些事件证明，在国家面临诸如战争等特殊情况时，政府是可以对媒体的某些报道内容进行事前限制的。正如休斯所言，在战争时期，无人质疑政府禁止媒体公布军队开拔时间和兵力部署的权力。这一“复活”的空间可以说非常狭窄，而且持续时间也不会很长。为了避免政府任意延长事前限制使用的时间和空间，最高法院也指出，在通常情况下，无论是行政审查，还是法庭禁令，都不得对出版物进行事前限制。因而，在尼尔诉明尼苏达州政府案后，但凡有人申请对媒体报道进行事前限制，法院多半会予以驳回。

在新闻出版界，对于事前限制和事后追惩究竟哪一个的危害更大一直是争论的一个焦点。有人认为，政府用公权力在事后对编辑记者进行严厉的追惩会直接迫使媒体从业人员不得不进行自我审查，而这对表达自由的危害是远大于事前限制的。但也有人认为，对报纸、期刊等出版物申请事前限制令，法院的法官就可作出决定，但如果到了事后追惩打官司的阶段，那么就得交由陪审团裁决，从这点看事前限制的个人随意性较强，难以代表民意，因此，事前限制对新闻出版自由的危害比较大。

不过，不管怎么争论，在尼尔诉明尼苏达州案后，美国政府是极少采用事前限制这一做法的，仅有的几次还被法院驳回。这几次中，一次是《纽约时报》和《华盛顿邮报》登载五角大楼关于越南战争的绝密文件，但是由于在政府动用事前限制的前三天《纽约时报》就已经开始选登有关文件，所以在政府申请事前限制的禁令时，由于纽约时报的代理律师亚历山大·比克尔告诉法官，“三天过去了，共和国安然无恙！”因此法官据此驳回了政府申请禁令的请求。

正如后来有研究者说的那样，《纽约时报》刊登五角大楼文件案显示出了这样的一个现实，事前限制比事后追惩更加危险。美国政府原本打算将纽约时报的编辑层和管理层全部送进监狱，但最终却是自取其辱，使政府自己输掉了官司。在这场官司中，最高法院以“6 比 3”的投票结果裁定美国政府提供的证据不足以动用“事前审查”特例。判决书中大法官小威廉·布伦南便参考了尼尔诉明尼苏达州案的判决结果后写道，“只有政府能够指控并证明出版的信息会立即并直接引发一个危及海上运输安全的行为，否则（法院）无法支持签发一个临时禁制令”。而大法官休戈·布莱克阁下和威廉·道格拉斯阁下的意见更加激进，他们认为事先审查是完全没有理由的。

随后的这些案件说出了这样一个事实，申请事前限制的禁令虽然简单，但政府或者官员想让所有的媒体保持沉默，不再说自己的坏话却没那么容易，而这一切都与尼尔案中最高法院的判决密切相关。

第二观：人民有权获知政府的日常作为

尼尔诉明尼苏达州案之所以产生了深远影响，被称为里程碑式的审判，还有一个重要原因，即更好地将宪法第一修正案对媒体的保护范围扩大化了，使媒体成了美国社会的“特权阶层”。正像几年后参与了纽约时报诉美国政府案审理的大法官雨果·布莱克所言：

> 媒体必须受宪法第一修正案的保障，如此才能揭发政府隐秘，公示人民知晓。唯有一个自由、不受约束的媒体，才能有效曝光政府蒙蔽人民的内幕。自由媒体肩负的至高无上的责任，是防治政府行骗……

此外，尼尔一案的判决结果还在美国社会引发一连串连锁反应。在五年后，美国最高法院又在路易斯安那州征收报纸税一案中援引了尼尔案的判决。

针对发生在路易斯安那州的政府要向报纸征收报纸税这一案件，美国最高法院宣布，路易斯安那州的这一对报纸征收报纸税的做法违反了宪法第一修正案，萨瑟兰大法官在判决书中写道，人民有权获知政府的日常作为，无论这些作为是否正当。充分的资讯是遏制恶政的最有效手段。……自第一修正案生效以来，英国人那种审查制度已经永远退出了历史舞台。

可以说，尼尔诉明尼苏达州案将美国公众的表达权彻底从英国式的那种事前限制中解放了出来。这不仅是媒体的胜利，更是公众的胜利，因为正是这起官司大大扩大了公众的知情权，使政府的行为更多地暴露在了阳光下，少了隐瞒，多了公开。

第三观：“为了能享受出版自由提供的莫大好处，必须忍受它所造成的不可避免的痛苦。”

尼尔诉明尼苏达州一案在一定程度上对公众的言论进行了一次划分，那就是言论既有私人言论也有公共言论。其中，私人言论多属于个人隐私，和公共事务相关度较低，而公共言论则是实现社会进步，对政府进行监督的基础所在，对此政府是不应该利用公权力进行干预的，而这也恰恰是保障新闻出版自由的基本要求。

正是因为有了尼尔诉明尼苏达州案等一系列和新闻出版自由密切相关的案件，我们才会发现在当今的美国新闻界的强势与政府多数时候的无可奈何这一现象。

人们常说，美国媒体最热衷的事情之一就是“骂”以总统为代表的各级官员了。何以如此？因为媒体是替民众说话的，是受到宪法第一修正案保护的国家的第四权，这个第四权同时还拥有法律允许犯错的特权，只要主体事实是真实的，细枝末节部分出点错都是可以的。正因为如此，才出现了人们常说的，当选为州长、议长、总统，那就相当于躺倒在案板上，和媒体比起来就是“媒体为刀俎，我为鱼肉了”。

在 2006 年 4 月份的一次白宫记者招待会上，美国著名脱口秀主持人史蒂芬·高尔百特发言时，当面指着小布什的鼻子冷嘲热讽了半个钟头。他说：“总统先生，据说最好的政府是管得最少的政府，我们美国是不是已经帮助伊拉克建立了最好的政府？”见台下的小布什脸色越来越难看，此君不仅没有住嘴，而是愈发来劲，继续调侃道：“现在报纸上说您的支持率才 32%，别理那些老说您是瓶子半空着的人。其实，瓶子哪里是半空的？三分之二都是空的！”

但是小布什会怎么对待这个高尔百特呢？没有别的办法，即便你气得要死，却还得苦笑、干笑地听对方把你数落完。

看，这就是今天的美国新闻界和政界的关系。而这种关系的形成也不是一蹴而就的，是经历了新闻界一场又一场的斗争和官司才争取来的，这些官司中，尼尔诉明尼苏达州案是经典中的经典，正是这起官司中媒体的胜诉，使得美国社会特别是政界形成了能容忍媒体“谩骂”的传统，而这正应了托克维尔那句话：“为了能享受出版自由提供的莫大好处，必须忍受它所造成的不可避免的痛苦。”

大量煽情性失实报道出炉后

——谢泼德诉佛罗里达州案

/ 案件回顾 /

民告官在中国比较新鲜，但是在美国，这类官司可一点也不少见，在 1951 年，一位黑人青年就和堂堂的美国佛罗里达州打起了一场影响巨大的官司。

一起强奸案

1949 年 7 月 16 日，在佛罗里达州莱克县（Lake County），一个新婚的 17 岁白人女性报案称，她遭到“4 个拿着手枪的黑人”强奸。当天，22 岁的塞缪尔·谢泼德（Samuel Shepherd）和同龄的沃尔特·欧文（Walter Irvin）以及 16 岁的查尔斯·格林利（Charles Greenlee）被捕，6 天后大陪审团对他们提起指控，8 月 12 日三人接受传讯，9 月 1 日法院开始对他们进行审判。三天后，陪审团裁判三人罪名成立，并且没有建议宽大处理，法官判处谢泼德和欧文死刑。此后佛罗里达州最高法院也维持了对三人的定罪和量刑。

煽情性报道开始出炉

由于案件性质恶劣，且涉及有色人种，因此，从一开始媒体就对这个案件进行了大量报道，内容也是五花八门，包罗万象。

例如，其中的一篇报道称，警方说谢泼德和欧文两人认罪了。该报道见报后，包括警方在内，没有人出面否认。这篇报道产生了很大的影响，“证人和应召担任陪审员的人都说，他们看过或听说过这篇报道。”那么真实情况是不是这样呢？实际上，在整个审判过程之中，被告人并没有认罪。事后，刊登该报道的报纸主编解释了报道的由来：“这个消息来自各种各样的报纸和我与各色人等的广泛交谈……如果那些报道在见报两三天后没有遭反驳和进行更正，它们就经受了考验，我会假定它们是真实的。你提醒我注意的那篇报道是一大摞报纸中给我印象最深刻的一篇，三天之内没有人反驳。我认为，从始至终没有人否认它。”

一篇道听途说的报道影响了审判，但导致审判受到影响的远不止失实报道这么简单。因为这一案件引发的社会反应远远超出了犯罪本身。黑人强奸了白人新娘，在种族歧视还很严重的20世纪50年代的美国犹如一颗炸弹引爆了当地的种族矛盾。涉案的三名黑人被告一开始被关押在该州莱克县看守所，情绪激愤的白人聚集在看守所外面，要求将谢泼德和欧文交给他们。当然，如果交出这几个黑人被告，结果可想而知。出于安全的考虑，法院后来将这几个黑人转移到了100英里之外的州监狱，一直到审判开始之前的两周才把他们再转移回来。

报道使社会开始发酵

强奸案造成的社会反响还在继续酝酿，就在转移这几名黑人嫌疑人的同时，一群情绪激动的白人烧毁了谢泼德的父母和另外两名非裔美国人的房屋，6名白人女性甚至开车来到一家非洲裔美国人开的咖啡馆门前，下车后站在距离咖啡馆10至15英尺远的地方向着这家倒霉的咖啡馆的后门连开了8至10枪。

根据当时媒体的报道，一些暴民还在案发地的县城里四处游逛，见到非洲裔美国人的房子就烧，情况越来越不妙，以至于一家报纸在报道中发出了这样的言论，“如果两人被判无罪，那么情绪失控的暴民将对他们处以私刑”。审判开始前，因为担心生命危险，这个地区的黑人几乎都逃离了。

而此时，一些媒体煽情性的报道更是令事件火上浇油。有些媒体甚至使用了这样的大字标题：《骑士夜烧莱克县黑鬼家》《黑鬼家大火照亮莱克县夜空》，还有些媒体在大陪审团审理案件期间用漫画的形式画了4把电椅，上面写着“绝无妥协——极刑”。

/ 官司进程 /

“高手”法官开始初审

重重压力之下，该案的初审法官富奇意识到审判过程中也可能发生暴力事件，因此，这位老兄提前发出了多项维持审判正常秩序的命令：“旁听人数只限于座位数；开庭前30分钟，不许任何人在中间过道、楼梯和审判厅角落站立和走动；休庭后关闭电梯，除了法庭官员，其他人不得使用……进入审判庭的每一个人都要接受检查，禁止任何人携带小提箱、小背包、袋子、篮子及其他类似物品进入审判室。”

8月12日，审判的日子到了，法庭指定哈里·E. 盖洛德（Harry E. Gaylord）为谢泼德和欧文的律师。到了8月22日，美国全国有色人种协进会（NAACP）为几名被告聘请了来自奥兰多的律师小亚历克斯·阿克曼（Alex Akerman, Jr.）。这个阿克曼可不简单，脑子转得很快，他明白这案子在这个已经群情激愤的地方审理肯定后果不妙，于是，他立即申请延期审判和变更审判地点，但这个提议被法庭驳回了。

在审前会议上，阿克曼把自己事先收集的很多媒体的报道提交给了法庭，此君在这件事上可真是下了功夫，前后收集了包括《哨兵晨报》《明星晚报》《星期日哨兵明星报》《新闻报》《新闻话题报》《话题报》《论坛报》《先驱报》《尤斯蒂斯湖区新闻报》《公民报》和《商业报》等很多报纸，当然，他所收集的这些报道都是些可能会干扰案件审判的煽情性的报道。

8月29日，陪审员选任开始，开场陈述也在9月1日正式启幕。然而，天公不作美，一场突如其来的飓风袭击了奥兰多，这使得本已做好了充足准备的阿克曼失去了宝贵的两个晚上和一个整天的准备时间，9月3日，谢泼德和欧文被判罪名成立而且被法庭判处死刑。不过，这一判决结果并非最终判决。判决后谢泼德上诉到了联邦最高法院，最高法院经过审理推翻了原判，最高法院的判决书只有一句话，“根据《卡塞尔诉得克萨斯州案》（*Cassell v. Texas*），推翻原判。”

柳暗花明又一村

那么什么是卡塞尔诉得克萨斯州案呢？在卡塞尔诉得克萨斯州案中，主角同样是一个叫李·卡塞尔（Lee Cassell）的非洲裔美国黑人，在一起刑事诉讼中，李·卡塞尔被控谋杀罪，得克萨斯州一地方法院对李·卡塞尔做出了有罪判决。判决后，卡塞尔向美国最高法院申诉。他的申诉理由是，审判他的法院的大陪审团在确定人选时把非洲裔美国人排除在外，因此这样的陪审团人员构成侵犯了宪法第十四修正案赋予他的权利①。

接受了李·卡塞尔上诉后，负责召集陪审团的达拉斯县政委员会委员作证称，没有黑人入选陪审团是因为他们是从认识的人之中挑选陪审员，而他们自己根本就不认识任何可以履行陪审员职责的黑人。同时，记录显示，从 1942 年至 1947 年，该县共组建了 21 个大陪审团，但没有一个陪审团中的黑人超过一人，总共 252 名陪审员中黑人只有 17 名，占总数的 6.7%，不过与之相对应的是，该地区黑人人数占该县总人口和有资格的选民的比例分别为 15.5% 和 5%。基于上述事实，美国最高法院认为，大陪审团成员在选人过程中带有有针对性地歧视黑人的色彩，因此，美国最高法院最终撤销了对卡塞尔的定罪。

真是出奇相似的两起案件，也正是因为有了这个前车之鉴，当谢泼德上诉后，美国最高法院也随之发现了这样一个事实，谢泼德案的审判地莱克县成年人人口有 1.8 万人，非洲裔美国人 4500 人，但是审判谢泼德和欧文的陪审团只有一人是非洲裔美国人。而根据事后参与审判的法庭官员回忆，陪审团中的这个黑人是该县唯一一名担任过陪审员的非洲裔美国人。在此情形下，不难理解，美国最高法院为何援引卡塞尔案判决推翻原判，因为两案简直是如出一辙。

/ 法眼观案 /

第一观：带有偏见的审前报道违反了宪法

乍看之下，本起官司的判决与新闻自由没有什么关系，也不是媒体和法院打官司，然而，在该案的一份同意意见书中，大法官罗伯特·H. 杰克逊表示，他支持撤销原判的一个理由是，带有偏见的审前报道违反了宪法。大法官费利克斯·法兰克福特

① 美国宪法第 14 修正案在美国内战期间通过并实施。该修正案主要是针对在美国的非洲后裔而设定，该法案规定："所有在美国出生或在美国归化，并受美国司法管辖的人，都是美国公民以及其所居住州的居民，任何州都不能制定或执行任何削弱美国公民权利或豁免权的法律。"

（Felix Frankfurter）也支持杰克逊的观点。按照杰克逊的观点，报纸的报道是如此密集强烈，依据正当程序法的要求，应当将审判转移到一处未受报道影响的地点进行。

谢泼德诉佛罗里达州的案件还昭示着这样一个重大转折，在此之前，美国最高法院为了保证审判的中立性，对单个陪审员要进行逐一审查。在此之后，则开始关注作为整体的陪审团。

当然这种转变也不是突发奇想，而是在有着一定铺垫的基础上改变的。首先的铺垫就是在霍尔特案中提出的“偏见推定”概念，这个概念实际上已经暗含着以陪审团而非单个陪审员为审查对象的意思了，然后在第一次世界大战之后，开始正式以陪审团为考察对象，来评判中立性，不过最初对中立性造成负面影响的因素还不是由于新闻报道，而是种族歧视。在穆尔诉登普西案（*Moore v. Dempsey*，1923）中，阿肯色州菲利普斯县（Philips County）的 5 名非洲裔美国人被判一级谋杀罪成立，处以死刑。他们向美国最高法院申诉：“州法院的审判徒具审判形式，在暴民的压力之下，申诉人被仓促定罪，审判违反了正当程序法，毫不顾虑其权利。”

美国最高法院审理后认为，由于种族歧视带来的偏见在当地形成强大且普遍的影响力，陪审团中的任何人如果宣告 5 人无罪释放，以后他将难以在当地立足，因此 5 名非洲裔美国人没有获得公正审判，撤销有罪判决。

第二观：偏见报道干扰了司法审判的公正性

在这起案件中，大法官罗伯特 · H. 杰克逊撰写了一份同意意见书，大法官费利克斯·法兰克福特联署。在这份意见书中我们可以看出两位大法官对偏见报道的看法，他们认为：

一、密集的偏见报道干扰了司法审判的公正性

在同意意见书中，杰克逊大法官首先分析的不是种族歧视问题，而是本案中媒体出现的密集的偏见性审前报道。他用下面的文字概述了这种偏见性审前报道的状况及其后果：

> 这是一次异常典型的高度曝光的审判，法庭外部的偏见对陪审团造成了极大的影响，以至于被告人不可避免地被预先认定为有罪，报刊和公共舆论已经作出了裁决，审判只不过是一个照本宣科宣布该判决的法律姿态。

尤其是一家报纸无中生有地说，警方表示谢泼德和欧文已经认罪，杰克逊认为，那篇捏造出来的认罪报道无异于剥夺了被告人的诉讼权利：

> 如果检察官在法庭上告诉陪审团被告人已经认罪，却又不能证明被告人确实认罪，毫无疑问，法庭应当宣告该次审判是一次无效审判，而且应当以藐视法庭罪传讯该检察官。如果认罪在法庭上被作为证据提出来，被告人将有权与声称目睹认罪的证人当面对质，有权进行交叉询问，有权反驳证人的证词……如果这种事情发生在法庭之上，被告人的律师可以用证据、辩论和请求法官发布指导意见来应对它们，至少可以把他的反对意见记录在案。

但是，在本案，所谓的被告人认罪纯系子虚乌有，当然也未在法庭上出示，却因为审前报道四处传播，杰克逊认为，律师和法庭都没有阻止报刊和电台将这种“未经宣誓、无人目睹、未经交叉询问和未经反驳的”说法传递给陪审团。“负责关押被告人的法庭官员提供的新闻稿说，被告人已经认罪了，在制造偏见性影响方面，想象不出还有能出其右者。”他提醒说：“报纸在享受它们的宪法权利的时候，不得剥夺被告人接受公正审判的权利。由于出现了上述状况，本案的定罪不符合正当程序法的规定。在我看来，单单这一点已经足以推翻原判。”

杰克逊提出的解决办法很简单。他写道：“如果新闻自由被滥用至极，不可能在当地举行公正的审判，必须将审判移至一个未受审判报道影响的地方，以保护司法诉讼正常进行。”他注意到，辩方两次提出申请，一次请求延期审判，一次请求变更审判地点，但是都被驳回。

杰克逊在意见书的结尾毫不掩饰地批评了不负责任的报道，“本案提供了美国司法公正遭受最严重威胁的最恶劣的一个事例”。

二、种族歧视在本案只具理论意义

至于陪审团选人过程中的种族歧视问题，杰克逊认为，它只具有理论上的意义，因为虽然卷宗显示确有歧视的情形，但是本案审判发生的舆论环境及其伴随的事件，已经造成一个后果，即无论由什么陪审团来审判，被告人都被剥夺了接受公正审判的权利。“事实上，陪审团中的黑人，谁也不敢发表不同意见或者宣告被告人无罪。那些黑人（指谢泼德等人）要想获得无罪释放，只能寄希望于某些刚正不阿的白人，能够大无畏地面对和忍受由于宣告被告人无罪而招致的白人邻居的憎恶。”

司法机构也成了“被告”

——内布拉斯加州新闻协会诉斯图尔特案

在司法审判中如何才能使那些充满偏见的新闻报道不来“添乱”，这是摆在很多司法机构面前的一个严峻问题。有些机构可能会想到一个最简单、最直接的办法——禁止新闻媒体报道那些可能干扰审判、有利于被告人的信息。

然而，这种办法属于一种事前限制，而事前限制又被公认为是侵犯新闻自由的最大危险。

历史上，作为一种传媒管理制度，事前限制指未经政府事先批准和核准执照，不得创办、印刷或发行报纸、杂志、书籍。但是，随着制度变迁、法律嬗变和社会发展，在英美等西方主要国家，创办媒体不再需要事前获得政府批准（广播电视台仍需申请执照），但这并不意味着事前限制销声匿迹，退出历史舞台了。由于种种原因，政府时常寻求干涉乃至阻挠媒体报道某些新闻，具体做法包括立法部门的法律、行政部门的审批和法院的禁令，这就构成了美国现代意义上的事前限制。

而视新闻自由为生命的媒体当然不愿意受制于事前限制，他们要捍卫宪法第一修正案赋予的新闻自由，这样一来，一场场关于事前限制的战斗也就不可避免地打响了。

20 世纪 20 年代，在有着开创意义的尼尔诉明尼苏达州案中，最高法院首席大法官休斯撰写的判决书说，自美国建国以来，民众一直可以在报刊上对政府官员的人品和行为“评头论足”，政府官员如果觉得相关言论侵犯了其名誉，可以以诽谤为名起诉，并获得救济，而不是限制报刊的出版发行。然而，这份著名的判决书并没有绝对禁止事前限制，休斯表示，在一些例外情形下，可以实施事前限制，例如：煽动拒绝服役，公布军队出发日期、人数和驻地的报道；淫秽出版物；鼓吹暴力推翻政府的言论等。

到了 1971 年，美国又发生了一起关于事前限制的重要案件，这就是“纽约时报诉美国案”（也就是著名的五角大楼文件案）。这一年夏天，先是《纽约时报》，然后是《华盛顿邮报》，开始连载根据一份 47 卷的政府秘密研究报告《美国越南政策决策过程的历史》。该报道见报第二天，美国司法部部长约翰·米切尔（John Mitchell）要求《纽约时报》停止发表报道。遭到报社拒绝后，政府从法庭获得禁止令，强迫该报停止刊登文件。《华盛顿邮报》的遭遇如出一辙。该案一直打到了美国最高法院。

美国最高法院作出了一份简短的援引判例判决书，表示，“对表达实施的任何事前限制都会被本院强烈地推定为违宪”，政府“因此负有证明实施事前限制的重大举证责任”，而本案中政府未能完成举证责任。

由此可以看出，针对事前限制，尼尔案确立了禁止是原则、允许是例外的基本框架，五角大楼文件案则具体化了例外情形下政府的举证责任。因此，有人觉得，在五角大楼案中，新闻媒体是赢了结果（禁止令被撤销），输了法律（明确了政府完成举证责任即可实施事前限制）。这里之所以花费了这么大篇幅讲事前限制，尤其是法院针对新闻媒体发出的禁止令，是因为接下来的这起案件涉及了同样主题，只不过实施事前限制的理由不是人身攻击，不是国家安全，而是媒体的相关报道可能侵犯被告人获得中立公正审判的权利。

/ 案件回顾 /

一起恶性凶杀案发生后，面对铺天盖地的媒体报道，为了使案件审判不受媒体偏见性报道的影响，保证公正审判，地方法院对媒体发布了报道的限制令。但就是这个限制令引发了对后世影响深远的一起官司。

小镇魅影

在美国内布拉斯加州的中西部有着一个安静的小镇——萨瑟兰，这个小镇在 1975 年的时候人口只有区区 850 人，可以说是一个典型的袖珍小镇。

但是在 1975 年的 10 月 18 日夜间，小镇的安静被打破了，家家户户房门紧闭，酒吧提前打烊，正在举行的小镇舞会也匆匆散场。究竟是什么事情导致了小镇陷入了这样的恐慌呢?

原来就在 10 月 18 日的夜晚，小镇居民亨利·凯利一家 6 口在家中惨遭杀害。

遇害者包括 66 岁的亨利·凯利，凯利 57 岁的妻子玛丽，凯利 32 岁的儿子戴维，戴维的两个孩子——5 岁的丹尼尔和 6 岁的迪安妮，同时遇害的还有凯利 10 岁的外孙女弗罗伦斯·凯伊。

在从警方处获悉这起恶性凶杀案的发生地后，记者们蜂拥而至。警方向赶来的大量记者介绍，警方已经确定犯罪嫌疑人是欧文·查尔斯·西蒙茨，同时还介绍了嫌疑人的一些基本情况。

这条突发的重大新闻一经电视台报道，该小镇上的居民顿时陷入恐慌之中。一时间小镇上传闻四起，风声鹤唳，弥漫着恐慌情绪，甚至许多家庭连夜举家离开小镇躲避。但很快，案件发生后的第二天上午 8 时，西蒙茨被警方逮捕，旋即在林肯县法院接受传讯。

在传讯西蒙茨时，美联社驻内布拉斯加州奥马哈的记者凯利·阿姆斯特朗进入传讯会采访报道。听证会进行到处理保释问题这一环节时，林肯县检察官米尔顿·拉森申请封闭该环节，认为在这个环节提交的证据可能损害被告人此后接受公正审判的权利。于是，阿姆斯特朗被要求暂时回避 5 到 10 分钟。

在这次听证会上，法庭给西蒙茨指派了律师，驳回了他提出的保释请求，同时决定在 10 月 22 月举行预审，以决定是否在林肯县地区法院审理本案。

限制令之争

10 月 21 日傍晚，林肯县的检察官向法院递交了一份申请，请求法院颁布一条与"应该或不应该向公众公开报道或泄露的事件"相关的限制令，禁止媒体报道本案的相关内容，这份申请说：

> 内布拉斯加州特此向贵院陈述：由于本案案情特殊，无论是当地媒体还是全国性媒体，都进行了密集报道，毫无疑问这种状况还会延续；预审定于 1975 年 10 月 22 日早上 9 时开始；如果预审上的证词被公开报道，极有可能出现偏见性报道，这会给组建中立的陪审团带来困难，从而损害审判的公正性。
>
> 因此，内布拉斯加州申请贵院即刻发布限制令，规定本案或预审的哪些内容可以公开报道，哪些内容则不得报道，以及限制令适用于哪些人。

半小时后，县法院法官听取了检方的口头主张，就在这时，西蒙茨的辩护律师也加入进来，支持发布限制令，不仅要求预审向媒体关闭，进而提出向公众关闭。这次听证会没有通知媒体代表到场，也没有提交任何证据。

10 月 22 日，预审一开始，县法院便签发了限制令，禁止律师、法庭工作人员、执法人员、证人或旁听者等各方人士向新闻记者透露预审上出示的证据证词的内容，同时要求新闻记者遵守《内布拉斯州司法界与媒体关于大要案或未决刑事案件报道的指导意见》。在颁布限制令的同时，县法院驳回了不公开举行预审的申请。预审决定，西蒙茨案交由地区法院审理。

准备大篇幅报道此案的一些新闻媒体对限制令的颁发强烈不满，他们向地区法院申请介入诉讼①，撤销限制令。于是，一场媒体围绕限制令和法院的“另类官司”就此登上了历史舞台。

/ 官司进程 /

面对媒体的要求，西蒙茨的辩护律师针锋相对，除了要求维持限制令，还申请令后的审前会议也不公开举行，关于限制令的争执开始进入白热化阶段。

“两难”的地方法院

对于承担司法审判重任的地方法院而言，它需要保证审判的公正性，需要确保所选择的陪审员没有受到媒体报道的影响，能独立、公平地秉公执法。但对于怎样避免媒体报道可能对审判造成的影响，又实在没有好的办法，法院总不能冒着违宪的指责禁止媒体报道吧。所以在针对媒体的限制令这个问题的处理上，法院陷入两难的境地。

围绕限制令纠纷，地区法院召开了听证会，县法院法官到会作证，称自己发出限制令是由于意识到媒体进行了相关报道，审判室内到处都在谈论案情，律师则频频公开发表意见。同时，报纸关于本案的报道也在听证会上作为证据提出。

听证会结束后，地区法院法官斯图尔特驳回了封闭审前会议的申请，同意媒体介入诉讼，但决定暂时维持县法院的限制令。

---

① 非诉讼最初当事人的第三人，声称对诉讼标的享有利益，从而加入诉讼以保护其权利或提出请求。

本次听证会之后就没有再召开听证会，地区法院在 10 月 27 日终止了县法院的限制令，但取而代之的却是自己的一道限制令。

新的限制令明确禁止媒体报道以下五方面内容：（1）西蒙茨向执法机关认罪及其内容；（2）西蒙茨对他人说的话及其法律性质；（3）案发当晚他写的一张便条的内容；（4）预审上提交的部分医学证词；（5）本案有强奸情节以及受害人的身份。此外，该命令还禁止媒体报道限制令自身的确切性质。限制令的有效期截止于陪审团组成。斯图尔特表示，之所以发布限制令是因为，“由于被控犯罪的性质，本案出现了清楚而现实的危险，审前报道可能侵犯被告人接受公正审判的权利。”

面对新的限制令，10 月 31 日，媒体一方面向地区法院申请暂停执行限制令，一方面向内布拉斯加州最高法院申请执行职务令[①]，暂停执行限制令。

11 月 25 日，内布拉斯加州最高法院听取了口头辩论，在 12 月 1 日作出援引式判决。该判决走了一条中间道路，既表示限制新闻报道这一做法存在着违宪的风险，又提出要兼顾被告人接受公正审判的权利。

内布拉斯加州最高法院说，根据内布拉斯加州法律规定，必须在被告人被捕之后的 6 个月内对其进行审判，审判地点也只能转移到邻近地区。这个时间间隔太短，邻近地区同样有密集的报道，因此，延期审判和变更审判地点这些传统的制止审前报道负面影响的措施都失去了功效，被告人接受公正审判的权利处于危险之中。但是，第一修正案又禁止政府限制媒体的新闻报道活动，法院当然也受此限制。两相权衡之下，内布拉斯加州最高法院决定，限制令依旧有效，但是报道禁区由原来的五个削减为三个：（1）被告人向警方作出的任何认罪供述；（2）向其他人作的任何认罪表示；（3）强烈表明被告人涉案的其他事实。然后，该院将本案发回地区法院重新审理，由后者决定审前会议是否可以向新闻媒体和公众关闭。

12 月 4 日，代表当地媒体的内布拉斯加州新闻协会向美国最高法院申请暂停执行限制令，并提出了调卷令申请。官司就此打到了最高法院。

---

① 上级法院对私人、公司、市政当局或其官员、行政司法官员或下级法院发布的命令，要求履行其职责的特定行为，或要求恢复原告被非法剥夺的权利或特权。执行职务令只是在特殊情况下发布，以纠正下级法院滥用权力或拒绝履行职责，不同于在正常诉讼情况下对下级法院错判的改判。

最高法院的开创性判决

美国最高法院在1975年的12月12日批准了调卷令申请，重审了此案。经过审理，1976年4月最高法院做出了如下判决：

> “我们认为，就本案签发的命令而言……它未能越过（禁止事前限制的）门槛；限制报道这种内容（关于司法审判的报道或评论）的命令显然是无效的。至于该限制令禁止报道从其他消息来源获得的信息，我们认为，实施事前限制必须承担沉重的举证责任，这个责任并未履行，因此推翻内布拉斯加州最高法院的判决。”

最高法院首席大法官沃伦·E. 伯格代表美国最高法院撰写了判决书。大法官拜伦·R. 怀特、哈里·A. 布莱克门、威廉·H. 伦奎斯特、刘易斯·F. 鲍威尔联署。

针对此案，大法官拜伦·R. 怀特撰写了一份同意意见书，意见书特地强调，本案是美国最高法院处理的第一起以被告人接受公正审判的权利遭受侵犯为由，要求实施事前限制的案件，没有必要在首起案件中就匆忙地提出一项全面性原则，最好是等待司法机构积累起处理类似案件的更多经验。“类似案件一再出现，而且判决结果类似于我们今天的判决，那么我们应当在某个时候宣告一项更加全面的原则，以避免类似诉讼没完没了地涌现。”

而大法官刘易斯·F. 鲍威尔则在同意意见书中写道：“举证责任只能由主张事前限制一方承担……他要证明必须对审前报道进行事前限制。”这种必要性有赖于举证证明三个事实：（1）审判的公正性受到明显的威胁；（2）这种威胁是由意欲限制的新闻报道导致的；（3）没有其他限制性较小的替代措施。

大法官威廉·J. 布伦南的同意意见书则洋洋洒洒，篇幅与判决书不相上下。着笔之始，他论述了接受公正审判的权利和新闻自由的重要性。布伦南说，接受公正审判的权利是所有自由的基石，系维护和享有其他权利的前提，为保护个人自由免受政府迫害提供了必需的制度保障。同时，新闻自由在美国的法律体系中亦居极为重要的地位，而且对维持司法公正发挥着积极作用：

> 关于刑事司法体系的评论和报道是第一修正案的核心价值所在，因为对关

注政府运作的公民而言，该体系的运作和公正兹事体大。秘密审判只会滋生社会对法院的无知和猜忌，进而造成人们怀疑法官的能力和公正；自由而有活力的报道、评论和辩论既能够促进公众理解法治精神和整个刑事司法体系的运作，也能够促进司法公正。

虽然布伦南也承认，审判公正和新闻自由存在冲突，例如偏见性审前报道不受约束，可能毁掉审判的公正性，但他拒绝接受两种权利不能共存、一定要分孰高孰低的观点。布伦南认为，应当在具体的情势中进行权利配置，例如，本案就涉及实施事前限制时如何平衡两者的问题。

而对于初审法院和地区法院对提出限制令的理由，最高法院也在判决书中作出了批驳，判决书中写道：

我们也不能说，根据该案的记录，除了对上诉人进行预先约束这一方法外，就没有能减轻审判前新闻报道负面效果的其他方法了，如果存在这样的方法，(地方法院对媒体作出的)事前约束就毫无必要。我们也不能得出结论说，实际颁布的限制令会服务于(地方法院)预先设想的目标。

同时，布伦南在判决书中也提醒，不能让诉讼本身成为限制新闻自由的一种工具，“事前限制制度本身有一种内在的冲动，必然导致滥用”。这是因为诉讼各方都有滥用事前限制的利益驱动：为了把不利报道减低至最小程度，辩护律师通常会申请事前限制；检察官为了避免在上诉审中遇到麻烦也会申请；而法官呢，虽然可能心里认为这种申请站不住脚，但是由于限制令可以简单了事地达成法官确保公正审判的职责，而且可以保证案件判决不会因为自己不作为而被上级法院推翻，也倾向于批准实施事前限制的申请。用布伦南的话说，这道诉讼闸门一旦打开，“法院审理的所有刑事案件极有可能都要举行关于限制报道的听证会”。这种听证会可能会“消耗媒体的巨额资金”，尤其是小型媒体会因此直接放弃报道审判新闻。再一个，诉讼本身旷日持久，“司法诉讼本身就能毁了信息的新闻价值”。

正因为上述原因，最高法院以该官司为突破口，限制了司法审判中针对媒体的事前限制的运用，给这一广为媒体诟病的做法带上了“紧箍咒”，此后这类做法也就极少再被司法部门应用了，而这也正是本案的开创性意义所在。

/ 法眼观案 /

第一观：一个古老的话题——新闻自由与审判公正的矛盾

本案中最高法院的首席大法官伯格曾说过这样一句话：“本案提出的问题几乎在合众国诞生之日就出现了。”他说，虽然宪法及其同时期著作没有论述新闻自由与审判公正之间的冲突，但是难以置信，宪法的起草者们不知何故竟没有认识到这一问题的存在。

要知道，在美国，起草宪法和《权利法案》的是一群才华卓越的律师，他们非常熟悉约翰·亚当斯为向波士顿示威人群开枪的英国士兵辩护这一历史事件①，也熟知对抗式审判模式的运作，更明白群众群情激昂时那种情绪对陪审员的影响力。但是，他们在当时不愿直接面对这个问题，因为彼时他们最关切的是维护政治领域的表达自由和思想对话。

从1807年的伯尔案②起，新闻自由与审判公正的矛盾开始不断反映在司法领域，

---

① 1770年3月5日，波士顿制绳工人与英军士兵发生冲突，英军开枪打死多名平民，这就是著名的“波士顿惨案”。在审判中，英国士兵的辩护律师约翰·亚当斯将惨案现场的群众称为“由鲁莽的小伙子、黑人、黑白混血儿、爱尔兰茶客和各国水手组成的暴民”。英国政府宣布“波士顿惨案”的6名元凶无罪（其中两人只是被处以烙手和除名的惩罚），使得人民反对英国政府的情绪更加高涨。

② 伯尔是杰斐逊担任美国第三任总统时的副总统，在杰斐逊于1805年连任后，伯尔已然失宠，不再在杰斐逊政府中担任职务。卸任副总统职位后，伯尔和美国陆军准将詹姆斯·威尔金森策划对西班牙开战，夺取西班牙在北美的殖民地，包括新墨西哥、得克萨斯等地区。与此同时，为了重建政治势力，伯尔和英国驻美公使安东尼·梅里会晤，称自己准备领导西部各州发起一场脱离联邦的运动，希望英国提供资金和军事上的支持。不过，伯尔究竟是真的叛国，还是妄图借叛国之名从英国骗钱，直到今天，英美两国的学者对此仍没有确切答案。伯尔意图叛国的消息很快传开，不断有匿名信向杰斐逊告发他。其间，参与伯尔计划的俄亥俄州富翁哈曼·布伦纳哈赛特在《俄亥俄州报》上撰写了一系列文章，号召西部各州脱离联邦，让事态更加严重。1806年10月10日，伯尔的两名助手携带一封密码信给威尔金森，声称英国海军已加入计划，并敦促威尔金森沿密西西比河而下，突袭西班牙军队。但威尔金森临阵倒戈，写信向杰斐逊指证伯尔叛国。11月初，检察官戴维斯奉命逮捕了伯尔，并提起诉讼，但在3个地区法院，伯尔均以证据不足被陪审团宣告无罪。随即，他又遭到联邦法庭的指控，最终，时任最高法法院首席大法官约翰·马歇尔引导陪审团做出了无罪判决，为宪法中规定的叛国罪确立了严格的证据要求，有效避免了这一罪名成为政治迫害的工具。这一判决受到后人极高评价，被认为是司法的一大胜利。

但伯格指出，实际上，只有在极少数案件中，审前报道才对被告人接受公正审判的权利造成威胁。也就是说，只有在“轰动的案件”中，新闻自由与公正审判之间才呈现紧张的关系。就美国最高法院的判例来说，以审前报道影响审判公正为由撤销定罪的案件数量少之又少，大多数情况是，审判报道即使是四处传播，也不一定就必然会导致审判的不公正。现实中，对陪审团公正审理案件能力造成影响的，不是关于审判本身情况的报道，而主要是律师、警察或其他官员向新闻媒体发布的关于案件的信息。

当然，这类有着大量审前报道的案件在审理时，初审法官的工作关系重大，他是否采取措施减少审判报道的影响直接决定了对被告人的审判是否符合法律的公正性要求。

在举世瞩目的遭受审前报道影响的“谢泼德诉麦克斯维尔”案中，法院就对当时那些“对悬而未决的审判的不公平的、带有偏见的新闻评论越来越普遍”的现象发出了如下警告：

> 正当的法律程序要求，被控人接受由远离外界影响的公正审判员所主持的审判。考虑到现代传播的普及以及将带有偏见的报道从陪审员的脑子抹去的困难性，初审法院必须采取强硬措施以确保被控人免受不公平的待遇。……在那些审判前带有偏见的新闻可能会威胁公平审判的地方，法官应在这一问题减轻之后再继续这一审判，或将此案转移到对被控人的负面报道不那么盛行的另一个县进行。此外，对陪审团进行隔离也是法官应该采取的措施。

正因为有前车之鉴，所以我们此时再回过头来看初审法院法官针对媒体签发限制令的做法可能就比较容易理解了。

客观情况的存在使调阅了本案审判卷宗的大法官伯格都认为，证据显示，初审法官“有充分的理由认为，关于本案将会出现密集而广泛的审前报道。出于常人的经验，他也有理由认为这种报道可能损害被告人接受公正审判的权利”。

但能不能就据此签发限制令呢？对此，伯格笔锋一转，说：“他（初审法官）关于这种报道对陪审员候选人的影响的结论不可避免地是一种推测，因为许多事实不为人知，也不可能为人所知。”也就是说，尽管预测将会产生密集的报道并造成负面影响，然而一切皆未发生，可能性再大也只是一种推测，而推测是不能在诉讼中发挥作用的。

伯格认为，与其去猜测审前报道的强度和广度，不如去思考，除了限制令之外，司法机构能不能采用其他措施来保障被告人的权利。他提醒说，美国最高法院此前已经确认：“即使审前报道是普遍的和强烈的，也不能认为在所有类型的刑事案件中，它会自动地导致审判不公。”因为经过一百余年的发展，美国司法界已经形成了一整套卓有成效的防止审前报道影响司法公正的措施，包括变更审判地点、延期审判、隔离陪审员、向陪审员发表指导意见等等。

但具体到本案中，初审和上诉法院在没有考虑其他替代措施的情形下，直接开出了限制令，这一做法在伯格看来，既不是一种令人满意的行为，也不符合相关宪法标准。况且内布拉斯加州地方法院关于审前报道所谓的危害又是完全建立在猜测的基础之上的，在布伦南看来，即使媒体获得了可能造成偏见的信息并且决定发表，被告人接受公正审判的权利依然能获得充分的保障。例如法院可以“有足够的措施甄别出那些接触过偏见性审前报道的人，将他们排除在陪审团之外”，即便陪审团已经组成，法院还可以隔离陪审员，维持审判室的良好秩序和规范诉讼行为，这些措施能在源头上阻止偏见性报道的出现，防止偏见性报道影响司法公正。

尤其是在这类审判中，初审法官应当通过陪审员预选审查程序，全面地调查大量新闻报道对审判的影响。辩护律师也应发挥更大的作用，合理地使用无因回避，努力通过询问发现偏见的蛛丝马迹。根据预先审查，可以决定有无必要延期审理或变更审判地点。最后，即使上述程序统统失灵，被告人还可以上诉或申诉请求撤销原判和重新审判。

比较有意思的是，即便对限制令本身的实际效果，伯格也是打了个问号。

伯格认为，首先，发布限制令的法院的属地管辖权和属人管辖权都是有限的，只能在本司法管辖区之内对媒体行为产生约束力，那么对管辖区之外的媒体又该怎么办呢？

其次，限制令如果想要尽可能全面地保护被告人的权利，又尽可能小地限制媒体，那只有一个办法——对什么是偏见性信息的范围作出最精确的界定，而这几乎是一项不可能完成的任务。因为法官在发出限制令时只能靠预测来判定何种信息会损害被告人的权利，但人的认识力终究是有限的，总是会有那么一些信息处于“灰色地带”，不在限制报道的范围之内，实际上却含有偏见性。

再次，涉案地点也是一个重要因素，当地人口不过850多人，对这么小的一个镇，“有理由认为，即使没有报纸或广播电视台的新闻报道，通过口口相传，谣言也会满天飞”，而谣言的危害性是远远超越新闻报道的。

鉴于上述客观存在的问题，伯格认为，对新闻报道进行事前限制远不能保护西蒙茨的权利。既然无效，又何必去做伤害新闻自由的事情呢？

除了对颁发限制令是否合适进行了剖析外，伯格还对限制令的内容进行了分析，找出了其违背宪法精神的“硬伤”。例如，本案的预审是公开举行的，提交的证词包括西蒙茨两次向人承认自己犯罪，同时他向执法机构认罪的陈述也被作为证据出示。但是，州地区法院此后的限制令，包括内布拉斯加州最高法院修改后的限制令都禁止媒体报道西蒙茨认罪。“就这一点而言，它显然违反了美国法律的一个既有原则：‘不得禁止新闻媒体报道审判室内发生的事情’。”伯格的这个观点也是美国最高法院的一贯原则，审判活动一旦公开进行，就不得禁止媒体报道。此外，限制令的第三部分说，禁止报道“强烈表明被告人涉案的其他事实”，在伯格看来，这部分规定也“太模糊和太宽泛，不能通过我们对限制第一修正案权利的行为的审查”。

上述种种分析似乎给人以伯格对新闻自由有所偏袒的印象。其实不然，可能是担心人们有这种误解，在意见书最后，伯格还特意写上了这样一段：

> 美国最高法院从未认为新闻自由是绝对的，一概不得进行事前限制。只不过防止事前限制的门槛很高，一般场合下人们无法举证证明进行事前限制的合理性。然而，尽管难以用证据证明审判公正必然受到威胁，以至于有理由进行事前限制，但是我们不能排除这种可能性的出现。

综上，在大法官布伦南眼里，一方面审前报道的负面影响无法证实，另一方面相关司法救济途径是畅通的，两相对照，“第六修正案权利（接受公正审判权）所遭受的损害绝不能被认为是直接的、立即的和不可修复的，因此，针对媒体的事前限制也是不合法的”。

第二观：事前限制是否完全违背了第一修正案？

由于美国宪法第一修正案对媒体的新闻自由做出了强有力的保护，因此内布拉斯加新闻协会在上诉时也明确指出限制令违反了第一修正案。那么这个为了保护被告人接受公正审判的权利而对媒体划出了若干新闻报道“禁区”的限制令是不是违宪了呢？

从法律上说，本案初审法官发布的限制令在性质上属于事前限制，而事前限制在美国是一个高度敏感的话题。

众所周知，美国宪法第一修正案确立了新闻自由作为基本权利之一。司法机构则通过判例把新闻自由的诸多重要内涵加以丰富化、具体化。例如，美国最高法院在“尼尔诉明尼苏达州案”“纽约时报诉美国案”等案件中都清楚地表示了一个核心内涵——美国政府（包括司法机构）原则上不得事前限制媒体的报道。

正是因为已经有了这方面的判例，所以参与了本案审判的最高法院的大法官伯格才对本案做出了如下定性：“事前限制言论和出版，是对第一修正案权利的最严重和最不能容忍的侵犯……如果说事后的刑事或民事惩罚可能使言论‘冻得瑟瑟发抖’，那么事前限制将使言论至少在一段时期内‘冻僵’。”

不过尽管如此，从美国最高法院的角度说，最高法院并没有完全封死事前限制的大门。政府输掉以上案件，只是没有承担证明其进行事前限制合理性的沉重举证责任。为了审查本案司法机构采取的事前限制措施的合宪性，伯格表示，美国最高法院需要把注意力转向卷宗。“我们必须调查初审法官颁布命令时掌握的证据，以判断：（1）审前新闻报道的性质和内容；（2）其他措施是否可以缓解不受限制的审前报道的影响；（3）限制令对防止危险发生有多大效果。”他说，所有这些工作的目的是“衡量卷宗是否支持进行事前限制，它是我们的法律体系中最非同寻常的救济手段之一”。

可以说，在美国，事前限制并不是完全违宪的。就在美国最高法院审理的第一件关于事前限制的案件尼尔案中，首席大法官在附带意见中就表示，三类言论是言论自由的例外，可以对其实施事前限制，这三类言论分别是：淫秽言论、煽动暴力和以武力推翻合法政府的言论、战时特定言论。

虽然最高法院规定了三类可以进行事前限制的言论，但即便如此，要对这三类言论进行事前限制也必须经过严格的审查程序。况且该观点是在附带意见中发表的，不能在司法实践中作为支持事前限制的理由。正如美国传媒法专家彭伯所言，尼尔案的作用是“表达了这样一种观点，即根据美国法律，事前新闻审查只有在非常特殊的情况下才是被允许的。它是例外，而非常态”。以第三种例外——“军事安全”为例，在五角大楼文件案中，美国最高法院判决，尽管文件属于高度机密，媒体不是通过合法途径获得文件，甚至公布文件的行为在事后可能被起诉，政府也不得事前限制报纸刊登文件。在布伦南大法官看来，答案非常清楚，要实施事前限制必须满足两个条件：第一，限制的言论是上述三类言论之一；第二，必须举证证明，意欲限制的言论“将对我们的国家及其人民造成直接的、立即的和不可修复的伤害”。而这项工作的难度超乎想象，等于事实上全面禁止了事前限制。

然而我们再回到本案，就会发现，本案的初审法官只凭感觉便发出了限制令，这种行为最高法院是不认同的。就像布伦南说的：“内布拉斯加州各级法院禁止申诉人（新闻协会等）发表的信息大部分已经处于公共领域，也就是业已在公开的法庭诉讼中或者经由公共文件予以披露。”此前判例一再地肯定，审判是一种公共事件，公众有权通过媒体了解法庭之上发生了什么事情。“禁止媒体报道这类信息的限制令是绝不为容许的，这一点应当是清楚的。”

第三观：政府通过限制新闻自由来保护其他利益的做法通常违宪

美国最高法院的布莱克大法官曾说过：“自由言论和公正审判是我们的文明之中最珍贵的两项财产，实在难以做二选一的抉择。”可是在本案中，初审法官为了保护审判的公正性，发出限制令，禁止媒体报道某些种类的案件信息，对此美国最高法院的大法官们似乎必须在两者之间做出一个选择。

类似的选择，美国最高法院亦在国家安全与新闻自由、政府官员名誉与新闻自由、政府机密与新闻自由之间做出过，并无一例外地选择了后者。但是，这种选择不是无条件的、绝对的，正如学者对五角大楼文件案的评价：“美国政府在本案败诉，与其说是由于第一修正案禁止事先的绝对律令，不如说是政府没有满足重大的举证责任……政府必须举证证明，有关当事人的行为已经对美国造成直接、立即和不可弥补的损害。”

但是，由于举证责任异常沉重，实际上事前限制难以得以合理的实施，所以，美国最高法院历史研究者伯纳德·施瓦茨认为：“五角大楼文件案的判决显示出美国法律界非常明确地维护反对事前限制媒体这一原则。反对事前限制的原则也促使最高法院宣布所谓言论的命令无效——该命令是司法机关试图通过禁止新闻媒体全公布可能有损公平审判的资料对媒体进行审查。”

当公正审判与新闻自由碰撞在一起时，上述原则得到沿用，美国最高法院表示，申请实施事前限制方应“在审判之前完成沉重的举证责任，证明没有事前限制，公正审判将无法举行”。受理该申请后，初审法院的工作是：（1）调查审前新闻报道的性质和内容；（2）思考除了事前限制之外，是否还有措施可能减少不受约束的审前报道的影响；（3）判断限制令能有效地防止危害结果发生。

在具体的论述过程中，美国最高法院的某些观点值得细细地体验。比如，在调查新闻报道的性质和内容时，初审法院应当首先判断，它是否是“普遍的和强烈的”，然后再下结论，“这种报道可能损害被告人接受公正审判的权利”。此前判例中，关于认罪、犯罪前科等内容的报道，曾经被认为是偏见性的，甚至可能造成陪审团形成违宪的偏见，但是在本案中，禁止发表认罪报道的限制令被推翻了，从一个侧面反映，美国最高法院认为，这方面报道并不是必然导致陪审员形成违宪的偏见。

同时，美国最高法院重申了1975发生的考克斯广播公司诉科恩案判决的重要原则：“审判是公共事件。审判室上发生的事情是公共财产。”报道从公共档案——比如庭审记录——获得的信息受到特别保护，不得施加事前限制。

对申请事前限制的人来说，最困难的工作无疑是举证，实际上如果按照美国最高法院的逻辑，这是一个无法完成的任务，因为它说：“关于这种报道对陪审员候选人的影响的结论不可避免地是一种推测，因为许多事实不为人知，也不可能为人所知。”也就是说，报道还没有见报公开，如何拿得证据证明报道造成了负面影响呢？由是观之，本案判决实际上都带有些许新闻自由优先论的色彩。所谓优先论指，与其他权利相比，新闻自由位居一种相对优先的地位，“通过给予表达自由一个优先地位，法院推定，政府通过限制自由言论和自由新闻界来保护其他利益的做法通常是违宪的。这一推定迫使政府在任何挑战新闻审查的法律诉讼中担负举证的责任。市、县、州或联邦政府必须向法院证明，它的新闻审查确确实实是合理的，没有违反宪法第一修正案”。

因此，本案产生了十分奇异的结果，在个案的实际效果上，由于相关当事人几乎不可能完成举证责任，任何事前限制得不到支持；但是在理论上，却又给事前限制留下了生存空间；社会效果则不容乐观，由于初审法院极难颁布一道符合宪法规定的事前限制命令，而它们又负有保护被告人接受公正审判的权利的重大责任，顺理成章地，既然不能控制媒体传播偏见性信息，那么为什么不干脆防止记者获得信息呢？实际上，许多初审法院就这样做了，但是，这在以后的案件中又不可避免地引发了新的官司。

当大量媒体涌入法庭

——谢泼德诉马克斯韦尔案

审判过程中场面混乱，新闻记者实际上占据了整个审判庭，骚扰了大多数审判参与者……由于法官将审判庭内几乎所有可能的座位都分配给了新闻媒介，因此他失去了控制场面的能力。记者随意进出审判庭，经常干扰和影响审判……随着审判的进行，报纸对证据作出概述，把过多的注意力用于指向谢泼德有罪的内容，而且经常从证言中推测出无根无据的内容……

上述场面不是出现在影视剧中，而是真实出现在美国克利夫兰一家法院审判庭上的情景，正是这场混乱的审判最终使美国最高法院对审判中媒体的角色和参与范围进行了规范，为后来处理新闻自由和公正审判打下了良好的基础。

/ 案件回顾 /

这是一起由凶杀案引发的官司，但凶杀案的被告人塞缪尔·H. 谢泼德的代理律师在申诉状中却有四个地方提到了新闻自由与公正审判之间的冲突，正因为如此，此案后来引发了最高法院及媒体界的关注和反思，并陆续出台了一些有关措施，成为一起平衡新闻自由和公正审判之间关系的经典案例。

妻子被杀，丈夫成了嫌疑人

1954 年 7 月 4 日凌晨，有孕在身的玛里琳·谢泼德被人用大头短棒打死在家中。天明以后，她的丈夫塞缪尔·H. 谢泼德告诉警方，前一夜他们在家里招待邻居唐·埃亨一家。吃过晚饭后，埃亨一家告辞离去，他和妻子在客厅看电视。谢泼德困意上头，在沙发上睡着了。后来，他在睡意朦胧之中听见妻子说她去睡觉了。

接下来谢泼德能记得的是，在凌晨3至4时之间的某个时候，楼上卧室传来妻子的尖叫声，把他从睡梦中惊醒。他冲上楼去，走进卧室，在昏暗之中看到一个“人影”站在床边。他马上冲上去和黑影扭打在了一起，搏斗中，谢泼德后颈挨了一下，失去意识。

谢泼德苏醒过来时发现自己躺在床边的地板上，站起来去摸妻子的脉搏，“感觉她死了”。他跑到儿子的房间，发现儿子安然无恙。这时楼下有响动，他快速冲下楼，看见一个“人影”冲出家门。谢泼德随后追了出去，与“人影”再次扭打在一起，结果被勒住脖子，又一次昏迷了过去。再次醒来后，谢泼德回到家中，打电话给邻居斯宾塞·霍克。

接到电话后的霍克夫妇马上赶了过来，当时见到谢泼德瘫坐在楼下的一张安乐椅上，霍克问道：“发生什么事情了？”谢泼德回答：“我不知道，应该是有人要害玛里琳。”

霍克夫人上楼去看玛里琳的情况，霍克对谢泼德说：“你自己要冷静。能告诉我发生什么事情了吗？”于是，谢泼德把上面的情况复述了一遍。霍克夫妇打电话通知了当地警方、谢泼德的弟弟理查德·谢泼德医生和埃亨家。

当地警察首先赶到，他们又通知了验尸官塞缪尔·格伯和克利夫兰市警方。第二个到达的是理查德·谢泼德，经他检查，玛里琳已经死亡，然后塞缪尔·谢泼德被送往附近的医院疗伤。接下来，验尸官、州警察陆续来到，迅即展开搜索和侦查。

从一开始，警方就把主要嫌疑锁定在塞缪尔·谢泼德身上。后来的新闻报道写道，格伯告诉手下，“显而易见，是塞缪尔医生干了这件事，我们去让他认罪”。

因为怀疑谢泼德就是凶手，所以警察在病房中对谢泼德进行了仔细讯问，并要求他接受测谎。谢泼德说，如果测谎仪可靠的话他愿意。警察告诉他，测谎仪“万无一失”，警方还对谢泼德说，“你最好现在就把一切都招了”。

7月7日是玛里琳的葬礼举行的日子，这天，一篇新闻报道说，县助理检察官严厉批评谢泼德拒绝立即接受讯问。也正是从那时起，新闻报道反复地强调谢泼德不配合警方的侦查活动，谢泼德拒绝接受测谎，在律师不在场的情况他不接受警方询问，谢泼德家族为他提供了保护伞等负面报道不时见诸报端。可以说，在这一期间，当地报纸一直突出报道那些倾向于认定谢泼德有罪的证据，指出他向当局所说的内容自相矛盾。与此同时，为了自证清白，谢泼德也向新闻媒体发表了许多公开声明，还撰文辩解自己是无辜的。

“偏见性”报道蜂拥而至

如果说7月7日开始的报道还是“小火”的话，那么从7月26日开始，媒体针对此案的报道演变成“熊熊大火”，而且这些“熊熊大火”式的报道又几乎都是“一边倒”式的带有偏见性的报道。

1954年7月26日，当地一家媒体用大字标题在显著版面登出了《基尔[①]要求逮捕谢泼德》一文，文中说，警方披露，“经对谢泼德家进行科学勘验，确凿无疑地显示，凶手对案发卧室和楼下房间的血迹进行过清洗”，这一内容如属实，那么唯有谢泼德有这一条件，他无疑有重大作案嫌疑。但是，这份所谓的勘验报告从未作为证据在审判中提交。报纸还挖掘出谢泼德有婚外情，影射他具有犯罪动机。

7月28日，克利夫兰《新闻报》发表社论《警方为何不盘问首要嫌疑犯》，该社论言词激烈，要求把谢泼德送进警察总部，社论说“已经证明他是一个骗子，他现在却还能够上班，受家庭的庇护，还有精明的律师的帮助”。

7月30日该报的一篇社论进一步追问：“为何不送谢泼德进监狱？”文章称谢泼德为“史上最特殊的谋杀案嫌疑犯”，受到“铜墙铁壁般的保护”。

在这篇社论刊登当天的晚上10时，谢泼德在他父母家中被捕，被带至当地市政厅，那里早已等候着数百名民众、电视记者、摄影记者和文字记者。警方立即对谢泼德进行讯问，谢泼德提出应等候其律师到来，却无人理睬。讯问后，警方决定将谢泼德交付大陪审团进行调查。

在审判开始之前的25天，75名陪审员候选人的人选确定下来。当地报纸刊登了这些人的姓名和地址，大量关于案件的匿名来信和来电涌向他们。等到审判开始，审判室的旁听席总共才三排，两排分配给了新闻记者，最后一排留给了谢泼德和玛里琳的家人，没有座位的旁听者站在过道中间。

为了方便记者发稿，法院还允许记者把电话线和电报线接进了审判室，一家电视台甚至还获许在三楼的一个房间转播庭审，而它的隔壁就是陪审团室——休庭时专门供陪审团休息和评议案件的地方。

---

① 当时的克利夫兰市警察局局长。

而在法庭外面的台阶上，记者架上了电视摄像机拍摄进出审判室的各方当事人。初审法官进审判室时，被记者拦住，接受了一段简短的采访。

至于案件的核心人物谢泼德更是每次出庭时都被记者围得水泄不通。法律禁止开庭时在审判室内拍照，但是，休庭时却不禁止，因此每次休庭，审判室内闪光灯闪个不停。在9周的审判中，报纸可以拿到庭审的每日记录，每名证人的证词原原本本地发表在报纸本地版上，律师的辩护词和法官的决定也是这样。报纸和电视新闻更是经常配发谢泼德、法官、律师、关键证人和陪审团的照片，审判期间仅报纸就刊登了40多张陪审团的照片。

审判进行到第7周，著名电视主持人沃尔特·温切尔在节目说，因抢劫被捕的卡罗尔·比斯利自称是谢泼德的情妇，已经为他生了一个小孩。两名陪审员承认看过该节目，法官问："节目对你的判决有影响吗？"两人都回答没有影响。法官对此满意，只是要求陪审团"不要去理会这些乱七八糟的东西……把注意力放在审判室内"。

高密度的报道甚至连陪审员都未能幸免。据说，当时"除了一人以外，所有的陪审员在宣誓中都称，看过克利夫兰报纸关于案件的报道，或者听到关于案件的广播节目"。12名陪审员中，两人在家中订有报纸，其余的人没有被问及是否订阅报纸这个问题，也没有人问他们家里有没有电视机和收音机。

谢泼德的辩护律师威廉·J.科里根据此申请宣告审判无效，初审法院回答："好吧，科里根先生，你要怎样完全阻止那些事情发生呢？我认为它们完全是胡说八道。我认为它是侮辱人的，在某种意义上，没有这次审判，也是在侮辱人。在本庭看来，那番侮辱人的言论与本案审判毫无关系。"科里根回答："我不知道它会对陪审员产生什么影响，除非就此进行调查。"法官说："你怎么可能让陪审团避免接触到那种事情？"

铺天盖地的报道无孔不入，对案件的审判不可避免地产生了一定影响，除了这些报道，另一个因素也让案件审判越发复杂，那就是案件的审判和当地的选举发生交集。当地要在11月举行大选，本案首席检察官约翰·马洪是高等民事法院法官的候选人，初审法官爱德华·布莱辛也要寻求连任，审判恰恰定在大选前两周举行。在结案以后，布莱辛以压倒性多数连任，马洪也赢得选举，当选法官。

/ 官司进程 /

1954 年 12 月 21 日，谢泼德被判处二级谋杀罪罪名成立。从此，谢泼德开始了漫长而异常复杂的上诉和申诉，但美国最高法院在 1956 年 11 月 11 日拒绝受理此案。谢泼德的辩护律师本来是威廉·J. 科里根，能力很强，可惜的是科里根于 1961 年去世。科里根去世后，年仅 33 岁的 F. 李·贝利接手了科里根的工作，向联邦地区法院申请人身保护令①。

律师 F. 李·贝利的 11 个问题

1964 年 7 月 15 日，联邦地区法院法官卡尔·A. 温曼作出判决，谢泼德交纳 1 万美元保证金获释，给政府 60 天的时间准备重新审判他。关押谢泼德的俄亥俄州哥伦布监狱的典狱长 E. L. 马克斯韦尔对联邦地区法院要求放人的判决提起了上诉。第六巡回区联邦上诉法院产生了分歧，以微弱优势推翻了温曼的判决。

谢泼德接着向美国最高法院申诉，其代理律师 F. 李·贝利在申诉状中提出了本案及关于案件的有关报道所带来的 11 个重要问题，根据这些问题，贝利要求法院对谢泼德重新审判。

在律师贝利提出的 11 个法律问题中，有 4 个是关于新闻自由与公正审判之间激烈冲突的问题：

1. 在申诉人（谢泼德）的案件中，审前报道是否使社区形成了严重的偏见，以至于已经不能组成一个公正中立的陪审团？

2. 在小陪审团组成以后，初审法官有没有充分地保护小陪审团免受偏见性外部信息的影响？

3. 当陪审员在审判期间已经通过新闻媒体接触到偏见性外部信息，初审法官是否对陪审员进行了充分的询问，以便发现和防范偏见？

4. 初审法官几乎把审判室的所有座位分配给了新闻记者，这是否剥夺了申诉人

---

① 在普通法下由法官所签发的手令，命令将被拘押之人交送至法庭，以决定对该人的拘押是否合法。人身保护令是以法律程序保障个人自由的重要手段。任何人士如若被拘押，皆可以由自己或他人向法院挑战拘押的合法性，并迅速获得裁决。

接受公开审判的权利？

贝利的这四个问题引起了最高法院的重视，最终接受了该案件的上诉。

里程碑式的最终判决

经过审理，美国最高法院推翻了上诉法院的判决，要求俄亥俄州在一定期限内重新指控和审判他。最终，1966年11月16日，在第二次审判中，陪审团宣告塞缪尔·H.谢泼德无罪。

大法官汤姆·C.克拉克代表美国最高法院撰写判决书。首席大法官厄尔·沃伦，大法官威廉·O.道格拉斯、约翰·M.哈伦、威廉·J.布伦南、拜伦·R.怀特、波特·斯图尔特和阿贝·福塔斯联署。

克拉克在判决书中写道：

> 由于该州的初审法官没有履行自己的职责，保护谢泼德免受偏见性报道——这种报道充斥着整个社区——的影响和控制法庭上的干扰因素，我们必须推翻（上诉法院）驳回人身保护权申诉的判决。此案发回地区法院，除非该州在一个合理的期限内再次起诉他，释放谢泼德。

此外，在终审判决书中，克拉克还专门提到了这样一点，由于初审法官未充分地保护谢泼德免受大规模的、普遍的偏见性报道，以至州法院判决谢泼德杀害妻子的二级谋杀罪罪名成立，这等于剥夺了他接受公正审判的权利。

/ 法眼观案 /

第一观：司法审判不能靠集会、电台和报纸来赢得胜利

按照美国最高法院的判决，本案审理的侧重点应是新闻报道对公正审判的负面影响，然而，出乎意料的是，判决书的分析却是从肯定新闻自由对于公正审判的积极作用开始的。在判决书中，克拉克写道：“一个负责任的新闻界历来被认为有助于司法系统的有效运作，尤其是在刑事领域。新闻媒体不是简单地刊登关于审判的信息，而是置侦查、起诉和审判过程于公众的全面监督和批评之下，从而防止了审

判不公。”因此，美国最高法院“一直不愿意直接限制”新闻媒体报道来自审判室的新闻的自由，只要对审判的公正性没有威胁，“我们始终要求，新闻媒体应当不受约束，哪怕我们有时候谴责它沉溺于煽情之事”。

但是，“司法审判与选举不同，它不能靠集会、电台和报纸来赢得胜利”。言论自由固然应当被给予最大的空间，但这种自由不能逾越一条法律红线：陪审团的裁决必须建立在公开法庭上被采信的证据之上，而不是依靠审判之外的信息。一旦有证据证明偏见性新闻报道“玷污”了陪审员的中立性，陪审团的裁决受到了审判之外因素的影响，这意味着被告人的接受公正审判的宪法权利遭受侵犯，相应的该裁决也应推翻。

在本案之前的案件审判中，审判的原则往往注重于偏见存在的证据，如陪审员关于自己中立性的证言，而20世纪60年代以后的新动向则是凭借新闻报道内容的偏见性质、陪审员选任过程中透露出的偏见普遍率乃至报道与审判之间的时间间隔等来认定偏见的存在。

特别是在20世纪60年代以来美国发生了一系列最高法院以陪审员有偏见为由推翻了有罪判决的判例。具体包括：在马歇尔案中，被告人的犯罪前科被判定为不得作为证据在法庭上出示，然而陪审员却通过看报接触到该信息；在欧文案中，即使每名陪审员宣誓称尽管接触了偏见性报纸报道仍能作出中立公正的裁决，但是，审前报道密集强烈，相当大比例候选人表示接触到相关报道，“考虑到他的生命岌岌可危，要求在不受沸腾舆情影响的气氛中审判申诉人，这不是一个过分的要求”；在里多案中，由于电视台反复地播放被告人认罪的画面，被告人不需要承担证明审判不公的举证责任；在埃斯蒂斯案中，哪怕缺少确有偏见的证据，由于“电视摄像机是一种强大的武器。在有意或无意之间，它能够毁掉被告人及其案件在公众眼中的形象”。……上述这些案例最终都导致了相同的结果，即原判被推翻。

再回到本案，大法官克拉克以上述判例为标尺衡量本案的具体案情时，认为本案审判可谓“千疮百孔”，克拉克何出此言呢？他认为：

其一，本案审前报道格外的密集和普遍。美国最高法院肯定了俄亥俄州最高法院在这个问题上的判断，后者说：“谋杀、秘闻、偷情、性和悬疑，这些因素在这起案件叠加在一起，所勾起和吸引的公众兴趣可能是近些年其他案件所不能比拟的……就是在这种新闻媒体制造的‘罗马假日’似的氛围中，谢泼德接受了可能判处其死刑的审判。”

美国最高法院特别指出，新闻报道的许多内容不是来自审判，而是媒体道听途说，如谢泼德和多名女子有染，死者称他是有两种面孔的人，他是个撒谎者等等。

其二，陪审员接触到各种各样的审判之外的信息。舆情激动炽热起来后，没有变更审判地点，没有隔离陪审团，相反陪审员在庭审之余，可以读报纸、看电视、听电台，就连法官的训诫也只是“建议”和“提醒”陪审员在本次审判期间不要接触关于案件的新闻报道，用语不够严厉。而且，“由于法官未能把陪审员与记者和摄影师隔离开来，陪审员被给予了名人的角色”。陪审员的姓名和地址刊登在报纸上面，他们不仅听到身边人的意见，而且个人隐私也受到干扰。“毫无疑问，洪水般的报道至少冲击到部分陪审员，”克拉克说，“在陪审团接受询问的时候，两名陪审员在公开的法庭上承认，他们听到过极具煽动性的指责：一名囚犯声称谢泼德是其私生子的父亲。”

其三，庭审秩序一片混乱。“审判期间，审判室内一片喧闹景象，新闻记者近乎占据了整个审判室，干扰了每一名诉讼参与人，尤其是谢泼德。”最明显的例子莫过于在栅栏之内还设立了记者席，这片安全区域原本是留给辩护律师与被告人进行私下交谈的，也是为了保护证人和陪审团免受干扰，防止法官之间的讨论被公众和陪审团听到。现在则变成了记者与被告人和陪审团近在咫尺，一边盯着他们看，一边记笔记。

然而，在这一片混乱的场景面前，初审法官要么不作为，要么是作为不当，使得局面雪上加霜。为了说明情况之严重，美国最高法院的判决书甚至专门拿出一个部分描述了这种状况，其中写道：

> 由于把审判室内几乎所有可用的座位都分配给了新闻媒介，法官丧失了维持秩序的能力。记者进进出出，造成审判时断时续。卷宗显示，栅栏之内不时地出现骚动。而且，法官给予一群聚集在审判室走道上的记者绝对自由。诉讼参与人，包括陪审团，每次进出审判室，不得不陷入记者的左推右挤之中。在5天的陪审团评议期里面，陪审员获许打电话，同时一家电视台被安排在陪审团室的隔壁，这充分说明（法官）完全没有顾及陪审团的隐私。

对此，克拉克总结说，“鉴于这种背景，我们认为，法官对新闻媒体的这种安排导致谢泼德被剥夺了‘（他）应获得的司法审慎和平静’”。

第二观：面对威胁审判公正的审前报道，法官有哪些武器可用？

在分析完本案审判的混乱情形和狂热氛围之后，本案的主审大法官克拉克没有停止前进的步伐，他接下来的工作是，系统地阐述面对密集的审前报道威胁到审判的公正性时，初审法官手中握有而且必须使用哪些法律武器来保护审判的公正性。

克拉克指出，本案初审法官的根本错误在于他认为“他（法官）缺乏控制审判报道的权力。从审判的一开始，法官宣布，无论是他还是其他人，都无权限制偏见性新闻报道”。而实际上，早在埃斯蒂斯案中，美国最高法院就强调过，当被告人的权利可能受到损害时，法院必须对新闻媒体出席审判活动予以适当限制。

以本案为例，克拉克认为，初审法官可以采取的限制措施有很多：

首先，进入审判室的记者的人数应当有所控制，严格规范记者在审判室内的活动，如不得进入栅栏以内，不得拍摄检辩双方放在桌子上面的文件；

其次，应当隔离证人。本案中，媒体随意地采访证人，证言一字不漏地提供给新闻媒体，这样一来，通过看报纸，证人相互之间就知道每人说了些什么；

第三，应当适度地控制警察、证人和双方律师向新闻媒体提供消息。

本案暴露出的一个问题是：“以这种方式披露的大部分信息是虚假的，导致无根无据的谣言满天飞。”无论是检方还是辩方，他们向媒体提供的许多信息没有在审判中提交，这些信息一经报道，给审判的正常进行造成了严重的干扰。在克拉克眼中，“有效地控制上述消息源公认为属于法庭的权力，它可以较好地防止失实的信息、谣言和指控四处散布”。

越来越多的新闻报道影响审判公正性的案件来到美国最高法院，促使克拉克去思考一个问题，各级司法机构在防止偏见性审判报道的干扰方面应当承担何种职责？

对这一问题，克拉克认为：“考虑到现代传播日趋普及，从陪审员头脑中去除偏见性新闻的影响困难重重，初审法院必须采取有力的措施确保天平不倒向不利于被告人的方向。上诉法院有义务对案情进行独立的评议”，而对他所说的“有力的措施”，克拉克的解释是，在偏见性审前报道有合理可能妨碍审判公正性时，应当采取延期审判、变更审判地点、隔离陪审团等措施。事前预防比事后救济更加有效，克拉克说，一旦偏见伤害了审判的公正性，固然可以用推翻定罪来弥补，但是，“我们应当牢记，推翻定罪只是治标之举，治本之计还在于那些防止偏见发生的救济措施”。

第三观：面对媒体，法院知道如何干了

从本案具体情况看，重心是初审法官没有依法积极地采取预防措施，防止陪审员遭受偏见性报道的消极影响。从法律上讲，美国最高法院的这个思维实际上赋予了初审法院相应的管理职责和义务，审判室秩序必须由法庭控制，具体管理者当然就是初审法官。不仅审判室内的活动应当接受管理，而且影响审判公正性的信息传播亦应有所规范，初审法官甚至可以限制诉讼参与人向媒体发布某些信息。初审法官以前只能被动“招架”，现在可以主动“出击”，这是在管辖权方面的一个重大的突破，也可以说是一种扩权。

不仅光是允许“可以干”，本案的重要意义还在于给出了“如何干”，美国最高法院第一次系统地阐述初审法官可以（必要时必须）采取用来保障中立的陪审团进行公正审判的措施，具体如下：

（1）必要时应当限制获许进入法庭的记者人数。

（2）记者在法庭上的行为应当受到管理。

（3）可以隔离证人，使其不了解审判之外的信息。

（4）可以控制警察、证人和双方律师向新闻媒体发布信息。尤其是法官可以限制上述人士谈论以下话题：在传讯中，被告人拒绝接受测谎；证人的身份及其证词；任何关于有罪或无罪的看法。

（5）可以提醒记者核实新闻报道的真实性。

（6）可以向写作或播出偏见性报道的记者指出，他们将未被审判采信的信息予以发表是不恰当的。

（7）可以请求相关政府官员制定措施，规范其雇员关于案件信息的传播行为。

（8）可以延期审理案件，直至审外或审前报道的威胁降低或消除。

（9）可以变更审判地点，把审判转移至相关报道热度较低的地方。

（10）可以隔离陪审团，防止偏见性信息流向陪审团。

（11）上述措施如若全部失败，即表明审判的公正性受到了威胁，可以命令重新审判。

从上述措施的推出可以说，谢泼德案是一座里程碑，因为它提出了详细的措施，有力消除了审前和审中报道给审判的公正性造成的不利影响。

对庭审进行电视转播违宪吗？

——埃斯蒂斯诉得克萨斯州案

摄影、摄像技术的出现导致媒体从平面媒体时代迈入影像时代，极大地丰富了媒体的传播手段和传播内容。但当这些新的传播技术出现在庭审现场又会导致什么样的后果呢？

20 世纪 30 年代，美国发生一起轰动世界的刑事大案。一个名叫布鲁诺·豪普特曼的人绑架并杀害了完成人类历史上首次不间断飞越大西洋的飞行英雄查尔斯·林德伯格（也译“林白”）的儿子。案件的审判吸引了世界各地约 800 名记者前来采访。法官颁令不得于开庭期间摄影，但是记者们置若罔闻，他们携带着巨大、笨重、配备老式闪光灯的照相机到处走动，随意摄影。

该事件的一个结果是，1937 年 9 月 30 日，法律界对现代大众媒介技术出现在审判室作出了回应，美国律师协会为此通过了著名的《司法伦理守则》第 35 条。该条款规定:“法庭上的审判应当维持适当的庄严和礼仪。”此外，它禁止在庭审期间摄影，理由是摄影“被认为会毁损审判活动必需的庄严，降低了法庭的权威，使公众产生误解”。

显然，1937 年时人们关切的是法庭的庄严，而非审判的公正。此后，美国律师协会职业道德委员会在 1941 年 3 月 15 日对“电台直播庭审”予以了谴责。

到了 1952 年，美国律师协会关于广播电视转播立法和司法程序的一个专门委员会对转播司法审判的行为进行了谴责。

1952 年 2 月 5 日，美国律师协会代表大会修订了《司法伦理守则》第 35 条，除了关切庭审的庄严之外，增加了对电视转播干扰证人作证的关切，修订后的条款写道:

> 庭审或者休庭期间，在法庭上摄影或者转播庭审毁损了审判必需的庄严，

干扰了诉讼参与人和作证的证人，使公众产生误解，应予禁止。

虽然几乎所有州都通过了《司法伦理守则》第35条，但是本案审判地得克萨斯州恰好是少数没有通过该守则的州之一。直到在1963年9月27日，《得克萨斯州司法伦理守则》第28条才获得通过，但是与《司法伦理守则》第35条禁止电视转播存在重大区别，《司法伦理守则》第28条是这样规定的：

> 庭审或者休庭期间，如果没有恰当的监督和控制，在法庭上摄影和转播庭审可能毁损庭审必需的庄严，干扰诉讼参与人和作证的证人，使公众产生误解。对这种审判报道的监督和控制应由初审法官负责，为了实现正义，他天然地有权以适当的形式禁止或控制报道。

也就是说，得克萨斯州的这一条款允许初审法官自行决定是否同意电视转播庭审。这一和大多数州规定存在差异的条款后来在下面这起官司中引发了巨大争议，并最终被诉诸美国联邦最高法院。

/ 案件回顾 /

轰动一时的“化肥罐官司”

1953年，美国商会提名的美国十大成功商人中有一个叫比利·索尔·埃斯蒂斯的人。这个埃斯蒂斯在当时的美国可谓是商界名人，不仅发家的历史早，而且更是由于后来轰动全美的一起诈骗案而闻名全美。

埃斯蒂斯1925年出生于得克萨斯州克莱德附近的一家农场。还是一名中学生时，埃斯蒂斯就展现出了金融方面的天赋。

还在读中学时，埃斯蒂斯就完成了他平生第一次金融交易。他从当地一家银行贷款3500美元，购买了一火车皮谷物，然后转手出卖赚取了差价利润。

第二次世界大战结束后，战时的大批军营被闲置下来，看到这些无人理睬的闲置军营，埃斯蒂斯又发现了商机。他以一处军营35美元的低廉价格买下大批军营，然后投资把它们改建成住宅，再以每套4000美元的价格对外出售，结果这一项目让埃斯蒂斯赚了一大笔钱，成功跻身美国1953年度美国十大成功商人之列。

后来，埃斯蒂斯把注意力转向无水氨，这是一种用于种植棉花的液体化肥，他说服农场主以自己的名义用化肥罐做抵押向银行申请分期贷款，首付款由埃斯蒂斯支付，贷款下来后农场主把钱交给埃斯蒂斯。然后埃斯蒂斯向农场主租赁化肥罐，每月支付租金与该贷款月还款额一样。表面看来，这是一笔三方共赢的生意，然而，事实上，埃斯蒂斯向银行申请了3.3万份抵押贷款合同，而实有的化肥罐只有1800个，也就是说，绝大多数贷款是埃斯蒂斯骗贷的。

当然，银行不会不做调查便轻易地把贷款放给埃斯蒂斯，但是埃斯蒂斯耍了一个瞒天过海的诡计，他叫人涂改化肥罐上的系列号，造出化肥罐数量巨大的假象，成功地欺骗了银行。

但是，埃斯蒂斯的花样没有逃过媒体的眼睛，佩科斯的《独立进取报》《每日新闻报》和《独立报》都派出记者进行调查，通过调查揭穿了埃斯蒂斯的骗局，此后大量关于埃斯蒂斯造假骗贷的报道"面世"了。

借助新闻报道提供的线索，银行的调查员获知，给埃斯蒂斯生产化肥罐的超级制造厂即使24小时不间断地生产，最大产能也不过是一月生产800个化肥罐。然而，仅在1962年1月，埃斯蒂斯在里夫斯县一个地方便签下了3376份抵押权合同。显然，埃斯蒂斯所谓数量庞大的化肥罐只能是空中楼阁了。据此，银行向联邦调查局告发了埃斯蒂斯。

根据《得克萨斯州刑法》第1545条，埃斯蒂斯被控诈骗罪、以欺诈手段偷窃罪和以受委托人偷窃罪。

电视直播的审前会议

由于是"名人"，因此，埃斯蒂斯案在审前就被新闻媒体热炒了起来。埃斯蒂斯也因此在全美声败名裂。

为了保证审判不受到媒体报道的负面影响，对埃斯蒂斯的审判地点也由里夫斯县转移到了500英里之外的史密斯县，并定于1962年9月24日举行初审。

在审判日之前，埃斯蒂斯的律师通知法官，他将会在9月24日申请，审判期间禁止所有摄像机进入审判室，延期审理案件。

9月24日当天，法官主持召开了一次审前会议，审议埃斯蒂斯律师的申请，辩方提交了多达12卷的剪报，用以说明审前报道是多么地密集，案件在全国范围内引起了轰动。

据悉，当时审判室里坐满了人，甚至走廊还站了30多人。12名摄像师在审判室走来走去，地板上“缠绕着”电缆，三个麦克风放在法官席上，其他麦克风对着陪审团席和律师席。摄影记者甚至一度想拍摄埃斯蒂斯在被告人席上翻看的文件是什么内容。眼看庭审秩序快要失控，法官作出了如下判决：

> 摄影者必须坐在分隔诉讼参与人与旁听者的栏杆之外；当有人抱怨摄像机声音太吵时，摄像师应当关闭机器；麦克风不得收集被告人与律师之间的谈话。

得克萨斯州的两家电视台现场转播了审前会议，中间还插播了商业广告。当晚，两家电视台播出了剪辑后的庭审录像，同样插播了广告。至少一家电台现场转播了审前会议。

9月25日，审前会议继续进行，进入审判室的记者比前一天有增无减。全体陪审团候选人在摄像机的面前宣誓。

埃斯蒂斯的律师再次申请禁止拍摄，法院驳回了禁止转播和拍摄的申请，但是批准了审判延期的申请，准许审判延至10月22日进行，同时，法院还解散了陪审团。

应辩方律师的建议，初审法官警告检方证人在延期审理期间不得讨论案件。当天的会议进行了电视直播，并在常规新闻节目中报道。电台也和前日一样进行了现场转播。

1962年10月1日，初审法官发布命令说，虽然电视摄像机在审判期间可以进入审判室，但是不得报道陪审员候选人接受询问和证人作证的过程；全国广播公司、哥伦比亚广播公司和美国广播公司等三家全国性电视网，以及当地电视台KLTV各可以架设一台摄像机，所摄画面由各家电视台共用；当地报纸、美联社和合众社的摄影记者可以进入审判室拍照，照片也是各报共享。

10月22日，审判正式开始，经法庭允许，KLTV电视台自费在审判室后部搭建了一个小开间，漆成与墙壁同样的颜色，开有一个水平的小敞口，供4台摄像机拍摄用。第二天，开始选任陪审团。为了减少干扰，开间前方连夜挂起一幅布条，以减少摄像机露出的空间，但是仍然可以看见摄像机和摄像人员。

86名陪审员候选人等候宣誓，接受审查，法官请他们暂时离开审判室，并就审判期间的新闻报道发出又一道命令：禁止电视摄像机录音，在所有证据提交完毕之前电台不得录音。整个审判过程，摄像机没有录音，电台的现场报道是在审判室隔壁房间进行。“摄像机时开时关，拍下审判的各个环节，在当天晚些时候和晚上的常规新闻节目中播出。”除了检方的开庭陈述和结案陈词，以及陪审团宣读裁决进行了直播以外，其他环节没有进行现场直播。

最后，埃斯蒂斯被判诈骗罪名成立，判处 7 年监禁。

/ 官司进程 /

不服判决的埃斯蒂斯提起上诉，称电视转播剥夺了第十四修正案赋予他的正当程序权，但是得克萨斯州刑事上诉法院驳回其上诉。埃斯蒂斯向美国最高法院申请调卷令，获得批准。

在最高法院的审理过程中，最高法院探讨了审前会议上发生的情况。首席大法官克拉克认为，电视摄像师和摄影记者的活动严重干扰了审前会议的正常进行，那不是“申诉人（埃斯蒂斯）应获得的司法审慎和平静”。而审前会议的糟糕情况直接影响到审判的公正进行，那些新闻报道“给刑事案件的被告人制造了大麻烦。事实上，它的危害性甚于审判期间的报道，因为它极有可能让当地居民形成关于被告人有罪或无罪的成见”。

埃斯蒂斯、证人、陪审员，甚至法官，他们的言论和照片频频亮相媒体，这样一来，大家都知道，这是一起大要案。实际上，4 名当选陪审员表示，观看和收听过关于审前会议的广播电视节目。

克拉克还表示，根据宪法第六修正案规定：“在一切刑事诉讼中，被告人有权由犯罪行为发生地的州和地区的公正陪审团予以迅速和公开的审判……”单从这个表述来看，这个公开审判权属于被告人，原因则是为了保证被告人获得公正的审判，而且历史亦证明，秘密审判是进行迫害的工具。为了说明这一点，克拉克大段引述了布莱克大法官在奥利弗案中的论述：

> 英美两国的传统是不信任秘密审判，究其原因有，西班牙宗教法庭曾经进行臭名昭著的秘密审判，英国星法庭长期存在，法国国王滥用监禁令[①]……无论

① 指法国大革命前由国王签署的将某人监禁的指令。该令的签发不必说明理由，立即执行，被监禁的人无权上诉。

公开审判被告人还能够给我们的社会带来其他什么好处，它一直被认为可以防止我们的法庭成为迫害人的工具。

经过美国最高法院审理，大法官汤姆·C.克拉克代表美国最高法院撰写了判决书，大法官威廉·O.道格拉斯和阿瑟·J.戈德堡联署。判决书写道：

有人认为，大众传播技术不断进步，公众适应了新传播技术的出现，这些可以改变电视转播对刑事审判公正性的影响。但是我们的判决不能建立在明天的假设之上，而是必须根据今日之事实。因此推翻原判。

/ 法眼观案 /

第一观：新闻自由不得危及任何人的生命和自由

美国最高法院克拉克大法官有这样一个观点，新闻自由是一种强大的催化剂，它唤醒民众关心政府事务，揭露公共官员的腐败，告知公民公共事件，包括司法审判。但是，尽管新闻媒体在履行这一职责时必须被给予最大的自由，新闻自由权的行使还是必须服从维护司法程序的绝对公正的需要。

在克拉克看来，就上述方面，法律界和新闻界达成了一致认识，比如，全国广播人协会和广播电视台新闻主任协会都表示："这两条修正案（第一和第六）都没有说广播媒体享有绝对的进入审判室的权利"；大家的主要目的是实现司法公正；新闻媒体的行为不得危及这片土地上的任何人的生命或自由；第五和第十四修正案规定的正当程序，以及第六修正案的条款，规定了确保公正审判的程序。

在这个地方，克拉克也解释说，禁止电视转播并非歧视电子媒介，给予印刷媒体特殊待遇，而是由于报社文字记者不会干扰审判。各类媒体享有的权利别无二致，当电视技术发展到不会造成目前这种干扰情形时，也便不会禁止电视转播庭审了。实际上，克拉克表示："公众有权了解法庭上发生的事情，所有媒体的记者，包括电视，如果愿意，无论是过去还是现在都可以进入审判室报道庭审，而且有完全的自由，通过各自媒体来报道公开的法庭上发生的任何事情。"

而对于电视转播所代表的新闻自由是不是违宪，初审的得克萨斯州法院认为，电视转播庭审不构成违反正当程序，理由如下：

（1）埃斯蒂斯没有证明电视转播导致了偏见；（2）缺乏证据证明，审判期间，电子媒体的在场造成了“干扰”；（3）心理顾忌是由心理学家考虑的事情，而不是法庭，因为它们完全是假设性的；（4）公众有权知道法庭上发生了什么；（5）法庭无权“压制、编辑或审查审判中发生的事件”；（6）电视转播刑事审判将会启迪公众，使公众更加尊重法庭。

在得克萨斯州法院的上述理由之中，前两条其实是遵循美国司法界的传统标准，但是它忽略了美国最高法院后来所进行的调整，到本案时，美国最高法院认为，在某些情形下，证明实际存在偏见不再是推翻有罪判决的必要条件。

承接这一思想脉络，大法官克拉克在本案中说：“有时候，州采用的程序极可能造成偏见，以至于该程序被认为与生俱来地在程序正当方面有所欠缺。”

为了证明自己的观点，克拉克援用布莱克大法官在“奥法特诉美国案”的话说：“在公正的法庭进行公正的审判是正当程序的基本要求。程序公正要求案件的审判不得有偏见。但是，我们的法律制度进而致力于杜绝不公正出现的可能性……为了最好地实现公正，‘公正必须具有公正的外表’。”本案恰恰属于这种情况，“在目前的情形中，由于电视自身的特性，该节目覆盖了广大地区，可能在这些地区导致针对被告人的偏见。但是人们不能准确地指出它的具体伤害，详实地证明他在哪些地方受到了歧视……”

克拉克写道：“这种糟糕的情形与生俱来地严重，应当推定被告人受到了歧视。”

与克拉克的意见类似，大法官约翰·M. 哈伦在同意意见书中也对新闻自由与公开审判进行了分析。

哈伦认为，公开审判和本案中出现的庭审直播不是一回事。对此，哈伦首先解释道，公开审判理念并不包含庭审直播，“可以肯定的是，宪法没有规定，应当允许电视进入审判室”，“本质上，公开审判体现了一种符合人性的观点……即法官、律师、证人和陪审员在公开法庭上发挥各自作用，会比在秘密法庭上更加负责任”。从逻辑关系上说，审判公正是目的，公开审判是实现这一目的的手段。

同时，在哈伦看来，公开审判权不是属于公众的权利，而是属于被告人。“公开审判”的概念只是指审判室必须向公众开放，在有座位的情况下，想进来的人可以进入，行为得体地旁听审判。如果某个人因为审判室没有空座而不能进入，这显然不算违反“公开审判”。“虽然公开审判理念本身并不禁止，但是它也没有赋予任何人拍摄、记录、广播或者向不在审判室的其他公众成员传播审判情况的权利。”

一方面哈伦对公开审判权的内涵及其与庭审直播的关系做了解读，另一方面，哈伦也肯定了电视媒体在包括教育公众了解司法程序等方面的积极作用，但是他也认为，支持庭审直播的这些理由缺乏宪法依据。“刊登新闻和发表言论的权利不包含一种把广播和印刷设备带进审判室的独立权利……记者的宪法权利与公众的其他成员别无二致。在审判室内，宪法考虑的唯一一点是，被告人必须获得公正的审判。如果电视摄像机的在场极大地损坏了该目标，正当程序法规定，必须禁止电视转播。”

与有些法官的认识不同，哈伦认为，电视转播对审判影响的大小还要视案件的不同类型而异。“电视对社会高度关注的审判的影响是一回事，对普通案件的影响可能是完全另一回事。”比如，闭路电视出于记录庭审或者教学目的进行拍摄，它的影响显然不同于大要案的直播。然而，哈伦并不准备主张完全根据案件性质来审查庭审直播引发的宪法问题。他说：“当一起普通案件进行电视直播时，情况可能是，电视对该案的影响与其他类型案件相比看不出有什么不同，情况也可能是，虽然不那么严重，但是导致偏见的可能性仍然引发了宪法问题。”

哈伦为何产生如此左右皆可的观点，根本原因在于他认为，目前还不是解决这个问题的成熟时机，应当等待美国最高法院在合适的时候进一步探讨。

但是回到本案，哈伦也认可，埃斯蒂斯案显然是一起媒体高度曝光的案件，电视转播给审判的公正性造成了实质性的影响。电视转播审判，“置陪审员于大众的注视之下，后者对案件的了解又受到审前报道——把原本糟糕的情势变成更糟——的影响，‘公众审判’的可能性大大增加了”。因此，“电视进入审判室的理由远远地压过了支持的因素，以至于我认为，本案中发生的事情侵犯了（被告人）接受公正审判的基本权利”。

总的说来，哈伦的观点虽然在整体上同意判决，但也保持了一定的灵活性和伸缩性，除了提出要注意案件类型差异之外，还表示要考虑到技术发展带来的变数。“这样的一天将会到来，电视成为普通民众日常生活中一件极其常见的物件，以至于排除了它干扰司法程序的所有可能性。如果那一天到来，今日所作的判决当然要依据正当程序条款的传统内涵，重新审查。”

由是观之，哈伦在意见书最后的结束语便显得意味深长了，他说：“在目前这个关键时刻，我只能判决，至少在本案这样的案件中，电视转播审判极大地干扰了司法诉讼的程序公正，因此根据宪法的规定，应予禁止。”

“在目前这个关键时刻”“在本案这样的案件中”等限定语充分地体现了哈伦

在这个问题上的保留态度，也预示着美国最高法院在今后的案件中会进一步细化和深入研究电视转播审判这一问题。

第二观：“同途殊归”的电视直播与司法审判

实际上，纵览本案，我们还会从中发现一个深层次的问题，这就是——电视与司法系统的首要职责（查明事实）是不是毫无关系？

对这一问题，首席大法官克拉克认为：“电视转播等同于给法庭审判插入了不相关因素。经验表明，在大量情形下，它可能导致事实上的偏见，其中一些偏见非常之细微，被告人发现不了，法官也无法控制。”

对电视转播可能导致的偏见，克拉克总结出了如下一些情形：

第一，电视转播对陪审员的影响可能是最大的。克拉克说，电视会分散陪审员的注意力，使他们不能专心处理手头的工作。而且，“面对着摄像机，陪审员知道朋友和邻居的眼睛正盯着自己，不得不承受压力”，“不仅陪审员的眼睛会对着摄像机，而且抢占陪审员头脑的也会是电视节目而非证据”。此外，先前进行的审判电视转播了，此后进行审判会受到影响，因为陪审员候选人可能看过了以前的电视转播，从而形成偏见。

第二，“刑事审判的证词质量会受损”，因为证人会知道，“庞大的观众正在看着”自己，这种影响难以计量。克拉克分析说：

> 一些人可能慌乱失措，受到惊吓，一些人则骄傲自大，言过其实；有些人当众发言时，记不清过去发生了什么事情，所说内容的真实性可能大打折扣。困窘可能妨碍查寻事实真相，人所具有的喜好表演的天性也可能起到妨碍作用。事实上，电视转播审判这个事实可能致使证人不愿出庭，因此既损害了审判，也妨碍了查明事实。

第三，电视对法官的影响。克拉克说，法官的工作是确保被告人获得公正的审判，这是一项高难度的工作，要求他“全神贯注”。然而，电视摄像机进入审判室后，他必须分心监督电视记者的行动，例如，在本案中，法官被迫就电视转播问题数次召开审前会议或者发布命令，这都干扰了法官专心审案。“法官也是人，他的心理反应与普通人一模一样。”

此外，克拉克指出：“在法官系选举产生的地区，电视转播的影响尤其恶劣……审判转播成为一件政治武器。”

第四，电视对被告人的影响。克拉克写道，电视“是一种精神困扰”，“被告人受审本身就是一种煎熬，在这个过程，不可避免地有关于他（被告人）的姿态和说话的特写镜头，这显然侵犯了他的个人感受、尊严及其冷静地、自由地和不受众目睽睽的干扰、专心应诉的能力”。

此外，电视还可能“剥夺被告人有效咨询律师意见的权利”。克拉克认为：“电视干扰和侵犯了私秘的律师——客户关系，而且电视制造出在公众面前亮相的机会，经常是不光直接诱惑了律师，甚至影响到法官、陪审团和证人。”

在克拉克看来，电视转播与公正审判之所以如此“格格不入”，在于两者的价值取向相去甚远。虽然电视记者令人尊敬，但是他们也是普通人。出于赢利的考虑，他们只愿意转播大要案，不可避免地要把镜头对准恶名昭著的被告人。“电视摄像机是一种强大的武器。在有意或无意之间，它能够毁掉被告人及其案件在公众眼中的形象。”

而针对得克萨斯州法院否定埃斯蒂斯主张的一个依据——电视转播的负面影响全是建立在假设的基础之上，埃斯蒂斯提不出证据予以证明。克拉克反对这种观点，他认为不能因为在特定案件中难以查明偏见的存在，便视之不见，“它们的真实性已经说服美国司法会议、本院和国会相信，联邦刑事程序法应当禁止电视转播联邦案件的审判”。

在电视转播和司法公正审判之间的关系处理上，大法官厄尔·沃伦撰写了一份同意意见书。大法官威廉·O. 道格拉斯和阿瑟·J. 戈德堡联署。沃伦在同意意见书中写到了几个核心观点：

第一，电视转播天然地违反正当程序。

沃伦坚定地认为：“电视转播刑事审判天然违反了正当程序法。”沃伦的逻辑起点是，英美刑事审判在数百年历史发展中逐步确立了自己的核心目标——“作出公正而可值得信赖的有罪判决”。为了实现这一目标，才设计出陪审团审判、征询律师意见、传唤证人等法律制度，并且把上述权利当作“刑事司法公正赖以建立的坚实庄严的基石”，写进了美国宪法第六修正案和第十四修正案。

美国最高法院的职责就是防止上述宪法权利由于外部因素的干扰沦为空洞的形式。沃伦说：“在英美法中，审判室不仅仅是一个安放法官、陪审团、证人、被告人、检察官、辩护律师和旁听者的座椅的地方；根据宪法关于审判的规定，审判室内的场景本身是一个重要的因素，其作用是增加了审判进程的庄严。”

沃伦认为，法院在本案中允许电视转播庭审的决定违反了第四修正案和第十四修正案，理由是：

（1）由于电视转播审判不可避免地影响到所有诉讼参与人，它使审判偏离了恰当的目标；（2）它使公众对审判目标产生错误的印象，因此损害了庭审的庄严，降低了审判的公信力；（3）它曝光了特定的被告人，置其在带有偏见的环境中接受审判。

第二，电视转播的弊端在于人人知道电视在转播。

与美国最高法院认为电视转播的负面影响难以衡量不同，沃伦表示，卷宗中的证据清楚地显示，电视转播影响了所有的诉讼参与人。例如，虽然得克萨斯州法律规定，证人和陪审员可以反对电视转播，但是他们可能会担心这种反对被理解为反对记者，而且初审法官也没有提醒他们享有该权利。

至于初审法官的举止，在沃伦眼中简直可以用反常来形容了。10 月 22 日，当辩护律师再次以埃斯蒂斯的联邦宪法权利受到侵犯为由申请禁止电视转播，初审法官说：“本案不是根据联邦宪法审理。该被告人是依据州宪法，依据州法律，被带至本庭受审……我宣誓捍卫的宪法，是州宪法而非联邦宪法。”沃伦认为，“一名州初审法官在法庭之上发表这样的言论，只能被认为是在哗众取宠。难以让人相信，这位有着 20 多年法官任职经历的初审法官竟然不明白，根据美国宪法第六条，自己的基本职责是什么。”

总之，沃伦继续说：“即使所有诉讼参与人有意识地和慎重地采取行动，不受电视转播的影响，但是这种行动本身就妨碍他们全心全意地履行自己在审判中的职责。因此，正如本案所显示的，电视转播审判的弊端不在于摄像机的噪音和存在，而在于诉讼参与人知道电视转播了他们的言行。”

沃伦也认为，庭审直播损坏了审判的社会观感，让受众把原应庄严肃穆的法庭当作娱乐消遣的舞台。“电视转播审判将会导致公众把审判程序与平常在电视上看到的娱乐节目等同起来。”冗长沉闷的审判过程不能长时间地吸引观众的注意力，于是电视台请专家评论分析涉案法律问题，预测双方将会采取的诉讼策略，这和体育直播中专家向球迷分析比赛有什么差别呢？更为严重的是，本案中为了在审判室后部搭建开间安装摄像机，撤去了最后两排旁听席。沃伦语带怒火地说：“如果为了更好地安装摄像机可以这样做，其他法院没有理由不把审判搬到戏院去，好方便新闻报道。”

对于支持庭审直播的一个理由是它可以教育公众，沃伦对此表示：“审判的功能不是提供教育；任何将审判当作教育工具的企图都极其危险，既会使审判偏离其正当目标，也会引发公众对于审判程序的怀疑。”为了批评所谓的审判的教育功能，沃伦以苏联对美国U–2侦察机飞行员弗朗西斯·加里·鲍尔斯的审判为例进行了说明。

1960年5月1日，鲍尔斯驾驶一架U–2高空侦察机在苏联上空被导弹击落。苏联把审判地点定在一个大礼堂，旁听者多达2000人，各国代表受邀出席，提供同声翻译，向新闻记者提供多种语言的详细的新闻通稿。“有意把审判用作政治宣教工具威胁到了司法程序的公正性。”沃伦以为。

第三，禁止庭审直播与审判公开和新闻自由不冲突。

在意见书的最后，沃伦特地强调，他的观点并不违反审判公开和新闻自由。

他说，审判公开是属于被告人的权利，没有给予报纸、电台和电视台任何特别待遇。而且，审判公开的本义不是所有想旁听审判的人都能够进入审判室，也不是指旁听者在审判庭可以自由行动。“在宪法意义上，公开审判指审判室有场所供合理人数的公众旁听审判，该场所既不能小得使公开名不符实，也不能大到干扰诉讼参与人履行其正当职责”，在新闻自由方面，“只要电视台……可以自由地派遣其记者出席审判，向其观众报道审判，那么新闻自由就没有受到侵犯”。

电视拍摄自有其禁区，而审判室便是其中之一。“一旦进入那个神圣的庇护所，在里面，人们的生命、自由和财产处于可能被依法剥夺的险境之中，电视记者只享有和普通公众一样的权利，也就是出席审判、旁听庭审的权利，以及此后如果他们愿意，予以报道的权利。”

总之，在这起官司中，美国最高法院面对的核心问题是，电视转播审判是否剥夺了宪法给予埃斯蒂斯的正当程序权利，换言之，电视摄像机出现在审判室，有没有使他的审判纯粹成为一个论坛？这是一个重大的法律问题，确如坎贝尔对本案的评价：“美国最高法院此前也曾就电视转播审判程序作出过判决，然而这是第一次专门审议电视转播刑事审判的宪法问题。”

第二部分
名人的“脸”不好用

调侃官员无罪

——《好色客》诉福尔韦尔案

1983年11月，美国著名的色情杂志《好色客》在其内封刊登了一则模仿坎帕里（Compari）开胃酒广告的滑稽文章，文章名为《杰瑞·福尔韦尔谈起他的第一次》，这个杰瑞·福尔韦尔可不是虚拟的人物，而是一位享誉美国的知名牧师，没想到就是这样一则调侃味儿十足的文章引发了一起轰动一时的新闻官司——《好色客》诉福尔韦尔案。

/案件回顾/

作为本案肇事者的《好色客》杂志创刊于1974年，以刊登接近直接赤裸的“硬色情”内容著称，“暴露外加政治”再配合上一些小发明和奇闻异事的消息构成了其内容的主要特点，是美国销量领先的成人和男性杂志。不过正是在刊登情色内容的同时还会掺杂上政治方面的内容，因此这份特殊杂志自创办之日起就纷争不断，而1983年打到了最高法院的这起《好色客》诉福尔韦尔案尤为引人注目。

好惹事的《好色客》

作为世界十大知名色情杂志之一，《好色客》在美国可谓家喻户晓。其老板拉里·弗林特虽说是“情色大亨”，却又和一般的色情杂志老板不一样，此君有些不守“本职工作”，经常在自己的杂志上突破色情的本业，多次刊登挑战美国政坛政治底线的文章。例如，2007年2月4日，他甚至在《华盛顿邮报》上刊登整版广告，广告标题叫“弗林特及《好色客》杂志悬赏百万美元”，广告声明称：“你是否曾与美国国会议员或者政府高官性接触？你能提供与国会议员、参议员或其他政府官员维持不正当性关系或亲密关系的书面证据吗？”如果有的话，弗林特称，将为爆料人保密，同时如果他们提供的信息经证实后得以刊登在《好色客》上，将可得到最高 100 万美元的奖金。

对于为何干起了这个“勾当”，弗林特在接受《旧金山纪事报》采访时表示，政客们都有一个共性：他们的自我膨胀欲很高，需要通过性征服来满足，这正是他们的问题所在。但是，他们最终能翻出些什么，结果可能不容乐观。

有意思的是，看似调侃味十足的《好色客》还确实“诈”翻过共和党高官。还是在克林顿身陷莱温斯基“拉链门”事件时，《好色客》就曾公开在其杂志上宣称已掌握了共和党众议院议长鲍勃·利文斯顿婚外情的“关键证据”。

结果这个鲍勃·利文斯顿可能是真的“不干净”，在看到《好色客》的报道后不久就宣布辞职了，成为当时克林顿性丑闻中最具戏剧性的插曲。后来出版的一本新书披露，当时《好色客》其实并未掌握任何所谓的“证据”，利文斯顿完全是被《好色客》“诈”下台的。

2007 年 7 月，这个弗林特还在《好色客》里透露了联邦参议员大卫·维特与应召女郎的秘闻，宣称这是一宗“非常严重的罪恶”，“这样的人没有资格来为我立法，尤其是有关道德的法律。”同时，弗林特还说，他手头还有更多的线索，牵涉到其他国会议员们不可告人的私生活。

对于这个弗林特，美国媒体都说，此君狂热宣扬的是腐朽堕落的色情文化，但他的《好色客》却成了攻击政治或宗教人物的平台。因此，即便是在以“言论自由和性开放”自居的美国，这个弗林特也因纵欲观念和行为的放荡、不负责任，为很多人所诟病。

这样的老板、这样的杂志自然在社会上过得也不会太平静，被人找上门来甚至打官司那可是“司空见惯”。在 1983 年 11 月，弗林特就因为一篇《好色客》风格的文章引发了一场长达 5 年，直至打到了美国最高法院的诉讼大战。

惹怒牧师的内封文章

在美国广告界，很多广告都擅长打情色方面的擦边球，以此来博得受众的关注度。作为著名的色情杂志，《好色客》上的广告在这方面更是“擅长”。

这不，就在 1983 年，美国广告市场出现了一则主打“色情”牌的广告——坎帕里开胃酒的广告。在这则广告中，广告的标题是“× × 谈论他的第一次”，文案以半开玩笑的方式访问各名人们的“第一次”，初读该则广告，人们都会以为文章是在讨论明星们的第一次性经验，但最后读者才会恍然大悟，原来这个“第一次”谈论的是受访明星们第一次喝坎帕里酒的感觉。

作为一本色情类杂志，《好色客》杂志也在内封位置刊登了一篇模仿坎帕里酒广告的文章，文章由泰瑞 · 亚伯拉罕制作，麦克 · 索尔兹柏里担任美术总监，标题为《杰里 · 福尔韦尔谈论他的第一次》，这篇荒诞不经的嘲弄性文章中出现了一个当时的社会名人——著名牧师福尔韦尔。文章以调侃、恶搞的风格虚构了一个对福尔韦尔的访谈，并配上了一张福尔韦尔的照片。访谈中描述了福尔韦尔在喝得酩酊大醉时与他的母亲在户外公共厕所里发生了乱伦行为。同时在这个虚拟的访谈中，福尔韦尔还说道，他对“比 100 元就买得到的浸信会妓女还要好看的母亲”感到陶醉。最后，当被问及是否有喝过坎帕里，福尔韦尔回答：“我总是在站上讲道台前就已经喝得烂醉。你不觉得我可以靠讲那些废话来清醒一点吗？”

由于文章描述的是无中生有之事，所以在文章的底部编辑用小字体写了一行字，“谐仿广告——别当真”，同时刊登这篇文章的栏目是“虚构类，广告和人格谐仿”栏目。

据说，福尔韦尔牧师看到这条广告后直想哭。当然他没有哭，而是对弗林特提出诉讼，要求他赔偿 4500 万美元的名誉损失费。于是，一起轰动一时的被称为对美国的宪政完善作出了贡献的官司就此拉开了序幕。

/ 官司进程 /

1983 年 11 月福尔韦尔在维吉尼亚州西区地方法院以诽谤、侵犯隐私和蓄意造成情绪困扰起诉弗林特、《好色客》杂志和弗林特的经销公司。

互有胜负的初审结果

在正式审判之前，地方法院批准了弗林特对侵犯隐私提出的简易判决的申请，剩下的两项指控仍进行公开审判。

也许，福尔韦尔实在是觉得这篇文章的情节恶劣，是有“真实的恶意”的，所以才会愤然在起诉缘由中加入了诽谤的条款。可能一般人也会觉得，这么不人性的文章，福尔韦尔应该是百分之百获胜。但是事实却不像我们想象的那样。

诽谤罪被陪审团否决了。他们的理由是：在初审法院，陪审团在福尔韦尔的诽谤索赔上做出了利于弗利特的判决，陪审团在判决书中指出，广告滑稽文章不能“被理性地理解为在描述关于被上诉人（指福尔韦尔）的真实事件或他实际参与的事件”。通俗点说就是这种类型的文章一看就知道是“胡闹的”，根本不会有人当真，自然也就谈不上什么诽谤了。

当然，让福尔韦尔稍稍感觉平衡一点的就是，他的另一项指控——《好色客》的文章蓄意造成情绪困扰（也就是文章给他的精神上造成了巨大损伤），陪审团则做出了利于福尔韦尔的判决，判定弗林特赔偿福尔韦尔 10 万美元的补偿性损害赔偿金和 5 万美元的惩罚性损害赔偿金。

没想到，陪审团的这一判决，还没引起弗林特的关注时就先引起了美国那些政治漫画家，艺术家和连环画家的严重关注。因为这些人经常会画些戳痛公众人物的东西，他们关注的问题很简单：要是因为一张漫画就可以判决给被讽刺者造成精神损伤，需要作画者进行巨额赔偿的话，界线在哪里?

自然，弗林特也想把这个官司百分之百地打赢，他才不想从口袋里拿出那 15 万美元呢。因此，不服初审判决的弗林特上诉到了美国第四巡回上诉法院，但没成想，1986 年，巡回上诉法庭的判决结果下来了，他又输了，巡回上诉法院支持了初审法庭的判决。美国第四巡回上诉法院在判决中认为，纽约时报诉沙利文案的真实恶意原则适用于对公众人物蓄意造成情绪困扰的情况，原告福尔韦尔显然是一名公众人物。但纽约时报的原则过度着重在陈述的真实性声明上，对第四巡回法院来说，维吉尼亚的法律只要被告是蓄意的行动就已经足够了。据此，第四巡回法院的全体法官皆拒绝重审该案。

至此，摆在弗林特面前的只剩下了一条路——把官司打进美国最高法院。

“漫画”判决

1988 年，美国最高法院开庭审理了这起广受关注的案件。开庭伊始，福尔韦尔的代理律师格鲁曼在开场陈述时提到了一个观点：“对人格的恶意中伤是不受第一修正案保护的。”

对格鲁曼的这一观点，桑德拉・戴・奥康纳大法官插话问道：“那么您认为，漫画家应当为他那些辛辣刻薄的作品，承担潜在的法律责任吗？”

对法官的发问，格鲁曼回答："是的，只要他的画被一般公众认为是文明人不能容忍的。"

对格鲁曼给出的答案，其他几位大法官又问道，那么陪审团是怎么理解"不能容忍"的标准的呢？

对这一很难量化处理的问题，格鲁曼也拿不出令人信服的答案，只能以福尔韦尔没有乱伦，也没有喝醉酒才布道，因此《好色客》的那篇文章对福尔韦尔造成的精神损伤非常大来笼统地回答。

在法官提问环节，斯卡利亚大法官还向格鲁曼陈述了他的观点："也许咱俩见过的政治漫画不太一样，我们有些可以追溯到英国时代的传统……例如我就见过一些这样的漫画，政治家们被描绘成了面目狰狞的禽兽，也有的被描绘成了行苟且之事的人。说实话，如果政治漫画不把一个政治人物描绘成妓院里的钢琴师，那我还觉得奇怪呢。"

代表《好色客》出庭的律师艾伦·艾萨克曼则在陈述环节援引了美国的漫画传统和其背后所反映出了的言论自由问题。据艾萨克曼陈述，在华盛顿时代，也有人在漫画中把总统画成了一头驴。对此，斯卡利亚大法官插话道："这个我可不介意。我想，华盛顿也不会介意。但本案情形要过分得多，这可是说你和你的母亲在洗手间乱伦啊。"

对斯卡利亚大法官的插话和格鲁曼提过的《好色客》的那篇文章格调低劣的问题，艾萨克曼还说了这样一句话："我们这里讨论的是格调高低问题吗？就像您之前说的，没有人会因此相信福尔韦尔乱伦过。再说，以政治漫画嘲弄公众人物或政客，本来就是美国延续至今的一项古老传统。"

在庭审辩论环节，斯卡利亚大法官对本案作出了评述："第一修正案并不包括所有的言论。它的确承载着非常重要的价值，但是，这一价值却不是我们这个社会的唯一价值……如果按照你的说法，仅仅因为你是公众人物或政府官员，就无法保护自己或你的母亲，免遭母子在洗手间乱伦的'戏仿'……你认为乔治·华盛顿还愿意出任公职吗？如果第一修正案不保护这些价值，还有人愿意为公众服务吗？"

最终，经过最高法院大法官们的合议，美国最高法院在1988年作出如下终审判决：

> 上诉方《好色客》杂志公司是一家在全国发行杂志的公司。被上诉人杰瑞·福尔韦尔是一位全国知名的牧师。作为一个政治和公共事务评论员，他表现非常

> 活跃。被上诉人提起诉讼，要求起诉上诉方及其出版商拉里·弗林特支付对其隐私侵犯、诽谤以及故意施加精神伤害的损害赔偿金。……我们判定，公众人物和政府官员不能因为出版了本案中类似的争议文章，并且在不额外证明出版物中包含具有“实际恶意”错误事实陈述的情况下，而获得故意施加精神伤害的法律赔偿……

因此，上诉法院的判决被推翻。

该案件的主审大法官是美国第16任首席大法官威廉·伦奎斯特，其他参与审判的大法官包括小威廉·J. 布伦南、拜伦·怀特、瑟古德·马歇尔、哈利·布莱克蒙、约翰·P. 史蒂文斯、桑德拉·戴·奥康纳、安东宁·斯卡利亚。最终的判决意见以8:0的结果通过（安东尼·肯尼迪没有参与该案件的审判）。

/ 法眼观案 /

第一观：媒体对公众人物“恶搞”也受宪法保护

《好色客》诉福尔韦尔案把《纽约时报》诉沙利文案中确定的“真实恶意”原则延伸到了一个新的层面，即媒体对公众人物进行的“恶搞”不属“真实恶意”，也受到宪法第一修正案言论自由条款的保护，此案后，公众人物将很难再以报道或漫画等给其带来了情绪困扰为由状告媒体了。

在判决中，最高法院认为福尔韦尔是一名公众人物，因此强调公众人物必须容忍“激烈、刻薄甚至尖锐的抨击”，既然大众知道这是恶搞且不相信其真实性，那么对福尔韦尔的诽谤也就不存在。正如判决书中所写：

> 由宪法第一修正案引起的这类激烈的政治辩论，一定会产生一些对身居要职的政府官员或公众人物不满的言论。这些公众人物一般“与重要的公共事务的解决密切相连，或者他们的声望能够影响某些社会领域的事件的发展”。法兰克福特法官在鲍姆加特诉美利坚合众国案中说道，“美国公民的特权之一就是批评政府官员和措施的权利”时，曾简洁地提到这一点。不可避免地，这些批评不会总是充满理性或非常恰当；公众人物和政府官员将受到“激烈的、刻薄的，有时甚至是非常不友好的尖锐攻击。”……

应该说，借由《好色客》诉福尔韦尔这一案子，美国最高法院又进一步扩大了第一修正案对于新闻自由的保护。正如同首席大法官伦奎斯特所说，考虑到宪法第一修正案的普遍原则，我根本就没打算提供一个例外，让它在这种事情的对错中间划上一条界线。也就是说，对于美国的最高法院，诽谤罪问题的解决毕竟是有一个明确的目标的，这就是宪法第一修正案所寻求的目标，确保新闻监督的功能，以维持社会的健康和正常运作。因此，在最高法院判案的时候，就可以避开细节的纠缠，避开在低一层次的是与非之间划界线，而作出高一层次的原则性判决。

《好色客》诉福尔韦尔案对言论自由的意义十分重大。该案充分显示出，在美国最高法院，即便是保守派大法官，也会深刻意识到，宪法要求美国社会对公共事务的讨论保持宽容的态度。这其中不仅包含被画成了驴的形象的华盛顿，也包括被写作和母亲在洗手间乱伦的福尔韦尔。

当然自由也是有限制的，为了避免这种“恶搞”被媒体滥用，最高法院的判决书中还专门列出了一条限制条款：

> 当然，这并不意味着任何关于公众人物的言论都将免受损害赔偿形式的制裁。在《纽约时报》诉沙利文案之后，我们一直裁决，公众人物可以要求言论发表者对出版错误诽谤言论所造成的名誉损害给予赔偿，但只有在该言论是在“明知错误或不计后果地漠视真伪”的情况下发表时才能要求赔偿。……

可以说，这起官司不但重申了第一修正案对言论自由的保护，而且还对媒体可能出现的滥用“恶搞”公众人物的自由做了框架限定，让媒体和公众人物都知道这种“恶搞”的底限所在。而《好色客》诉福尔韦尔这起案子的影响之深还不止于此，后来这起案件还被好莱坞看重，被大导演麦洛斯·弗曼拍成了一部名为《性书大亨》的电影，成了宣扬言论自由的经典之作。

第二观：“不可容忍”不是审判中可用的标准

还是在初审阶段，地方法院的陪审团提出的判决依据中提到了一个词“不可容忍”。对这一标准能否在法律中运用的问题，最高法院也在判决中给出了明确答复：

> 毫无疑问，在《好色客》杂志上发表的对被上诉人（这里指福尔韦尔）及

其母亲的讽刺作品最多也只能是上述政治漫画的远房亲戚，并且联系非常少。如果能够通过发布原则性的标准来区分二者，公共言论可能只会遭到极少的伤害，甚至不受到伤害。但是，我们怀疑这种标准的存在，而且我们确信，带有轻蔑意义的描述语“不可容忍”绝对不是这种标准。“不可容忍”在政治和社会话语中具有一定固有的主观性，会使陪审团基于陪审员的品味、观点或他们对特定言论的好恶来进行评判。因此，“不可容忍”标准就与我们长期所反对的那种仅凭争议中的言论可能会对公众造成负面情绪影响而给予损害赔偿的原则相冲突。

这一裁决也显示出了美国最高法院在审判时的一个基本原则，即摒弃那些主观色彩比较浓，又难以用具体事例或者量化数据来衡量的标准，对此，最高法院强调，需要给新闻界提供足够的“呼吸空间”，以行使第一条修正案赋予的自由，“如果发言人的意见冒犯了他人，其后果则可以成为给予法律保护的理由。因为第一条修正案的核心宗旨是政府在观念市场中必须保持中立”。

第三观：新闻界有一只市场调节之“手”

弗林特这一赢可是非同小可，他不但为自己省下了巨额的金钱赔偿，而且还进一步拓宽了美国媒体和美国民众所享有的新闻自由，为此后媒体“恶搞”公众人物拓宽了道路。在官司胜诉后弗林特这位“色情大亨”对他的这起官司做了一个自我“点评”，他说：“我们说的话总会让一些人不高兴，如果因为这样就不让说，那还叫什么言论自由。”

当然公说公有理，婆说婆有理，也有人担心，弗林特把美国的“言论自由”推向了另一个极端，他的官司胜诉不亚于公开宣告美国人从此可以对公众人物“胡说八道”了。

不过伴随着自由度的扩大，另一个问题又会出现在很多人的脑海里。我的天哪，在如此自由的环境里，那会不会出现新闻官司“炸窝”的现象？其实，这点大可不必担心，经过长时间的探索，美国人成功地将“市场经济”的手段引入了新闻界，为什么这么说？

在美国，绝对多数的媒体都是私营企业，公营媒体没几个，国有媒体更是“稀有动物”，加上各种媒体的数量又非常多，竞争的激烈程度可想而知。在这种情况下，美国的媒体市场逐渐就形成了一只“看不见的手”，这只“手”会对媒体的报道行为发挥出有力的调节作用。回到《好色客》诉福尔韦尔案，我们就可以看到这只“手”的影子——这就是，只要不触犯法律的底线，公众人物尽可以随便调侃，哪怕是挖苦、讽刺都行，但唯独不能用在普通老百姓身上。

正因为有了一只媒体默默遵守的“看不见的手”的指挥，所以我们才会发现美国新闻界一个比较“有趣”的现象，普通美国人的隐私可是多了去了，但是包括各类官员、明星甚至在社会上多少有点名气等的公众人物在这方面却实在是比不上普通老百姓，要不怎么出现了这么一种民间的说法呢，在美国做官难，做名人更难。其主要原因就是背后多了一双无时无刻不在盯着他们的“眼睛”——媒体。

由于媒体不报道则已，一报道往往没什么好事，所以这些公共人物经常也是“哑巴吃黄连”，和媒体打诽谤官司吧，赢的几率实在太小，经常是赔了夫人又折兵，不打官司吧，又实在觉得胸中憋闷，最后很多公众人物不得不采取了“三十六计走为上”，惹不起我躲得起，尽量不让媒体注意上。

不过好景不长，到了互联网时代之后，美国的言论自由环境还出现过一段插曲。这个本意想为老百姓好的插曲没成想在美国又引起了纷争。

进入 21 世纪后，随着互联网成了美国大多数人生活中的必需品，大量的网络媒体铺天盖地涌现出来，这其中也是泥沙俱下，有好有坏，有高尚有下流，在这种情况下，美国参议院商业委员会通过了一个“正派通讯法案”。根据该法案，凡是制作“猥亵，淫荡，挑逗，污秽和下流”的色情素材，并在互联网上传送的个人或公司都会受到惩罚，惩罚的上限是 10 万美元罚款并 2 年徒刑。

提出这项法案的民主党参议员说，提出该法案的目的是为了保护未成年人免于淫秽色情素材的侵蚀。

在一般人眼里这是很好的一件事呀，净化了网络空间。但就是这样一个出于好意的法案还是引起了轩然大波，遭到了包括互联网企业、人权组织的强烈批评，非盈利组织“民主与技术中心”的主席认为，这个法案是违宪的，是对信息高速公路上的新闻自由的直接威胁。批评者还担心，这是美国政府对电子通讯扩大检查的先声。最后由于批评之声实在是太大了，当时的总统克林顿不得不向参议院提出了“缓办”该法案的请求。

对此，白宫新闻发言人说：“总统认为这个问题值得更仔细的讨论……政府厌恶任何形式的猥亵素材传送，但更需要注意宪法第一修正案保障的权利。”连白宫都提出了要仔细讨论该法案的请求代表了美国在处理牵涉宪法第一修正案的问题时，通常所持的谨慎态度。那么这是不是就意味着对互联网上的淫秽信息的传播就无计可施了呢？

当然不是，这时，我们上文说的新闻界的市场调节之“手”又开始发挥了它的巨大作用。在该法案尚在讨论之时，美国一些大互联网公司首先站了出来，在该法案出台之前，他们比谁都着急，因为他们担心法案一旦生效会在保护未成年人的时候也把他们的成人生意一并给扫掉了。怎么办？于是各大互联网公司就开始发挥他们的技术优势，竞相开发出了针对未成年人上网的管控软件，能借助这些软件把有害信息和网站给过滤掉，问题自然也就迎刃而解了。

可以说，这就是美国的新闻界，他们在竭尽全力维护着自己费尽千辛万苦争取来的一个古老的基本信仰——包括言论自由在内的新闻自由，每当遇到和新闻自由的信仰相悖的事情时（哪怕是很多人在心理接受不了的事物），一切都要为新闻自由让路，这就是现实中的美国新闻界，变化多多，但其核心却只有一个——新闻自由。

批评官员的“度”找到了

——《纽约时报》诉沙利文案

长期以来，人们一直将媒体视作独立于立法、行政、司法的第四种力量，在监督社会、监督政府方面有着其他力量所不具备的一种特殊力量。但这种“特殊力量”的形成也不是一蹴而就的，是经历过若干次的斗争，打过数不清的官司才最终确立起来的。就拿在世界媒体界数一数二的大牌媒体《纽约时报》来说吧，其在监督政府方面的作用也是秉承媒体的“良心”，不畏艰难险阻，在一次次的官司中“摸爬滚打”出来的。在《纽约时报》所经历的若干次官司中，与美国南方阿拉巴马州蒙哥马利市警察局长 L.B. 沙利文的官司绝对是经典中的经典。

正是在这场打到了美国最高法院的官司中，由于《纽约时报》的最终胜诉使得“对公共事务的讨论应当不受抑制、充满活力并广泛公开”，“政府官员名誉受损，并不意味着我们要以压制言论自由为代价进行救济”等原则上升到了法律的高度，成了美国政界的共识，并直接推动了美国新闻界真正担负起了监督政府、批评官员的职能，直到半个世纪后的今天，这起官司仍深深影响着美国社会。

/ 案件回顾 /

1960 年 3 月 23 日傍晚，约翰・默里来到了《纽约时报》总部的广告部，默里是一家名为“声援马丁・路德・金和在南方争自由委员会”的机构的志愿者，他这次来纽约时报社广告部的主要目的就是希望《纽约时报》能够刊发该委员会的一则社论式广告。

在 20 世纪 60 年代的美国报界，社论式广告比较流行，这类广告主要指的是那些五花八门的社团委托报社刊登的广告。

约翰·默里来到纽约时报广告部后，业务员格申·阿伦森接待了他。据阿伦森回忆，当时默里除了把广告的文案交给了他之外，还出示了声援马丁·路德·金和在南方争自由委员会主席菲利普·伦道夫的一封亲笔信。伦道夫在信中写道，广告中的联合署名者一致同意以他们的名义刊登这则社论式广告。

按照刊登此类广告的流程，阿伦森首先审看了刊登方出具的各类文件，检查无误后，便把广告转交给了报社的广告审查部进行内容方面的审查。因为依据纽约时报社的内部要求，广告内容中凡是有欺诈、捏造嫌疑的，或者是对个人进行人身攻击的都不予刊登。当该则广告送到审查部后，纽约时报广告审查部主管文森特·瑞丁审查后也没有发现有违规的内容，因此也就签字同意刊发了。但正是这样一则看似普通的名为《关注他们的呐喊》的文字广告给《纽约时报》带来了“大麻烦”，引发了一场“惊世官司”。

一则广告带来的“大麻烦”

1960 年 3 月 29 日，《纽约时报》在广告版面登出了由声援马丁·路德·金和在南方争自由委员会出资的整版广告——《关注他们的呐喊》。

广告中这样写道：

> 今天，全世界都知道了，美国南方数以千计的黑人学生，正发起一次和平示威游行，宣布黑人同样受美国宪法和“权利法案”保护，并享有人格尊严和生存权利。他们遭到了前所未有的粗暴对待，施暴者正是蔑视并践踏宪法的人们。这些人践踏的，可是全世界追求自由信念者所仰赖之典范。
>
> …………
>
> 在阿拉巴马州蒙哥马利市的州议会厅前，当学生唱完“我的国家，也是你的”这首歌后，学生领袖随即被校方开除。而且，一大批荷枪实弹，携带催泪弹的武装警察严阵以待，并包围了阿拉巴马州立学院。当所有学生以罢课方式，抗议州政府滥用公权时，警察封锁了学校食堂，试图用饥饿迫使他们就范。

接下来广告又描述了当时美国南方发生的一些种族歧视行为，但整则广告并未指名道姓批评具体的个人或者机构，只是用笼统的“违宪者”指称。对这些“违宪者”，广告还写道：“他们炸毁了金博士的家，差点儿杀死他的妻儿；他们抹黑他的名声；甚至用‘超速’‘羞辱’‘游荡’等不同罪名先后逮捕他七次。”

广告正文的最后还写道：“我们必须加大关注力度，在道义支持之外，向这些面临牢狱之灾，甚至死亡威胁的人，提供更多物质支持，他们正誓死捍卫着宪法与‘权利法案’的尊严。”

广告文案的下方罗列出了64位联合署名者的具体姓名，最后是呼吁广大读者捐款的捐款单。无论对谁来说，这样一则社论式广告在当时都是再正常不过的了，但是谁也没想到，这则广告后来被远在阿拉巴马州蒙哥马利市的警察局长沙利文看到了，随后便引发了一场“大官司”，构成了对美国言论和出版自由权的一大严峻考验。

沙利文起诉

在《纽约时报》刊登这则《关注他们的呐喊》的广告时，沙利文是阿拉巴马州蒙哥马利市的警察局长。虽然广告中没有提到他的名字，但他还是给纽约时报寄出了一封挂号信，在信中，沙利文写道，《纽约时报》的广告中所说的警方“严重失职”，“处置不当，玩忽职守”都是不真实的，因此，《纽约时报》应该尽快“发布声明，撤回之前那些荒谬不经的诽谤性言论”。

信件寄到纽约时报后，报社法律事务的代理律师事务所洛德·戴 & 洛德律师事务所于4月15日给沙利文回了一封信，信中提到：“我们颇有些迷惑……您凭什么推断广告上的声明是在影射您呢？”同时，作为一家严谨的报纸，这封回信还写道，纽约时报收到沙利文的来信后即已开始着手调查广告中所提的那些事情。

在这封回信中，纽约时报还指出：“《纽约时报》向来注重真相，有错必纠。”“烦请沙利文先生告诉我们，究竟这则广告什么地方冒犯了您？”

《纽约时报》的调查当时是委托该报驻蒙哥马利的特约记者唐·麦基进行的，很快唐·麦基就提交了调查报告，在调查报告中，唐·麦基写道，除了警察封锁学校食堂，试图用饥饿迫使学生就范这件事无法查证外，其余的叙述均完全属实。

但是沙利文却对纽约时报的回函未置可否。4月19日，沙利文向蒙哥马利市巡回法院提起了诉讼，控告《纽约时报》及其在广告中联合署名的四位黑人牧师涉嫌诽谤。

在美国，类似诽谤这类民事诉讼，必须先经过起诉文书送达这一程序，具体而言这一程序的环节主要包括：原告拟好诉状——送交被告或被告的代理人——向被告书面告知原告本人的诉讼行为及要求。

在送交诉状环节方面，沙利文没有长途跋涉将其送达纽约，而是将诉状送到了《纽约时报》驻蒙哥马利市特约记者唐·麦基那里。虽然唐·麦基只是在《纽约时报》兼职，但沙利文的律师认为，这也足可以将其视作纽约时报在阿拉巴马州的代理人了，况且按照阿拉巴马州的法律，如果被告在阿拉巴马没有办事处或代理人，那么原告只要将诉状递交阿拉巴马州的州务卿也可视作诉状已送达原告，自然也可以启动诉讼了。

在起诉书中，沙利文诉称，《纽约时报》刊登的《关注他们的呐喊》这则广告中的第三段提到的蒙哥马利部分，第六段提到的对付金博士的那些违宪者部分都是对他本人的诽谤，对《纽约时报》的这一诽谤行为，他要求索赔 50 万美元。

正所谓一石激起千层浪，沙利文的起诉引发了连锁反应。就在沙利文起诉不久后的 5 月 9 日，阿拉巴马州州长约翰·帕特森写信给纽约时报，也提出了和沙利文同样的要求，这实际上就是一个起诉的前奏。

此后，蒙哥马利市市长厄尔·詹姆斯，市政专员弗兰克·帕克斯，前市政专员克莱德·塞勒斯几人也联合起来以诽谤罪起诉了纽约时报，同样要求纽约时报和四位黑人牧师赔偿每个起诉者 50 万美元。

在面临连锁起诉的情境下，纽约时报本不想和这些起诉者对簿公堂。就在收到阿拉巴马州州长约翰·帕特森的信后不久，《纽约时报》就刊登了题为《时报撤回广告声明》一文，向帕特森州长致歉。文中写道，《纽约时报》此则广告，系合法广告代理商依正常流程办理，且由知名人士付费刊载。广告并非《纽约时报》的新闻报道，也未承载本报编辑任何意见或观点。广告刊出后，纽约时报已展开调查，并秉承本报撤销并更正不实报道或虚假消息之原则。据此，本报撤销阿拉巴马州州长提出异议的两段文字。纽约时报从未打算借广告中伤尊敬的约翰· 帕特森先生，也未质疑他作为州长及前教育厅厅长的领导能力，更没有指控他“严重失职、处置不当或玩忽职守”。为避免读者从广告声明中推断出不当结论，纽约时报谨向尊敬的约翰·帕特森州长致以诚挚歉意。

虽然在报纸上进行了致歉，但这位州长还是将纽约时报告上了法庭，并提出了 100 万美元的赔偿要求。

看似简单的一则社论式广告，使纽约时报面临着阿拉巴马州的 5 位政客的联合控告，赔偿额总计 300 万美元。要知道，在 20 世纪 60 年代初，这可不是一笔小数目。

尽管纽约时报的高层和其代理律师不想走上法庭，但却根本无法说服 5 人撤诉，只能被迫走上了应诉之路。

/ 官司进程 /

初审失利

应诉后的纽约时报马上就发现了问题的严峻性——这个官司不像想象中那么简单。由于有着浓厚的种族歧视传统，《纽约时报》应诉后发现的第一个问题就是，想在阿拉巴马州找一个代理律师都很困难。

费劲周折后，纽约时报终于找到了位于阿拉巴马州伯明翰市的一家名叫贝多斯、恩布里 & 贝多的律师事务所，由于这家律师事务所经常为黑人被告辩护，因此有胆量接下了这起“难缠”的官司。

据恩布里事后回忆，当他和律师事务所另外一个合伙人罗德里克 · 贝多到纽约探讨案情时，纽约时报的高层告知他们，报社愿不计代价打赢这场官司，绝不轻易言败。

为了打赢这场官司，纽约时报也是下足了功夫，报社的代理律师们经过磋商，找到了一个突破点，即从阿拉巴马州法院的属人管辖权入手，提出管辖异议。

在美国法律中有这样的规定，如果甲和乙两个身处不同州的人打官司，甲起诉了乙，那么甲所在州的法院就可以根据乙的业务、财产或身份与本州的关联度来判断是不是通知乙到本州应诉，如果经过判断发现乙与甲所在州没有关联，那么甲就不能在自己所在州控告乙。反之，如果有关联，那么即便乙不去甲所在州应诉，最终甲所在州就会以缺席审判的方式进行判决，判决出来后甲就可以手持判决结果到乙所在州要求该州法院强制执行，而乙所在州的法院则会根据美国宪法要求的“充分信任与尊重”原则，主动执行甲所在州法院的判决。

纽约时报的代理律师们在找到突破点后随之向阿拉巴马州法院提出，纽约时报每日送达阿拉巴马州的报纸仅有 394 份，不足与阿拉巴马州建立起有力的关联，而该州该年在《纽约时报》上的 1.8 万美元的广告额和《纽约时报》3750 万美元的年销售额相比也微不足道，因此，该报的业务和阿拉巴马州建立不起法律要求的关联度。基于此，本起官司不应在阿拉巴马州审理。

在递交了管辖权异议后的很多天里，原告和被告的律师针对这一问题展开了争论，1960 年的 8 月 5 日，阿拉巴马州法院主审该官司的琼斯法官作出了裁定，纽约时报与阿拉巴马州有充分的业务往来，因此，该州对本官司有管辖权，随后阿拉巴马州法院对该官司进行了初审。

1960 年 11 月 1 日至 3 日，法官琼斯对沙利文诉《纽约时报》案审理了 3 天。在审判的第一步——挑选陪审团成员时，沙利文的代理律师从候选的 36 名陪审员中挑选出了 12 名清一色的白人作为陪审员，虽然纽约时报的代理律师以这 12 名陪审员可能受当地舆论压力影响，会影响审判的公正性为由向法院提出了异议，但法官琼斯驳回了异议。

在审判的第二个环节——庭审辩论环节，沙利文的律师陈述说，原告之所以提起损害赔偿是“为防止被告屡教不改，更是要防止其他人犯同样的错误”。对这一借口，纽约时报的代理律师回应说，一方面广告中根本没有提到沙利文这个名字，另一方面，即使推而广之，人们看了这个广告也不可能联想到沙利文。

一般而言，按照诽谤官司的审判要求，要想证明被告的诽谤罪名成立，原告需要承担举证责任，而且在举证时必须列举出如下的证据：其一，被告存在出版行为；其二，被告在出版物中有诽谤陈述；其三，原告是被告的诽谤对象。因此，尽管《纽约时报》的广告上没有提到沙利文的大名，但沙利文的代理律师们还是竭尽全力地证明广告有暗指沙利文的嫌疑。为此，包括沙利文在内，原告一共找到了 6 个证人来证明广告指涉且关系到了沙利文本人。

这些证人都声明，看过广告后他们自然而然地就联想到了市政官员和警察局长沙利文。同时，为了证明广告中的言语不实，原告还列举出了包括广告中对炸毁金博士的住宅、关于阿拉巴马州立学院的描述，特别是关于警察封锁学校食堂等内容都是不真实的。

针对原告方的上述指控，纽约时报一方也进行了针锋相对的回应。随后官司进入了陪审团审议环节。在这一环节，主审法官琼斯对陪审团说了这样一段话，陪审员们应重点关注广告是否构成诽谤这个问题，而广告中被质疑的陈述已经构成了“直接诽谤”，因此，陪审团无需考虑所谓“不实陈述”的认定问题，按照阿拉巴马州的法律，只要“直接诽谤”成立，相关言论就可以推定为“不实陈述”，在这点上，除非被告能举证证明自己所言属实，才能推翻上述推定。但是因为纽约时报已经承认“封锁学校食堂”等内容有误，所以报社已经在举证上失去了主动权。

总之，按照琼斯法官的指示，《纽约时报》的广告已经构成了诽谤，不实陈述成立，原告深受其害。

12 名陪审员仅用两小时二十分钟就给出了判决，他们判定被告纽约时报败诉，需要向原告沙利文赔偿 50 万美元（这是阿拉巴马州有史以来最大数额的诽谤赔偿金）。阿拉巴马州法院的初审就这样以纽约时报的败诉而告终。

重审被否决、上诉被驳回

初审官司中失利后，纽约时报并未就此罢手，报社的代理律师们打算拿出美国宪法第一修正案这一挡箭牌向法院发出重审申请。

很快地，纽约时报的律师们就提出了重审申请，主持初审的琼斯法官把重审的听证会安排在了 1961 年 2 月进行，后来因为纽约时报申请延期，听证时间又后延了一个月。但不幸的是，在听证环节，琼斯否决了重审申请，在重审被否的情况下，纽约时报唯有向阿拉巴马州最高法院上诉之路可走了。但这条阿拉巴马的上诉之路能走通吗？

在 20 世纪 50、60 年代的阿拉巴马州弥漫着种族歧视之风，作为执掌州最高司法权的该州最高法院甚至就公开地支持种族歧视政策。例如，该最高法院曾拒绝美国“全国有色人种协进会”进入该州，并将其挡在该州境外长达八年之久。

指望这样一个最高法院能推翻这样一起涉及种族歧视的官司希望本身就很渺茫。果不其然，在纽约时报上诉到阿拉巴马州最高法院后，该院很快就作出了判决，驳回纽约时报的上诉，维持原判。

按照阿拉巴马州最高法院的说辞，诸如警察、消防之类的部门，均受政府控制、调遣，有时直接听命于一位市政专员。因此，对相关团队的赞美或批评，直接影响到人们对掌控团队者的评价。因此，初审中陪审团关于“指涉且关系到”的认定标准是正确的。

而对纽约时报依据宪法第一修正案提出的抗辩，阿拉巴马州最高法院则认为“美国宪法第一修正案不保护诽谤言论”。

官司打到此时，对纽约时报而言似乎已是山穷水尽，最后一条摆在纽约时报面前的路就是上诉到联邦最高法院。

向联邦最高法院进军！

在20世纪60年代的美国，向联邦最高法院上诉有点类似古代中国的“告御状”——很有难度，不是每一起官司都能到联邦最高法院上诉。为什么会这样呢？

其实，导致这一现象出现的主要原因就是美国宪法。根据美国宪法，联邦最高法院无权纠正各州法院根据各州的法律作出的裁判。换句话说，只要这个州的法院的判决没有违背联邦宪法或者联邦法律，那么即便判决结果再“奇葩”，联邦最高法院也不能介入，更谈不上纠正了。在遇到这种情况时，怎样才能说服联邦最高法院受理此案呢？

几乎走入绝路的纽约时报邀请到了哥伦比亚大学法学院的教授赫伯特·韦克斯勒出山，这个韦克斯勒可以说是学富五车、才高八斗，但却又毫无酸腐的学究之气，而且此君的专长又集中在宪法研究、最高法院研究和联邦制度研究等领域，尤其是擅长研究联邦法和州法之间的关系。到纽约时报邀请其出山的1962年，韦克斯勒已经在美国最高法院打过了十几场官司。

由于和纽约时报的法律顾问路易斯·洛布是校友，还是老相识，因此在接受了洛布的邀请后，韦克斯勒终于答应出手相助。

在接手了上诉联邦最高法院的重任后，韦克斯勒面临的第一个难题就是如何使联邦最高法院受理此案。很快地，在梳理案件时，韦克斯勒就有了一个重大发现——阿拉巴马州所沿用的诽谤法正在严重侵蚀着宪法所保护的言论、出版自由，而这和当时联邦最高法院所做的一系列旨在保护宪法第一修正案的判决相去甚远。

据韦克斯勒回忆，在沙利文一案中，原告一开始就被推定为受到伤害，并且无需就此举证，这其实和18世纪那些压制表达自由的法律是一丘之貉，自然也是和宪法精神相违背的。特别是阿拉巴马州的判决书中所指称的“指涉且关系到”更是标准模糊。

发现了这些漏洞后，韦克斯勒决定以宪法诉讼使联邦最高法院接受这起官司。找准切入点后，韦克斯勒在1962年11月21日代表纽约时报向联邦最高法院提交了调卷复审申请，在这份31页的申请中，10页是对案情的陈述，其余篇幅则是批准复审令之理由，阐明受理该案的法律依据等，其中有一段这样写道：

阿拉巴马州最高法院的判决对诽谤法律进行了极为狭隘的解释，限制了人民抗议、批评政府官员的权利，侵犯了经由最高法院判决界定的言论、出版自由。此判决将维护私人名誉的法令，化作防治官员受到批评的利器。若允许这样的判决存在，不仅将严重压制媒体自由，还将损害人民借出版对政府抒发不满的能力，殃及人民的福祉。事关重大，恳请最高法院审慎裁断。

此外，申请书还提到，依照阿拉巴马州法院的判决，只要有人撰文批评某一政府部门的工作，即可推定主管这一部门的官员名誉受损，除非批评者证明相关言论完全属实。这类判决从作用到影响，都与历史上早被判定违宪的《防治煽动法》如出一辙。阿拉巴马州那种上不封顶的诽谤判罚，将钳制“自由的政治讨论”，损害共和民主的安全保障和宪政体制的基石。

申请书中还写道，最高法院关于出版自由的判决存在一个逻辑前提，“宪法第一修正案的基本目的之一，正是让人民有权批评‘任何一个政府部门’”……“尽管事关法庭的荣誉与尊严，最高法院一样不容许对批评法官或法院判决者判处蔑视法庭罪……对法官尚且如此，那些民选的政府官员凭什么因为受到一些批评，就认为名誉受损，还想着对批评者施以惩罚”。

1963 年 1 月 7 日，美国最高法院一位法官助理公布了一份案件受理表格，表格上列出了七件获准复审的案件，这其中就包括《纽约时报》诉沙利文案。至此，案件进入了最终的终审程序，美国联邦法院复审层面。

令人叹为观止的一纸诉状

在联邦最高法院同意受理该案件后，摆在律师们面前的一项重要工作就是书写并递交诉状了。在美国，诉状在司法审判中非常重要，一份诉状就如同一部司法著作，这其中往往既包括案情陈述，又包括法律陈述，尤其是在法律陈述中，还会经常引用既往的类似审判，以增强诉状的说服力。特别是对美国联邦最高法院的大法官们而言，平日阅状无数，如果诉状写得一没深度二没可读性，那想打动大法官们恐怕是不可能的。

对《纽约时报》诉沙利文案的诉状，韦克斯勒决定亲自操刀。上诉状的起草小组还包括律师马文·弗兰克、韦克斯勒的妻子桃瑞丝，同时韦克斯勒在起草中还会经常同律师路易斯·洛布、小赫伯特·布朗奈研讨初稿内容，征求他们的意见。

据韦克斯勒的妻子桃瑞丝后来回忆，整个 1963 年夏天，韦克斯勒都在为上诉状殚精竭虑，他不断地阅读、摘录、阅读，大家经常一起工作到深夜。直到有一天晚上，韦克斯勒突然大叫一声："一切就绪，我们现在可以开始确认引文出处了。"

1963年9月6日，纽约时报的上诉状送达联邦最高法院。上诉状共95页，前25页陈述案情，其余部分陈述法律理由。

在陈述法律理由部分，韦克斯勒结合宪法第一修正案写道，最高法院从未"以诽谤罪名打压过批评政府的行为"，在遏制批评政府言论的过程中，诽谤不过是某些人惯贴的"标签"而已。在审理诽谤案件时，"对言论的界定、判断也必须符合第一修正案的要求。诽谤法不能为所欲为，不受约束"。

在诉状的"煽动诽谤政府罪与宪法"部分，韦克斯勒写道，最高法院的判决曾多次确认，国家授权人民自由讨论政治。诉状援引了最高法院布莱克大法官在布里奇斯按语中的意见，指出"尽情阐述自己对公权力的看法，不管这种看法多么不中听，这是专属于美国人的无上荣耀"。为了增加说服力，韦克斯勒还援引了汉德关于言论自由的精辟论断，第一修正案假定"正确结论来自多元化的声音，而不是权威的选择。对于许多人来说，这一看法现在和将来都是无稽之谈，然而，我们却把它当作决定命运的赌注"。诉状在该部分还写道，对于政治言论，不能仅仅因为存在不实之词，就予以追惩。

在诉状的"不得追惩不实政治言论"部分，韦克斯勒着重援引了联邦最高法院1940年在坎特维尔诉康涅狄格州案中的判决（在这一案件中，宗教组织耶和华见证人会的一位传教士因为对自己的一位天主教邻居出言不逊，并且在言语中诋毁了天主教会而被法院判处妨害治安罪，后来官司打到了联邦最高法院，联邦最高法院的终审推翻了原判决），在本判决中，大法官罗伯茨在判词中写道：

> 宗教、政治信仰是常常发生尖锐对立的领域：一个人的坚定笃信，可能被他人视为无稽之谈。据我们所知，为了说服别人接受他的观点，有些人会用夸张甚至虚假的陈述，去贬低那些显赫的宗教或政界人物。但是，历史给我国的人民带来的启示是：尽管存在滥用自由的现象，但从长远来看，这些自由在一个民主国家，对于促成开明的公民意见和正当的公民行为，可谓至关重要。

为了增强说服力，韦克斯勒在诉状的该部分还写道，如果不将事实作为检验手段，政治言论就不会因损及官员声誉而受追惩。否则，人们除了对政府歌功颂德，无法安全地对现实表态。不能因为他人散布不实之词，或者恶意中伤政府名誉，就压制他们批评政府的行为，即使同时具备这两种行为，也不能成为压制的理由。短命的1798年《防治煽动法》之所以受到各方抨击，就是因为在适用上过于片面，激起全国人民对第一修正案含义的关切。反对该法的沸腾民意说明当时的社会上就已经形成了这样一个共识：美国宪法第一修正案反对追惩批评政府官员的行为。

上诉状接着还写道，《纽约时报》广告的遭遇，与当年那些被《防治煽动法》惩治的政治言论差不多。这则广告只是对我们这个时代重要议题表达的不满或反对。阿拉巴马州法院的诽谤裁决，在压制言论方面，比《防治煽动法》更加过分。该院判决中的那些所谓“不实之词”“名誉受损”等罪名都是法官先入为主预设的前提。

对阿拉巴马州法院作出的对政府某一部门的批评，相当于批评主管该部门的负责人，所以即使报纸没有指名道姓，相关官员也可提起诽谤诉讼的裁决，上诉状指出，如果这样做，那么对政府部门的批评职责，即便原本与个人无关，也将被视为对官员本人的诽谤。本欲维护个人名誉的诽谤法，也将沦为政府打压言论的工具。

实际上，与《纽约时报》诉沙利文的官司有着类似情况的官司以前也曾经发生过，比较有代表性的就是芝加哥官员为了阻止《芝加哥论坛报》的批评报道，以诽谤的“罪名”向法院提起了诉讼，但最后，芝加哥所在的伊利诺斯州最高法院判定芝加哥官员败诉，在判决书中，伊利诺斯州最高法院写道，在美国的司法体系中，没有任何一家法院曾经支持，甚至建议政府控告人民诽谤。对发生在伊利诺斯州的这起诉讼，韦克斯勒也将其引用到了自己的上诉状中，并且提出，上述见解也可适用于本案，只需把不得支持“政府控告人民诽谤”更改成不得支持“官员控告人民诽谤”即可……否则，街头巷尾，茶余饭后，将无人再敢谈论政治事务。

针对阿拉巴马州法院的判决，上诉状还提交了《关注他们的呐喊》一文的副本，并且提到，如果大法官们仔细研读此文后，会发现广告根本不是针对个人的人身攻击，而是对现实环境、某个团体或机关的批评。广告没有任何地方能使人联想到沙利文，或者侵犯、伤害到他受宪法保护的名誉。

在上诉状的最后，韦克斯勒还提出，阿拉巴马州法院判给沙利文个人的50万美元的赔偿是一个“难以置信的荒唐裁判”，其“判罚额度之高，已经到了违宪的地步”。即便沙利文的名誉确实受损，“判罚额度与损害程度的比例亦相去甚远，很不合理”，有违反宪法第十四修正案关于各州“未经正当法律程序”，不得剥夺公民财产之规定的嫌疑。

交锋

1964年1月6日下午，美国联邦最高法院开庭审理《纽约时报》诉沙利文案，首席大法官厄尔·沃伦朗声读出本案案号、案名：第39号案件，上诉人纽约时报公司；被上诉人，L.B. 沙利文。接着纽约时报一方的律师韦克斯勒从座位上站起，首席法官向他示意“韦克斯勒先生”，言辞辩论开始了。

根据一些书籍的记载，在庭审辩论开始时，韦克斯勒首先说道：“首席大法官先生，希望我所说的，能让庭上满意。本案通过贵院第40号调卷复审令，一年前从阿拉巴马州最高法院调取。”但紧接着，韦克斯勒却没有按照常理出牌，而是话锋一转，直接说道：“我们呈请审查原审判决，因为它侵犯到出版自由，其严重程度，建国之后亦属罕见。”这时，布伦南大法官打断了韦克斯勒的陈述，插话道：“对不起，我没太听清你的话。”韦克斯勒随即将刚才的话又重复了一遍。

据记载，在陈述中，韦克斯勒首先讨论了《纽约时报》那则引起官司的广告，并提出：“在我看来，这则声明（广告）的主旨，无非是抗议某种行径，颂扬某人作为，而且除了金博士外，声明没有提到任何个人的姓名，更谈不上个人攻击。”

对当时庭上陈述期间的一些问答，我们可以透过一份庭审对话记录的摘选看出当时的具体情况。

布伦南大法官：“你说的原则效力有多大？韦克斯勒先生，是不是涵盖了所有针对政府行为的批评言论？”

韦克斯勒：“是的。”

布伦南大法官：“总会存在一些例外吧，什么情况下不受第一修正案保护呢？”

韦克斯勒：“若我对麦迪逊的观点理解得没错，我倒认为，麦迪逊并不认为存在什么限制或例外。”

布伦南大法官：“那么，你的意思是，第一修正案赋予人民批评政府的绝对特权。”

韦克斯勒：“当初之所以制定第一修正案，针对的就是煽动诽谤政府罪，而煽动诽谤政府罪本来就是对批评政府或官员者的惩罚。”

戈德堡大法官：“你的意思是，批评官员的自由不仅适用于报纸，任何人均有此自由？”

韦克斯勒：“当然，的确如此。”

戈德堡大法官：“换句话说，你现在坚持的立场，并不是只为报纸代言？”

韦克斯勒：“当然不是。”

斯图尔特大法官：“按照你的意思……就算纽约时报或其他人诬指官员受贿，也受第一修正案保护？”

韦克斯勒：“的确。”

斯图尔特大法官：“包括买官行为？”

韦克斯勒：“当然。麦迪逊那个时期，指控某人贿赂已很常见。这类出版自由也包含在第一修正案之中。”

怀特大法官：“韦克斯勒先生，我们现在审理的不是一起蓄意造假的案件？”

韦克斯勒：“是的，这不是一起需要造假的案子。”

…………

怀特大法官：“本案庭审记录显示，纽约时报是否明知广告部分叙述的真伪？”

韦克斯勒：“阿拉巴马州最高法院认定纽约时报收到广告文案时，就已知道广告部分内容不实，但相关证据并不支持这一说法。”

…………

布莱克大法官：“既然沙利文主管当地警政事务，并对警方行为负责，那么指控警察行为不端，自然会让人联想到沙利文，陪审团这么认定难道不对吗？”

韦克斯勒：“在这起案件中，我可以非常肯定地认为，陪审团不能作此认定。”

布莱克大法官：“为什么？”

韦克斯勒：“广告只是说，现场有175名警察和1位警长，没有任何证据显示，广告提到这些警察是受沙利文局长指派。”

布莱克大法官：“如果这些荷枪实弹，配备催泪瓦斯的警察肆意横行，为非作歹，陪审团难道没有足够证据合理认定，主持警政事务的沙利文局长，不该对本部门的行为负责吗？”

韦克斯勒：“不会。根据普通法，多数法院不会认定这种说法构成对沙利文的诽谤。在这则广告中，唯一可能让人联想到沙利文的，是对警察数量的表述。175名警察，这个规模确实有点儿过于庞大，容易让人觉得是对沙利文的批评。”

布莱克大法官：“如果他是这175人甚至200人中的一员，情况是否会有所不同？你赞同‘博哈纳斯案’①的判决吗？”

韦克斯勒：“博哈纳斯案不涉及对政府官员的批评，与本案有很大不同。但是，大法官阁下，如果您一定要问我这起案件的判决是否正确，我只能告诉您，我的回答是否定的。”

在回答完大法官们的提问后，韦克斯勒从狭义的角度，对批评官员行为的绝对豁免权进行了简要阐述。他指出：“一审庭审记录中，没有任何证据证明广告切实威胁到了上诉人的名誉。”

在离席就座前，韦克斯勒还与戈德堡大法官进行了如下对话：

戈德堡大法官：“如你所说，惩罚性赔偿的目的带有惩罚性质，但是，你并未提出，在民事诉讼中，如果原告未履行刑事诉讼中的举证责任，判处惩罚性赔偿是违宪的。是不是这样？”

韦克斯勒：“是的。大法官阁下，我并未谈到这个问题。”

在韦克斯勒的陈述结束后，沙利文的代理律师纳奇曼开始发言。

在陈述中，纳奇曼提到：“我们拥有充分，甚至压倒性的证据，以支持陪审团的结论。”“我们认为，对于陪审团作出的裁判，应当按照宪法第七修正案②来处理。”

面对大法官们的提问，纳奇曼做出了如下陈述：

戈德堡大法官：“我无意打断你，但是，你既然提到这么一个颇具煽动性的话题，我倒要问个明白。你的意思是，应根据第七修正案对待陪审团的裁决结果。”

纳奇曼：“是的，阁下。”

---

① 博哈纳斯案是发生在1952年的一起案件，在该案中，伊利诺斯州法律将侮辱种族或宗教团体的行为规定为犯罪，引起诉讼争议后，最高法院宣布这部法律无效。

② 美国宪法第七修正案规定，在普通法诉讼中，若纠纷价额超过20美元，接受陪审团审理的权利应受保护。由陪审团认定的事实，除非按照普通法规则，任何法院都不得重新审查。

戈德堡大法官："你是否认为，根据宪法第十四修正案，第七修正案同样适用于各州？这是你诉讼立场的一部分吗？"

纳奇曼："是的，这的确是我的观点，阁下。"

…………

怀特大法官："……到底什么是诽谤，是由陪审团说了算？"

纳奇曼："您是指将广告定性为诽谤言论吗？……我认为这是一个由州法来决定的问题。"

布伦南大法官："那么，我们就无权将之作为一个宪法问题来重新审查了？"

纳奇曼："阁下，我想从两个角度回答您的问题。据我了解，截至今天，最高法院仍将认定某种言论是否构成诽谤的权利交给各州行使。现在，如果有人因为说某人头发是金色的，就被州法院认定为诽谤，最高法院当然有权复审。但是，如果一种言论符合人们对诽谤正常、合理的认识，而且该言论的确导致原告被蔑视、嘲笑或指责，就应当被界定为诽谤。"

戈德堡大法官："沙利文把'南方违宪者'这个词视为对全体南方人民的诽谤。南方公民大都奉公守法，但是，如同国内多数地区那样，那里也有极少数人作奸犯科，那么按照你前面的说法，是不是任何一位南方公民都可以跳出来指责《纽约时报》的广告诽谤到了他？他们可以告诉陪审团，既然我是南方公民，报纸又提到'南方违宪者'那岂不是影射我们人人均是违宪者？"

纳奇曼："这种情况在阿拉巴马州不会发生，阁下。根据阿拉巴马州的法律，只有被诽谤团体的人数足够少，足以特指到某个人的时候，才能够按诽谤处理。"

对韦克斯勒陈述时怀特大法官提到的"需要造假"问题，纳奇曼指出，在帕特森州长提出抗议后，纽约时报宣布撤回广告，却对沙利文的抗议置之不理。而且，当纽约时报发现广告内容确有不实之处后，仍未向沙利文道歉。纽约时报貌似有一套严格的广告内容审查程序，却没有在这起案件中得到丝毫体现。

最后，纳奇曼还警告最高法院的大法官们，如果判纽约时报胜诉，必将把宪法带入一个前途未卜的全新法律领域——诽谤法，而这么做的后果非常难以预料。

在争锋相对的言词辩论结束后，最终裁定权交由9位大法官决定，而在最终裁决出来之前，原告与被告所能做的只有等待了。

具有里程碑意义的最终裁决

1964 年 3 月 9 日，联邦最高法院做出了撤销阿拉巴马州法院判决的裁定。在联邦最高法院的判决书中，执笔的布伦南大法官开宗明义地写道：

在本案中，我们首度被要求去裁定，宪法对言论、出版自由的保护，是否意味着应当限制一州以诽谤为由，要求批评政府官员者支付赔偿。

在判决书中，布伦南大法官还以平淡的语调，复述了广告《关注他们的呐喊》中的不实之处，他写道："毋庸置疑，广告中的两段内容，在描述蒙哥马利市发生的事件时，的确不够准确……黑人学生在州立学院静坐抗议时，唱的是美国国歌，而不是'我的国家，也是你的'，州教育委员会确实开除了 9 名学生，但不是因为他们在州议会厅前领导静坐抗议，而是基于他们进入种族隔离的餐厅，要求在内就餐的缘故。……学生食堂并没有被封锁……警察只在校园附近三个地段大规模集结，但没有包围校园……金博士仅被逮捕四次而不是七次……"

在描述完广告中的不实之处以及案件的前因后果后，布伦南大法官说道："我们撤销原判。因为阿拉巴马州法院在政府官员因职务行为受到批评而提起的诽谤诉讼中，所适用的法律规则存在宪法缺陷，未能保护宪法第一修正案和第十四修正案确立的言论、出版自由。""最高法院就算支持团体诽谤法，也必须谨慎从事，防止假借公权力，逐步侵蚀言论自由。""决定此问题时，我们并不必然受任何先例、政策的影响，和煽动叛乱、蔑视法庭、鼓吹违法、扰乱治安、散布淫秽等言论相似，诽谤亦不能轻易获取豁免宪法限制的护身符。它必须符合第一修正案的保护标准。"

在判决书的结论部分，布伦南大法官写道："我国曾对一项原则作出过深远承诺，那就是：对公共事务的辩论应当不受抑制、充满活力并广泛公开，它很可能包含了对政府官员的激烈、刻薄，甚至尖锐的攻击。在此背景下，我们考虑了本案涉及的问题。本案中的那则广告，抗议的是我们所处时代的主要公共议题，它显然有权得到宪法保护。"

布伦南大法官主笔的判决书可谓一语中的，从最高法院的层面直接点出了美国自由的本质所在，即容忍不受限制，甚至刻薄、尖锐的争论。

至于较有争议的关于宪法第一修正案保障范围，判决书写道："一直不承认将证明言论的真实性作为例外，无论是法官、陪审团或行政官员主持这一证明过程，更反对将举证责任交由言论发布者承担。""尽管存在滥用自由现象，但从长远来看，这些自由在一个民主国家，对于促成开明的公民意见和正当的公民行为，可谓至关重要。宪法第一修正案从来不拒绝对不恰当的、甚至错误的言论进行保护。”

而对于是否将对官员的批评言论排除在保障范围之外，判决书写道：“政府官员名誉受损，并不意味着我们要以压制自由言论为代价进行救济。”

判决书中，布伦南大法官还认为，不管报纸（指《纽约时报》）能否承受这样的判决（指阿拉巴马州法院作出的要求纽约时报进行巨额赔偿的裁决），从而继续生存下去，本应充当公众批评之喉舌的报纸，从此将蜷缩在畏惧和胆怯的阴影之下，而第一修正案所保护的自由，无法在这样的气氛中有任何立足之地。

裁决书的最后写道：

> 本庭的责任并不仅仅局限于确立宪法原则，我们还必须在适当的案件中仔细评估证据，确保那些原则的应用符合宪法精神。本案就是这样的一个案件，特别是它涉及了“无条件受保护的言论与合法规范的言论之间的界线”的所谓越界问题。……
>
> 应用上述标准，我们认为，被上诉方提出的用以证明实质恶意的证据缺少宪法标准所要求的令人信服的清晰性，因此，这些证据依照相应的法规无法作出符合宪法精神的、支持被上诉方的判决。……
>
> 我们认为，不利于纽约时报一方的证据最多也只能是疏忽大意，没有发现广告中的错误表述；而在符合宪法精神的情况下，这并不足以证明其行为怀有“实际恶意”。

阿拉巴马州最高法院的判决被推翻，本案发回重审，依照本判决意见继续审理。

/ 法眼观案 /

第一观：对诽谤法的革命性变革

美国最高法院对《纽约时报》诉沙利文案的终审裁决对诽谤法这个困扰美国人已久的法律起到了革命性的变革作用。

其变革作用之一即在法律层面公开宣布了对政府官员的那些所谓诽谤言论同样受第一修正案的保护。

其变革作用之二即改变了以往诽谤诉讼中的举证责任，并引入了“过错”要件。在诽谤之外的其他侵权案件中，原告要求损害赔偿时，必须证明被告确有过错，且令自己受到侵害。但是根据1964年前美国多数州的诽谤法规定，只要原告证明自己被不实言论侵害，即使被告辩称自己不知道相关信息在真实性方面有出入，那么也会被判处赔偿，除非他能举证证明所谓诽谤言论完全属实。这一被韦克斯勒称为“野蛮人的法律”的规定经由《纽约时报》诉沙利文案之后也被大大地颠覆了。此后，在诽谤案中，原告必须证明被告明知所言不实，存在重大过错，或者罔顾真相，明显不负责任，方有胜诉的可能。

其变革作用之三即明确地向公众宣示：第一修正案不仅保护理论学说与政治言论，也保护事实陈述。

这些变革可以说对日后美国新闻业的发展起到了至关重要的作用，此后新闻界接连出手挖掘政府决策的幕后真相，而在此中，越来越多的非官方途径被新闻界所看重，使得20世纪60年代后的美国“政治界与新闻界的共生关系已经断裂”。

《纽约时报》诉沙利文案判决结果的变革作用之四即法院开始承担起对媒体因无心之失所犯下的事实错误予以保护的职责。此职责主要来自两个判断要件，一个就是布伦南大法官所说的，如果想证明媒体“确有恶意”，原告必须提供“清晰无误、令人信服”的证据。这相对于普通民事诉讼中的“优势证据标准”更加严格；而另一个判断要件则是如果案件一审时，陪审团认定被告蓄意造假或罔顾真相，并要求其赔偿原告损失，上诉法院应当复查原案事实，确定其符合“清晰无误、令人信服”的证据标准。

可以说，《纽约时报》诉沙利文案的判决全面改造了美国的诽谤法，此后，但凡原告为政府官员的诽谤诉讼，律师都必须参酌包括第一修正案在内的联邦法律。

第二观：对媒体言论提供了更进一步的保护

在该案的终审裁决书中，布伦南大法官坦陈，广告中确有部分不实之处，但他认为，即便媒体陈述与事实有出入，也只能在相关陈述足以损害沙利文的名誉时，才构成违法问题。最高法院认为，本案尚不存在这种情况。这段裁决显然在暗示，宪法意义上的“陈述不实”，必须足以伤害到诽谤官司原告，方能成立。至于那些无关紧要或微不足道的错误在诽谤诉讼中是可以忽略不计的。

在判决中，最高法院也承认，商业广告的内容同样受宪法保护。因为，广告“表达的是公众对重要议题的现实关切，承载着传播信息、陈述见解、表达不满等多重功能”。所以就算《纽约时报》登载的广告是收取了费用的，“但就像卖书卖报也会收费那样，……如果因此限制社论式广告，必将打击报业士气，也会关闭一个本可以用来传递信息、意见的渠道——对于那些缺乏媒体资源，却又需要行使言论自由权的人来说，这可是一条重要渠道”。

为了更好地保护媒体的言论自由，在这起官司的判决书中，布伦南大法官还提出了一项重要的观点——美国不存在“诽谤政府罪”之说，而且对政府进行的与私人事务无关的评论，政府不得变“法律魔术”，将这种行为定性为“对政府官员的诽谤”。该判决后来变成了沿用至今的一大原则——不能把对政府的批评，等同于对官员的诽谤。

第三观：“真正的恶意”原则成为衡量类似诽谤案的“铁律”

在《纽约时报》诉沙利文案之后，“真正的恶意”原则几乎成为以后衡量所有类似诽谤案的一条铁打的标准。《纽约时报》诉沙利文案确立的这一“真正的恶意”的原则起初只适用于担任公职的政府官员，但在这起官司后，美国联邦最高法院以后又通过其他几个判决细致化地解释了“真正的恶意”这一原则所适用的范围——即包括政府官员，也包括公众人物，正因为如此，所以才出现美国社会所出现的一个现象——公众人物的隐私权少于普通百姓。

在这起影响深远的审判后，美国社会为媒体批评政府官员大开绿灯，为媒体“敢把总统拉下马”式的新闻调查和报道自由提供了前所未有的法律保障。

当然，即便是影响如此深远的一起官司，社会对美国最高法院的判决也是众说纷纭，特别是在美国学术界，更可称得上是褒贬不一。例如有人就曾说过这样的话，当今美国社会诽谤案之所以如此复杂，很大程度上是拜《纽约时报》诉沙利文案所赐。其实，早在 1964 年，代表纽约时报出庭的韦克斯勒就已经看出了该官司可能引发的诽谤官司将越发复杂的“后遗症”，正如他在一封信中所言，这其实是一些令人颇感纠结的问题，我当然希望自己能给出一个令人满意的解决方案。不过，如果我这辈子都找不到完美的解答，也是很正常的。

不过，我们也应该看到，当今诽谤法的错综复杂，也是最高法院不断扩张媒体自由，或者说是全体美国人的言论自由在发展中所不可避免会出现的一大现象。但是如果没有这起轰动一时的官司，美国媒体未必敢像今天这样，竭尽全力去探知现代政府权力运作的种种内幕，并将政坛真相呈现给社会大众。甚至从案件判决当时情况看，其正面影响也是十分明显的。有人曾在该案 20 周年纪念会上询问一审时代表纽约时报出庭的恩布里律师，如果最终判决不利于纽约时报，会导致什么样的后果？恩布里回答说，答案就是，包括 CBS 在内的各大媒体，再也不敢播出与南方种族议题有关的节目。可以说，该案的最终受益者并非媒体，而是人民，从此，人民可以听到各类批评之声，也可自由表达心声。

弗吉尼亚大学著名宪法学教授 A.E. 迪克·霍华德教授更是对此案做出了振聋发聩的评价“我想不出什么案子，能比这起案子更有利于促进整个国家的思想交流了”。

同样看重这起官司终身结果的甚至还包括当年代表沙利文出庭的纳奇曼律师。纳奇曼后来在回忆这起官司时曾说道，我那时是阿拉巴马当地的《广告报》和《阿拉巴马纪闻》的常年法律顾问，负责替他们应付各类诽谤官司，如果在一起诽谤诉讼中，代表原告出庭，必须征得他们的同意。他们现在仍是我的客户，而他们觉得我做得最棒的事情，就是为他们输掉了这场官司。

而代表纽约时报出庭的韦克斯勒也曾发表了这样的观点，在我看来，沙利文案之所以能垂范久远，经受住各方面的质疑与考验，在于它合理运用了各种史料，也即杰斐逊与麦迪逊在抵制《防治煽动法》过程中阐述的种种思想。任何人听到麦迪逊那句名言，“如果有检查言论的权力，那也应该是人民检察政府的言论，而不是政府检查人民的言论”时，都会忍不住感叹，这是多么伟大的观点呀！在建国之初，这样的思想就被国会和执政党广泛接受，并转化为制度，这对我们这些关注宪法判决的司法功能的人来说，是一件多么欣慰的事啊！

虽然仅是美国的一起官司，但《纽约时报》诉沙利文案及其他与宪法第一修正案相关的判决后来对很多国家都产生了深远影响，尤其是判决书中所说的“社会秩序不能单靠惩处违法来维持；禁锢思想、希望和想象会招致更多危险；恐惧会滋生更多压迫；压迫会引发更多仇恨；仇恨必将危及政府的稳定。保障安全的完全之策，在于保证人们能够自由讨论各种困境及解决方案”更是被越来越多的人所接受并运用到实践之中。

大明星的肖像权官司

——霍夫曼诉美国广播公司案

媒体可以有根据地调侃名人，挖苦明星，但是这些人的肖像却不能随随便便地在媒体中加以应用，否则会引发官司纠纷，而此时宪法还会不会“偏袒”媒体呢？下面我们就来看一看奥斯卡影帝达斯汀·霍夫曼和美国广播公司的一起“强强相遇”的官司。

/ 案件回顾 /

1997 年 3 月，《洛杉矶杂志》第 118 页刊登了一幅大照片，照片中的奥斯卡影帝达斯汀·霍夫曼给读者的感觉好像身穿一件由理查德·泰勒设计的丝质礼服，脚蹬一双由拉尔夫·劳伦设计的高跟鞋。当然，现在的人看到之后可能马上会想到，这是不是 PS 的照片？

没错，这就是当年《洛杉矶杂志》用计算机合成的一张“假照片”，在合成这张照片的时候，杂志社用了霍夫曼一部非常成功的电影——《小脚》中的一个镜头，但是只用了原镜头中的头、脸和美国国旗，其他部分则是用的一张穿着理查德·泰勒设计的丝质礼服和拉尔夫·劳伦设计的高跟鞋的男模特照片。

为什么霍夫曼会以这样一种“搞怪”的形象出现在了《洛杉矶杂志》上呢？原来，该杂志在这期刊登了一篇题为《大错觉》的文章，文章采用计算机技术将许多经典影片中著名演员（其中许多演员已经去世）的剧照与穿着 1997 年春季流行时装的模特们的照片做了合成处理，同时照片下面标注了这些时装的设计师的名字。

由于照片是合成的，不是真实的，因此在霍夫曼的这张合成的照片下面写上了这样一段话："达斯汀·霍夫曼并未穿着理查德·泰勒设计的黄油色的丝质礼服和拉尔夫·劳伦设计的高跟鞋来男扮女装。"

作为一位出演过数百部影片、获得过无数次荣誉的世界级明星，出名后的霍夫曼一直小心翼翼地维护着自己在公众面前的形象，从未有意允许将他的身份、肖像等用作商业用途，这主要是因为霍夫曼担心如果这样做的话会导致同僚用负面的眼光看待他，并给人以他的事业在走下坡路的印象。

因此，在看到《洛杉矶杂志》刊登的这张照片后，霍夫曼以侵犯肖像权为由将《洛杉矶杂志》的主办方美国广播公司告上了美国加州中部地区法院，并要求其赔偿 300 万美元。一起"强对强"的肖像权官司拉开了序幕。

/ 官司进程 /

审判该案件的美国加州中部地区法院在初审中认为，美国广播公司下辖的《洛杉矶杂志》没有请求或得到霍夫曼的许可，在 1997 年 3 月期的杂志中使用了霍夫曼的名字和肖像，同时该杂志也没有请求或得到哥伦比亚电影公司的许可，在 1997 年 3 月期的杂志上使用了该公司拍摄的电影《小脚》的剧照。

那么《洛杉矶杂志》是不是和该期杂志上刊登的那篇《大错觉》文章中涉及的其他明星联系了呢？

据证人证明，《洛杉矶杂志》也没有和其他明星联系。《洛杉矶杂志》之所以不尽力去联系照片中的那些人，主要原因就是担心这些明星要么不同意杂志以这种"丢脸"的方式使用自己的照片，要么就是会要求杂志根据商业使用原则，按市价支付给他们一笔肖像使用权的酬金，而根据市价，这笔酬金数目肯定不菲。

在这种状况下，《洛杉矶杂志》又是从哪里获得了《大错觉》一文中出现的剧照、照片的呢？原来，该杂志是从照片档案公司得到了这些素材。不过在提供这些照片的公司（即电影和电视照片档案公司）与《洛杉矶杂志》的合同中却明确标明一条：禁止通过计算机将这些照片改变或数字化。

当然，《洛杉矶杂志》的主办方美国广播公司肯定是不甘心就这样打输官司的，因此，它在法庭答辩中拿出了经常被媒体应用的宪法第一修正案。

对美国广播公司的理由，法院认为，以宪法第一修正案的保护为幌子允许这种欺骗行为继续进行，将会导致更多的技术危害。虽然宪法第一修正案对言论自由提供了极其广泛的保护，但是这种保护并不包括以损害霍夫曼先生及其杰出事业为代价、以获利为目的的言论。而且出现了霍夫曼肖像的文章中既没有对任何时尚趋势作出评论，也没有对当前流行时装提出任何协商或统一的观点。文章也并没有包含任何有关某一款服装正在流行、某一种颜色将会很受欢迎或某一类型的布料正受到设计师的青睐的言论，只是随意地使用了挑选出的设计师们的服装，由那些计算机操纵的、非自愿的明星模特们“穿戴起来”以吸引注意力。而且，霍夫曼先生的姓名和肖像的使用与传递被告洛杉矶杂志公司声称的该文章所包含的意义毫无关系。

经过审判，法院判决洛杉矶杂志公司损害了原告达斯汀·霍夫曼的权利，因为该公司未经授权就使用原告的姓名和肖像来支持和宣传由理查德·泰勒以及拉尔夫·劳伦设计的服装商品。法院判决如下：

> …………
>
> （被告）未经授权使用原告的姓名和肖像权来宣传《洛杉矶杂志》的利益，跨越了社论内容和广告之间的界线。照片的处理和组装方式使这些明星们被商业利用，被剥夺了尊严、职业特征和才能。
>
> 本庭认为，原告用清晰而有说服力的证据证明，原告有权获得惩罚性赔偿金。
>
> 原告所受损害的合理市价就是，霍夫曼先生的名誉、吸引力、才能和声望，在一本地区性杂志上的一次性出版使用在洛杉矶地区的公开市场上所能带来的市场价值。
>
> …………
>
> 本庭认为，原告以支持目的使用姓名和肖像的合理市价是150万美元。

不服判决的《洛杉矶杂志》提起了上诉，2001年，第九巡回法庭经过再审，推翻了1999年的判决。由三名法官组成的上诉委员会在研究了这个案子后，认定杂志的言论自由应该得到保护，所以不构成侵权行为。霍夫曼也出庭作证，他说自己一直小心翼翼地避免出现在广告中，但该杂志显然利用他的形象大赚其钱。但法庭没有采信他的证词。

最终，在上诉阶段，美国宪法中有关言论自由的条款再次保护了媒体。

/ 法眼观案 /

第一观：美国普通法中的公开权

在该案的初审中，法庭提到了一个重要的判决依据——普通法中的公开权。在美国的普通法中，公开权保护的就是姓名和肖像权。按照普通法的规定，姓名或肖像权非法利用的诉因有以下四种：

1. 被告对原告身份的使用。

2. 因为被告的利益而对原告的姓名或肖像权基于商业或其他目的的非法利用。

3. 未经同意。

4. 造成伤害。

本案的初审法院在判决时即利用公开权提出了这样的一些判决依据：

第一，被告洛杉矶杂志公司在 1997 年 3 月期的《洛杉矶杂志》第 118 页使用了霍夫曼的姓名和肖像。

第二，被告洛杉矶杂志公司使用霍夫曼的姓名和肖像，有利于其销售杂志、广告和宣传设计师的服装。

第三，被告洛杉矶杂志公司没有经过霍夫曼同意就在《洛杉矶杂志》中使用了他的姓名和肖像。

第四，因为未经许可，被告使用了霍夫曼的姓名和肖像，使其遭到了财产权利的损害，因为他不能获得对其姓名和肖像使用的商业价值，也不能决定他的姓名和肖像权如何被使用。

正是根据公开权的有关规定，地方法院做出了霍夫曼胜诉的初审裁决。但从上诉法院的裁决看，公众人物的肖像权也像其隐私权一样，被压缩了，换句话说，就是如果霍夫曼是普通人，那么他的肖像权可能会被很多媒体所重视，不敢于随便使用，但对于公众人物，媒体在报道中使用其肖像时可能会大胆一些，依据之一就是——谁让你是名人呢？

为了更好地了解初审法院审判时所依据的公开权，这里我们也有必要先了解一下美国法律中的公开权是什么。

本案中所涉及的公开权是指公民对自己的姓名、肖像、角色拥有、保护和进行商业利用的权利。和隐私权相比，公开权是公开私人信息的权利。

在美国，公开权是由州法律进行规定的，有些州没有规定公开权，而是以侵占或者虚伪陈述的理念来规制对名人的人格因素进行商业利用的行为。在规定了公开权的州中有一部分州规定赋予继承人继承死者的公开权的权利，另一部分州则规定公开权只能在生前行使而不能由继承人继承公开权。

美国现在有 16 个州明确将公开权规定在州法律中，加利福尼亚和纽约州也在其中，前者在 1985 年制定了《名人权利法案》，规定继承人可以在被继承人死后 70 年继承其公开权，而后者规定公开权是不能被继承的，只能由死者在生前行使。

公开权有主体和客体之分，公开权的原始主体只包括自然人，而不包括法人和其他组织，但是对于什么样的人能拥有公开权是一直有争议的。一种观点认为只有名人才享有公开权，而普通人只能享有隐私权。至于公开权的客体则主要指的是具有识别性的人格因素，如姓名和肖像等，但不止这些，只要是自然人所独有的他人能将其与此人联系起来的因素都可成为公开权的客体，如声音也可以是成为公开权的客体。

第二观：赔偿金额是怎么算的？

在本案的初审阶段，霍夫曼提出了 300 万美元的赔偿金要求。那么初审法院又是怎么判决的呢？

最终初审法院判给了霍夫曼 150 万美元的补偿性赔偿。这 150 万美元并不是法院想当然判决的，而是根据《洛杉矶杂志》的发行量，霍夫曼在广告市场上的“身价”等诸多要素推算出来的。初审法院在本案的判决书中提到了这样一段：

> 《加利福尼亚州民法典》第 3344 款提出了与普通法的公开权相分离和区别的赔偿。公开法令在相关部分规定，在未经本人事先同意的情况下，任何人以任何方式，在作品、商品或货物中，以宣传、销售或促进作品、商品、货物或服务的购买为目的，有意使用他人的姓名、声音、签名、照片或肖像……要对由此所产生的对他人的所有损害承担赔偿责任。

初审法院在考虑到霍夫曼的起诉后，经过核算，认定他有权获得 150 万美元的补偿性赔偿。法院认为，这个价格代表了以《洛杉矶杂志》的方式使用霍夫曼先生的姓名和肖像的合理市价。

初审法院除了核算出 150 万的补偿性赔偿外，还在判决书中写道，霍夫曼先生有权获得惩罚性损害赔偿金，具体数额将由法庭对其他数据进行核实之后确定。损害赔偿的依据是：被告洛杉矶杂志公司未经许可使用霍夫曼的姓名和肖像是故意的，并且在完全不顾霍夫曼权利的情况下使用了他的姓名和肖像。

第三观：何谓惩罚性赔偿？

在本案中，初审法院所做的赔偿中提到了两项内容，一项就是我们上文所讲的补偿性赔偿，也就是法院根据核算，计算出具体的损害数额，然后由侵权方予以赔偿。而另一项则是惩罚性赔偿（顾名思义，惩罚性赔偿指的就是判定的损害赔偿金不仅是对原告人的补偿，而且也是对故意加害人的惩罚。美国《惩罚性赔偿示范法案》将惩罚性赔偿定义为“给予请求者的仅仅用于惩罚和威慑的金钱”），这一赔偿内容可以说很有英美特色。

根据很多法学家的观点，英美法中的惩罚性赔偿最初源于 18 世纪 60 年代的英国。早期的惩罚性损害赔偿主要适用于诽谤、诱奸、恶意攻击、诬告、不法侵占住宅、占有私人文件、非法拘禁等使受害人遭受名誉损失及精神痛苦的案件。到了 19 世纪中叶，惩罚性赔偿已被法院普遍采纳。当时的法官认为这一制度的主要功能是惩罚被告，并对原告作出补偿。后来，原产于英国的这一做法也被移植到了美国。

今天的美国，法律里所说的惩罚性损害赔偿也被称为惩戒性的赔偿或报复性的赔偿。作为一种集补偿、惩罚、遏制等功能于一身的制度，与补偿性赔偿相比较，惩罚性损害赔偿具有如下特点：

第一，功能多样。关于惩罚性赔偿的功能，有人认为是惩罚、遏制、使私人协助执法、补偿等四方面，也有人认为应该是补偿、报应和遏制三方面。实质上，惩罚性赔偿的功能主要是补偿和惩罚。通过补偿和惩罚的结合，而产生了遏制等其他功能。按照美国学者海尔顿的观点，惩罚性赔偿就是采用利益消除的方式，来遏制不法行为。通过判定惩罚性赔偿，使行为人考量成本效益，从利益机制上，对其行为进行遏制。

第二，判决时注重行为人的主观状态。美国惩罚性赔偿的运用通常都注重行为人的主观恶意。如果原告证明被告在实施侵权行为时，具有恶意、实际、明显的事实上的恶意、恶劣的动机，或被告完全不顾及原告的财产或人身安全，那么就可以考虑适用惩罚性赔偿。美国有 14 个州甚至明确规定，被告必须具有恶意才能够适用惩罚性赔偿。加州要求更为严格，规定只在不法行为人有胁迫、欺诈等行为和具有恶意的情况下，才能适用惩罚性赔偿。

第三，能对补偿性损害赔偿起到补充的作用。由于惩罚性赔偿的数额经常大大高于补偿性损害赔偿。在许多情况下，惩罚性赔偿是在实际损害不能准确确定、补偿性赔偿难以补偿受害人损失的情况下适用的。

在计算惩罚性赔偿数额时，法官和陪审团还要考虑加害人所获得的利益、过错程度、经济能力等因素。如果有足够的经济能力，则可能负担更重的赔偿责任。

第四，赔偿数额大多由法律、法规直接规定。在美国，惩罚性赔偿的数额大多是由法律法规直接规定的，此举主要是为了防止法官、陪审团任意确定惩罚性赔偿金的数额。在美国，惩罚性赔偿责任的构成要件一般包括如下几项：

第一项是主观要件，也就是只有在那些行为人主观过错较为严重的情况下，才能适用惩罚性赔偿。根据一些美国判例，只有行为人的行为是故意的、恶意的，或具有严重疏忽行为、明显不考虑他人的安全和重大过失的行为，知道或意识到损害的高度危险行为时，行为人才应当承担惩罚性赔偿的责任；

第二项是行为具有不法性和道德上的应受谴责性。惩罚性赔偿针对的是具有不法性和道德上的应受谴责性的行为，如故意欺诈他人而致他人遭受损害，滥用权利，粗暴地捆绑他人，对他人实施暴力行为，实施性骚扰行为，不断对受害人施加严重的损害等。这些行为已经超过了社会容忍的限度，需要通过惩罚性损害赔偿来制裁行为人，并遏制不法行为的发生。最高法院的法官在某些案件中强调，惩罚性赔偿只有在被告的过错较为严重的情况下才能适用，而且在适用时应区分民事和刑事制裁；

第三项是造成了损害后果，在适用惩罚性赔偿时，受害人必须首先证明已经发生了实际损害，而且这种损害是被告的行为造成的。

除上述要件之外，从美国法院判决的许多案件来看，惩罚性赔偿的适用还要考虑如下因素：（1）被告的财产情况、经济条件。（2）赔偿是否对原告实际遭受的损害是合理的。（3）被告过错的性质和影响程度。（4）被告行为对原告的影响、被告与原告的关系。（5）被告的动机及对损害后果的意识程度。（6）被告过错行为的持续程度及被告是否企图隐藏该行为。（7）被告是否从该行为中获利。如果被告已经获利，则惩罚性赔偿的运用是否有助于遏制被告未来的行为、被告是否采取了补救措施或愿意对损害进行公正的补偿。如被告已经获利，赔偿应等于或超过利益以起到遏制作用。（8）原告为避免损失承担的费用。（9）被告是否愿意对损害进行公正的补偿等等。

第三部分
政府的“令”不好使

“棱镜门”的背后

——美国政府诉斯诺登案及美国公民自由联盟诉美国案

2013年5月，美国联邦检察官正式以“间谍罪”和“盗窃或转移政府财产罪”罪名，对“棱镜门”事件的关键人物爱德华·斯诺登提起刑事诉讼。检察官表示，斯诺登作为前国家安全局外聘员工，将最高机密的监控计划公之于众。诉讼在斯诺登前雇主，政府承包商 Booz Allen Hamilton 公司所在地弗吉尼亚州东区法院提交。

就在美国政府起诉斯诺登后不久的 2013 年 6 月 11 日，被外界称为美国社会最具影响力的民权组织的美国公民自由联盟正式起诉美国政府，指责美国政府所开展的秘密情报监视项目“棱镜”违反了美国宪法，侵犯了公民的言论自由及隐私权，该组织请求联邦法院下令中止该监听项目。

那么究竟什么是“棱镜”项目？该项目又为何引起了政府和民权组织高度关注呢？这其中就涉及到了一起轰动世界的泄密事件——“棱镜门”事件和一位 2013 年度的世界新闻界名人——斯诺登，而这一切都得从斯诺登说起。

/ 案件回顾 /

2013 年 5 月，英国《卫报》和美国的《华盛顿邮报》都收到了两份标注为绝密的材料，随同材料一起送达的还有材料提供者的一封信件，信件中对这两份绝密材料在报纸上发表时间提出了要求。两家报社拿到材料后不禁大惊失色，因为材料记载了美国一个“见不得人”的情报监视项目，这可是绝对的“世界性”大新闻！是谁这么厉害能弄到这些东西？

原来材料的提供者名叫爱德华·斯诺登，美国中央情报局的技术助理，年薪 20 万美元，工作稳定。那么他为什么要曝光美国国家安全局的秘密项目，把自己置于危险境地呢？这还得从斯诺登本人的工作说起。

解密“棱镜”

本案中所说的棱镜计划（PRISM）是一项由美国国家安全局（NSA）自2007年小布什任总统时期便开始实施的一项绝密电子监听计划，该计划的正式名号为“US-984XN”。

根据该项目的要求，美国情报机构一直在九家规模较大的美国互联网公司中进行监控和数据分析工作，监控的类型包括信息电邮、即时消息、视频、照片、存储数据、语音聊天、文件传输、视频会议、登录时间、社交网络资料的细节等10大类，其中还包括两个秘密监视项目，一是监视、监听民众电话的通话记录，二是监视民众的网络活动。

据2013年7月1日晚维基解密网站披露，根据美国“棱镜门”事件泄密者爱德华·斯诺登泄露的文件描述，PRISM计划能够对即时通信和既存资料进行深度的监听。许可的监听对象包括任何在美国以外地区使用参与计划公司服务的客户，或是任何与国外人士通信的美国公民。国家安全局在PRISM计划中可以获得的数据包括电子邮件、视频和语音交谈、影片、照片、VoIP交谈内容、档案传输、登入通知，以及社交网络细节。综合情报文件“总统每日简报”中在2012年内的1477个计划使用了来自PRISM计划的资料。

另据斯诺登披露的文件，美国国家安全局还可以接触到大量个人聊天日志、存储的数据、语音通信、文件传输、个人社交网络数据。美国政府证实，它确实要求美国公司威瑞森提供数百万私人电话记录，其中包括个人电话的时长、通话地点、通话双方的电话号码等。

据《华盛顿邮报》报道，“棱镜”项目2007年启动。参议员范士丹证实，国安局的电话记录数据库至少已有7年。项目年度成本2000万美元，自奥巴马上任后日益受到重视。

关于“棱镜”项目的报道是在美国政府持续秘密地要求威讯公司向国家安全局提供所有客户每日电话记录的消息曝光后不久出现的。泄露这些绝密文件的是就是美国国家安全局合约外判商的员工爱德华·斯诺登。

小助理的“反叛”

作为“棱镜”项目的曝光者，2013 年的爱德华·斯诺登俨然成了全美上下乃至全球关注的焦点人物之一，甚至被称为美国历史上三大揭密者①之一 。

斯诺登 1983 年 6 月 21 日出生于美国北卡罗来纳州伊丽莎白市，后移居至马里兰州，居住在靠近米德堡美国国安局总部的地方。高中时的斯诺登便表现出了叛逆的性格，他甚至连高中都没有读完就辍学了，辍学后的斯诺登由于酷爱计算机，因此便进入了马里兰的一所社区学院学习计算机。在斯诺登的邻居眼里，斯诺登会“不分昼夜”地在计算机前工作，简直就是个“计算机怪才”。

从社区学院毕业后，斯诺登参军，进入了美国陆军，但由于在一次训练中负了伤，因此在服役途中提前退役离开了军队。离开军队后的斯诺登最先在国安局找了一份安保的工作，后来由于有着突出的计算机应用能力而被中情局（CIA）看重，进入了中情局，这段真正的“隐秘人生”差不多有 6 到 7 年时间，2007 年 CIA 还曾为他提供外交身份，派他前往瑞士日内瓦从事“网络安全”方面的短期工作。

在中情局工作期间，由于工作的原因，斯诺登接触到了大量的机密文件。据打开“棱镜门”后的斯诺登介绍，当时他就曾想到过对外界公开这些“见不得人”的所谓机密文件，但考虑到这么做可能会使很多人陷入危险之中，加之对当时参加总统竞选的奥巴马抱有很大的希望，希望奥巴马当选后能取消这些项目，但没想到直到奥巴马就任几年后仍没有取消的迹象，于是失望的斯诺登便想“单打独斗”了。

2009 年，斯诺登离开中情局，开始为 NSA 承包商工作。随后，他作为博斯公司雇员又被派往国安局工作了 4 年，在这 4 年里，斯诺登开始接触并复印了美国监听计划的机密材料，也就是后来举世闻名的“棱镜”项目的材料。

在得到“棱镜”项目计划的机密材料后，斯诺登向国安局主管请假，请假理由就是身体有病，需要离开几周进行治疗。斯诺登此次请假就是做好了“告别美国”的最坏打算。2013 年 5 月 20 日，斯诺顿放弃年薪 20 万美元的工作，抛下女友和父母，在将部分材料送给一些媒体后便只身前往香港，后又辗转到达了俄罗斯，并最终获得了在俄罗斯避难的身份，暂时留在了俄罗斯。但他对外界逐步披露的“棱镜”项目的有关资料却在世界上掀起了轩然大波。

---

① 另外两个泄密者分别是泄露五角大楼文件案的丹尼尔·艾尔斯伯格和维基解密泄密案的布拉德利·曼宁。

面对政府诉讼何去何从？

斯诺登所打开的不亚于“潘多拉的盒子”，不但在国际社会造成了巨大反响，而且在美国国内也造成了巨大的争议。

面对美国政府对他提起的刑事诉讼，斯诺登在接受媒体采访时表达出了对自己所作所为的解释。

在接受英国《卫报》采访时，斯诺登对自己“泄密”的动机进行了解释：

> 我愿意牺牲一切的原因是，良心上无法允许美国政府侵犯全球民众隐私、互联网自由……我的唯一动机是告知公众以保护他们的名义所做的事以及针对他们所做的事情。……美国国家安全局已搭建一套基础系统，能截获几乎任何通信数据。凭借这样的能力，大部分通信数据都被无目标地自动保存。如果我希望查看你的电子邮件或你妻子的手机信息，所要做的就是使用截获的数据。我可以获得你的电子邮件、密码、通话记录和信用卡信息。当看到一切时，我意识到其中一些事是在滥用职权。我不希望生活在这样的一个社会中，也不希望生活在一个一言一行都被记录的世界里。我不愿意为其提供支持，或接受这样的情况。

而对于记者提到的奥巴马政府指责中国黑客对美国进行攻击一事，斯诺登也提到了自己的看法，他说：“我们对所有地方的所有人采取黑客行动，但我们希望让自己和其他人显得有些区别。我们存在于全球的几乎每个国家，但我们并没有与这些国家发生战争。”

至于对自己未来的打算，斯诺登提到：

> 我无意隐瞒自己的身份，因为我知道自己没有做错。我不后悔我所做的事情，我甘愿放弃这一切，是因为我的良知不容美国政府侵犯隐私。我无悔背井离乡，逃出来就没打算回去。我唯一可做的就是坐在这里，希望香港政府不要将我驱逐出境。我希望冰岛可以为我提供政治庇护，他们支持保护互联网自由的人们。我不清楚我的未来在何方。他们可能会发出国际刑警照会，但我并不认为我在美国以外的地方有过犯罪行为。我认为，这很明显是政治事件。

面对美国政府所提起的刑事诉讼，取得俄罗斯临时避难的斯诺登在“解放斯诺登”网站回答网友关于他何时返回美国的提问时说：“我（在美国）所受起诉依据的百年老法，不会被用来保护一名为公共利益工作的人……这是最令人沮丧的事情，因为这意味着没有公正审判的机会，我也没法回家，把我的案子交给陪审团。”……“返回美国，我认为对政府、公众和我自己都是最好的解决方案，但不幸的是，在当前这种保护举报者的法律下，这不可能，法律中存在缺陷，甚至不涵盖国家安全承包商本身。”

面对斯诺登引发的“棱镜门”事件，美国民众也可以说态度不一，根据皮尤研究中心的一项最新调查显示，多数美国人赞同国家安全局的监控方案，即秘密跟踪电话记录。56% 的人认为这是“可以接受的”，而 41% 的人认为“不能接受”。这与 2006 年前的数据相比出现了细微变化，2006 年有 51% 的受访者表示可以接受这种行为，47% 的受访者则表示不能。

主流媒体如何发声

“棱镜门”事件引爆后的 2014 年 1 月 2 日，作为有着世界影响力的知名媒体，《纽约时报》当天刊发了名为《爱德华·斯诺登是一位检举人，一个检举政府腐败行为的人》的社论，在社论中，《纽约时报》援引了奥巴马前不久签署的一项旨在加强保护检举揭发政府腐败行为之人的法案，提出，“棱镜门”事件的主角斯诺登其实和奥巴马法案中提到的检举人是一样的，社论指出，“考虑到斯诺登所披露信息的巨大价值和他勇于揭发的行为，斯诺登不应该过着眼下这种流放、恐慌、居无定所的生活。”在社论中，作者还提到，也许斯诺登有罪，但由于他是第一个勇敢地向全美国人民揭露了 NSA 大范围监控个人信息行为的人，因此他对国家和人民实际上是有功的。社论最后呼吁，包括总统奥巴马在内的美国政府应该想一种办法为斯诺登开脱罪责，或为其提供某种形式的赦免。

几乎同一时期，曾大量刊载过斯诺登爆料的《卫报》也在评论中称，美国政府应该赦免斯诺登。《卫报》在评论中呼吁，奥巴马总统应该利用他手中的权力，用一种人道的、以一种表现对言论自由高度尊重的方式来对待斯诺登，让斯诺登“有尊严”地回到美国。至于有美国官员指控斯诺登是国家的“叛徒”这一说法，《卫报》在评论中还专门引用了不久前发生的美国华盛顿联邦法院法官利昂的裁决，在美国公民自由联盟控告美国政府案中，利昂法官裁决政府的监听行为违宪，在《卫报》

看来，如果揭露的是一种违宪行为，那么也就根本谈不上是“叛徒”了，因此对斯诺登赦免自然也应该是顺理成章的事。

另一家在美国有着重要影响力的杂志《大西洋月刊》新年伊始也在其网站上发表文章称，政府宽恕斯诺登并不会对美国现存制度规则造成破坏，相反还会进一步完善美国现行的制度。

除了上述重量级媒体外，在欧洲影响深远的德国《世界报》也在 2014 年 1 月 3 日发出了美国应该让斯诺登回家的声音。该报道称，美国的社会舆论越来越支持斯诺登，为了顺应民意，美国应该本着人性化的原则，让斯诺登平安回家。

而最能代表民意的互联网在斯诺登问题上也不甘落后，美国一些民众纷纷在互联网上发言支持斯诺登。到 2014 年年初，大约 2.5 万名网民在一份在线请愿书上“签名”，敦促奥巴马赦免斯诺登；另有一些网民在社交网站发起活动，为斯诺登筹集资金用于法律辩护，数小时内便集资 8000 美元。

可以说，在“棱镜门”事件发生一年后，国际上的一些主流媒体并没有遗忘斯诺登，而是开始转变报道角度，从大量揭发斯诺登所掌握的“涉密”材料，转向美国政府应该如何公正地对待斯诺登。当然，一个巴掌拍不响，美国政府会何去何从在 2014 年又成了公众和媒体关心的话题。

/ 官司进程 /

政府开始行动

在斯诺登打开了“棱镜门”之后，包括美国总统在内的多名美国政界要员及一些情报机构纷纷开始采用各种手段反击斯诺登的泄密行为。

美国众议院议长博纳，指责斯诺登为“叛国者”。博纳在接受美国广播公司专访时一开腔便说：“他（斯诺登）是一个叛国者。”博纳指出，奥巴马总统已说明，这些是保护美国人民安全、对抗恐怖分子威胁的重要国家安全计划，公开这些机密信息将置美国于危险境地，这向敌对势力暴露了美国的能力所在，是严重违法行为。博纳还表示，他赞同奥巴马所说的，这些计划完全符合宪法，并得到国会充分批准和限制。所有这些计划他都获得通报，没有美国人会以任何方式被窃听，除非他们与世界某地的恐怖分子联系。

国会中共和党籍的众议院国土安全小组主席皮特·金和民主党籍的参议院情报

委员会主席黛安娜·范斯坦也指责斯诺登是一个“叛徒”。

由于这件事情陷入舆论漩涡的美国总统奥巴马则公开表示，美国国家安全局不能监听电话，而只是收集有关电话的信息。“棱镜”计划只收集了美国境外的外国人的电子邮件。

而“棱镜”计划的负责人，美国国安局局长亚历山大则发表讲话谴责斯诺登的做法完全是泯灭良心，他的泄密会使得那些想伤害美国的人得知美国是如何应对他们的攻击，这对美国的国家安全造成无可弥补的损害。

除了在舆论上进行谴责外，美国还先后采取了吊销斯诺登的美国护照，使其成为没有国籍的人，同时向斯诺登可能申请政治避难的国家施加外交压力，促使这些国家作出不允许斯诺登入境的承诺。

另外，在国内，美国政府则选取了法律手段来对待该事件。就在斯诺登出走后不久的2013年6月21日晚，美国地区联邦法院解密了一份诉状，该诉状显示联邦检察官已正式指控“棱镜门”事件中自揭身份的泄密者斯诺登。据《华盛顿邮报》报道，美国检方6月14日在斯诺登前雇主，政府承包商Booz Allen Hamilton公司所在地弗吉尼亚州东区法院提交了诉状。根据这份刑事诉状，斯诺登将面临3项刑事指控，包括窃取政府财产、传播国防信息、故意传播机密情报信息，其中后两项指控是根据美国反间谍法所提出的。据悉，对斯诺登的每项指控最多处以10年监禁，一旦定罪，斯诺登将可能面临总计30年的铁窗生涯。分析人士称，起诉斯诺登是美国政府启动引渡程序的第一步。

在美国政府眼里，仅仅起诉斯诺登一人还不足以起到震慑作用，不久后，美国国家安全局就表示，多家媒体涉嫌公开其对美国公民的监控信息，涉嫌泄露国家机密，要求对此进行刑事调查，这其中就包括最先“泄密”的英国《卫报》和美国《华盛顿邮报》。

连环官司

围绕斯诺登的官司可以说是越打越多，越打越热闹。就在美国政府起诉斯诺登不久，美国政府也被美国一个民间组织告上了法庭，依据同样是这个“棱镜”项目，这种滋味颇有点搬起石头不小心砸了自己脚的感觉。

2013年6月11日，美国最具影响力的民权组织美国公民自由联盟以美国政府开展的秘密情报监视项目“棱镜”侵犯言论自由和公民隐私权，违反宪法为由，向位于曼哈顿的纽约南区联邦法院递交诉状，正式起诉美国政府。

在诉状中，美国公民自由联盟以原告身份指控联邦政府“搜集美国国内、来自或打往美国的每个电话的信息”，联邦法院应宣布该项目非法，并且下令政府清除所有来源于监视项目的数据。

对于这起官司，美国公民自由联盟法务主管贾米勒·加法尔在一份声明中说：“（棱镜）项目无疑是政府针对本国公民采取的最大规模监视举措之一……这相当于要求每个美国公民每天向政府提交报告，告知他们这一天去过的每个地点、电话联系的每一个人、联系事件和通话时长等……严重侵犯社交自由和隐私权利。”

针对美国公民自由联盟的起诉，美国一些法律专家认为，民间组织针对美国联邦政府类似监听项目的诉讼不乏先例，但以前很少有胜诉的案例。“棱镜”项目的曝光为这类诉讼的胜诉前景带来了积极影响。

针对美国公民自由联盟的诉状，美国司法部拒绝置评，称需要时间研究有关指控并作出回应。

但美国政府面临的起诉还远没有结束，在美国公民自由联盟起诉美国政府之后，先后又有若干家民间机构针对“棱镜”项目起诉了美国政府。

据《国际先驱导报》报道，先后有 19 家民间组织在 2013 年 7 月 16 日联手向旧金山一家联邦法庭提起诉讼，称美国政府的电子监控“非法和违宪”，侵犯言论、集会自由和隐私权，要求对美国国家安全局、司法部、联邦调查局和那些机构的主管发出禁令。

据统计，到 2013 年 7 月 16 日，美国的民间机构或个人已经向联邦法庭提交了 5 起针对“棱镜门”的“民告官”诉讼。

2013 年 7 月 16 日联手提起诉讼的 19 家民间机构分属于不同的政治阵营，作为代表提出诉讼的是“电子前哨基金会”，其他 18 个组织中，包括 4 个人权组织，4 个开放技术倡议团体，2 个宗教组织，3 个支持枪支自由的协会，3 个美国与伊斯兰世界关系团体，还有 2 个管制毒品法改革的组织。19 个组织共有会员 90 万人。“电子前哨基金会”法律主任辛迪·科恩表示：“我们诉讼的目标就是突出政府搜集电话记录的监控项目违宪。它违反了第一修正案的权利。”“记录每个客户在和谁通话，进行了多长时间，频率如何，这些通讯信息关乎个人和团体的表达以及沟通，如果没有一个为正当立场支持的合法许可，这样的行为侵犯了宪法第一、第四和第五修正案，以及法律对电子监控的限制。”

在爱达荷州，一名护士以电信公司无线用户的身份向联邦法院提起诉讼，要求自己的私人通话得到保护。此外，电子隐私信息中心向美国最高法院提交了一份请愿书，要求其终止国家安全局向美国电信巨头威讯公司索要用户信息的违法要求。因为这些信息涉及美国公民的日常活动、私人、商业关系、政治倾向等其他隐私信息。

对这些蜂拥而至的民告官官司，美国一些法律专家预测，美国最高法院不太可能在其他法院审理相关案件之前就“棱镜门”表态。这些官司虽然能打下去，胜算的可能还是很低。不过，即便民间机构的诉讼都以失败告终，它们依然能提高公众对政府监控行为的关注，或者逼迫政府做出调整或让步。匹兹堡大学法学教授朱尔·罗贝尔就表态说：“这些诉讼的意义不仅仅限于法庭，政府必须作出回应，要求政府为此对簿公堂可能逼迫政府考虑进行改变。因为政府会避免今后再陷入尴尬，而诉讼是一个关键的施压方式。”

不同的判决结果

众多围绕“棱镜门”事件的民告官官司在2013年的年底陆续有了判决结果，但这些判决结果却让人再度领略到了美国法律的“多样性”。

2013年12月16日，设在华盛顿的联邦法院法官理查德·利昂裁定，美国国安局大规模收集国内手机信息的项目可能违宪，政府应停止这一监视项目并销毁现存记录。针对这一判决结果，美国司法部律师2014年1月3日来到设在华盛顿的美国联邦上诉巡回法庭提交了上诉申请。在这份一页纸的上诉申请中，司法部申请推翻法官利昂的裁决。美国政府就这一裁决上诉在意料之中。法律人士称，利昂当初作出裁决时，也没有签署执行令，就是等候政府方上诉。

就在11天后的12月27日，针对美国公民自由联盟提起的诉讼，纽约州南区联邦地方法庭的法官威廉·波利也作出了裁决，但该法院的裁决是美国政府对电话网络的大规模监听是合法的，这一监听行动是“对基地组织的一种反攻击”。

主审的波利法官说，在平等和公众利益两者之间权衡利害关系，决定了政府的监听行为是合法的。长达53页的裁决书说，私人资料免于被别人搜索和获取是公民的基本权利，但不是绝对的权利。人们每天都自愿向跨国公司交出私人的、看似很隐秘的资料，那些公司则利用这些资料来盈利，这种情况是比政府搜集电话数据更大的对隐私权的侵犯。

美国公民自由联盟认为法院的这一裁决曲解了相关法规，低估了政府监控对隐私权的影响，误用狭隘和过时的先例来解读核心的宪法保障，所以他们将提出上诉。该组织的律师拉里·克莱曼计划将官司一路打到最高法院，他表示，国安局的大规模监控行为与公众利益关联紧密，“我们不能让这一情况继续下去，NSA在监控每一个人”。

而2014年1月3日，另一起判决结果也出炉了。美国外国情报监控法庭判决美国国家安全局可以继续每天收集美国公民电话记录的工作，这一判决令国安局大规模监控项目是否合法再生波澜。

对外国情报监控法庭的判决，美国国家情报总监办公室发言人特纳表示，外国情报监控法庭在过去7年以来，15名法官在36个案件中判决国安局监控系合法行为。特纳还透露，美国政府目前正在研究由总统奥巴马任命的独立咨询小组所提出的一项建议，即将电话监听项目所搜集的大规模电话记录转由通讯服务商或第三方存储。他称，美国情报机构愿意修改通话记录监控程序，只要它同时能兼顾保障公民隐私权和自由。

三家法院给出了两种不同的判决结果，当然这不是终审，一切还在变化之中，看来结果究竟如何，只能等这些零散的官司汇总到美国最高法院后才能知道了。

/ 法眼观案 /

第一观：诉讼的实际意义远大于官司的输赢

对个人通讯进行监听、监控并非斯诺登时代才开始，早在2005年的小布什任总统时期，美国的秘密电话监听行为就曾遭到过曝光，当时的小布什政府一下子就面临着数十家民间机构及个人的起诉，前后共打了70起官司，但这些官司最终都以政府的胜诉而告终。什么原因呢？

原来，当年小布什政府在打官司的时候都拿出了《美国爱国者法》这张“挡箭牌”。不过时过境迁，斯诺登泄露“棱镜”项目时的美国的法律环境已经发生了变化，正是因为斯诺登的大胆揭发，美国政府公开承认了该项目，并且开始讨论项目的合法性，这在一定程度上使得政府在应对民间的诉讼时就不能再拿出国家机密不能泄露的“挡箭牌”了，这本身就是一大进步。

对法律环境的这一变化，美利坚大学国家安全专家斯蒂芬·瓦莱德克指出，不同于布什时代的是，现在美国的民间机构有确凿的证据证明政府监控行为的存在，斯诺登的行为至少使得法庭能够审理这些案件，并可能就监控和隐私展开长达数年的法律拉锯战。而华盛顿大学法学院教授尼尔·理查兹也认为，美国政府“已经告诉我们它在收集（通话）元数据，那么（最高法院裁决的）依据就不存在了”。

同样，正是由于斯诺登的揭发，“棱镜门”事件同样引起了国会的重视，有议员就明确指出，“棱镜”项目覆盖的范围如此之广，已经超过了美国国会在批准《美国爱国者法》时所准许的范围。2013 年 7 月 23 日，美国国会众议院宣布，将就一份关于美国国家安全局收集国内民众电话记录监视项目的法案投票，以决定是否砍掉这一项目经费，限制政府监视民众的权限。

在“棱镜门”事件出现后，美国“政府隐私和公民自由监督委员会”向国会提交了一份长达 234 页的报告，报告警告国家安全局日常收集美国人通信记录的行为违法，建议总统贝拉克·奥巴马放弃这个项目并销毁已经收集的记录。除了将收集手机记录归结为违法，这个委员会还认定，这种做法无效。报告还称：“我们了解，没有实例证实这个项目直接帮助发现先前未知的恐怖主义阴谋或瓦解一起恐怖袭击。”该委员会成员、美国民主和技术中心的詹姆斯·登普西更是直截了当地说，“鉴于有限的效果，我们认为这个项目应该结束”。

这种有事实根据，有政府承认，有舆论压力，有其他部门反应，有司法诉讼的情况自然会对事情的良性处理产生很大的推动力，政府再想像以往那样以机密为幌子，实施“暗箱”操作的可能性自然也就大大降低了，所以，不管由“棱镜门”事件引发的这些民告官的官司最终结果如何，都会对美国社会产生深远的现实影响。

第二观：个人自由和国家安全的两难选择

斯诺登的“棱镜门”事件出来之后，美国社会上出现了两种基本上势均力敌的声音，一种声音即斯诺登的所作所为损害了国家安全，他应该被送进监狱，而另一种声音则是斯诺登是一个英雄，因为当他发现自己服务的政府做出了不正义的事情时，可以勇敢地说出来，哪怕这会让自己处于危险当中。

根据有关机构的调查，持上述两种意见的人数也大致相近，44%的公众认为斯诺登泄露的这些信息损害了国家的利益，斯诺登应该为其所作所为承担法律责任，而 49%的公众则认为斯诺登这么做是为国家利益服务，不应承担法律责任。

实际上，在这两种不同的声音背后，折射出的是一个让美国人民真正需要面对的尴尬议题，那就是在长期坚守的公民自由与日趋严重的国家安全问题之间，到底应该选择哪一个?

据《第一财经日报》报道，哈佛大学肯尼迪政治学院的研究生马瑞欧在接受采访时表示：“美国人一直以自由为信仰，但它的前提是不能与任何威胁生命的事情相冲突。如果是为了维护国家的自由和主权，这样的监听是可以接受的，但它必须发生在很多人的生命安全都处在危险之中的时候。”然而，要让美国人民走到对于隐私和自由权利也具有协商性这样的地步，绝非一个简单的过程。早在“9·11”之后不久的小布什总统任期里，小布什曾秘密下令国家安全局对“恐怖分子嫌疑人”进出美国的电话、电邮进行窃听和窃取。

小布什政府的举动于2005年12月被《纽约时报》揭发，按道理说在特殊时期应该酌情考虑，但却受到了民众强烈的谴责，迫使国会对此召开听证会，进行调查。

由此不难看出，由于历史传统的原因，美国民众对言论自由、个人隐私是超乎寻常地看重，但伴随着以“9·11”为代表的恐怖主义事件接连不断的冲击，美国政府出于国家安全的考虑也开始不断地出现了一些会损害公民个人自由权和隐私权的做法。在反恐这个大背景下，任何一个美国人都无法忘记“9·11“事件给他们带来的伤痛，为了防止类似事件的再次发生，他们在一连串事件下开始在放弃个人隐私权利方面作出了一些妥协。在生命和隐私之间，民众往往选择先顾及生命，然后再保护隐私，这也许是美国民众一种无奈的选择。正因为如此，我们也就能够理解，为什么半数美国人认为斯诺登这个新版“深喉”应该受到法律的惩罚了。

但是也有民众担心，国家会打着维护“国家安全”的旗号滥用公权力，而这又会不可避免地损害公民的个人权利。而斯诺登让民众知道了被监视的真相，因此很多美国民众会赞叹斯诺登担当人权斗士的勇气，这也是为什么很多人又将斯诺登视作英雄的原因。

透过“棱镜门”事件我们看到了一个矛盾的美国，在被美国人引以为豪并长期坚守的公民自由和日趋严重的国家安全之间应该如何选择，是以牺牲部分个人自由为代价换取国家安全呢，还是损失一部分国家安全继续维护公民的个人自由呢？这成了摆在美国人面前的一个两难选择。

控制不住的“泄密”
——美国政府诉《进步》杂志案

“你即将获知的是一个秘密——一个由美国和另外四个氢弹制造国高度保守的秘密。”……

“我只是通过阅读和提问就发现了这个秘密，没有利用任何保密材料……”

“我干吗不告诉你呢？……别怕，我并不是打算帮你去造一颗氢弹。你还远远没有这个能力，除非你掌握着一个中等国家的政府”，“也不是因为我希望印度、以色列，或者南非、巴基斯坦从我这里可以更快地得到氢弹，尽管这些资料对他们是有用的”……

“我说出这个秘密，是为了尽可能有力地建立一个基本观点：在原子时代，保守秘密本身就是在制造一种政治气氛，这种气氛有助于使那些可怕武器的生产受到保护，并且变得永久化。尤其是保守那些被少数专家指为禁区的权威秘密，更是如此。”

以上文字摘选自美国一位名叫霍华德·莫兰的人所写的一篇文章的开头。如果站在新闻写作的角度来看，这篇带有一定悬疑色彩的报道很有吸引力，堪称一篇出色的报道。但就是这样一篇报道在20世纪70年代末却引发了一场轩然大波，甚至围绕这篇报道是不是可以刊登还引爆了一场官司——美国政府诉《进步》杂志案。

/ 案件回顾 /

美国是世界上第一个研制成功核武器并将其使用到了战场上的国家。虽然在第二次世界大战后，核工业逐渐开始转向民用，但很多人对“核”这个新生事物还是不放心，并且随着这类不放心的人越来越多，在美国还逐渐出现了反核团体，上面大家看到的那篇文章的作者霍华德·莫兰就是一个反核的积极分子，而他所写的这篇名为《氢弹秘密》的文章，原本是准备在一本名为《进步》的杂志上发表的，结果就是这篇文章引爆了一场大官司。

《进步》杂志的封面文章

美国是杂志的王国，有人曾经这样描述过这个国家杂志的发达程度——在美国，有多少种兴趣爱好就有多少种杂志。作为这起官司的主角之一，《进步》杂志就是这个泱泱杂志大国中一本不太起眼的杂志。说它不起眼，主要指的就是该杂志的平均期发行量只有三四万份，这个数量和那些动辄几百万甚至上千万发行量的杂志巨无霸比起来实在是“毛毛雨”。

《进步》杂志出版于美国华盛顿州麦迪逊市，创刊于 1909 年，月刊。而说起它的创办者还比较有来头，此人既当过华盛顿州州长，又当过国会议员，而且还代表过 1912 年成立的进步党参加过总统竞选。

由于进步党是由曾担任过两届美国总统的老罗斯福在 1912 年组建的，在组建伊始，老罗斯福就向记者表示“我仍继续参加竞选——只不过天地更大罢了”。并且老罗斯福说他感觉自己“壮得像一头公麋”，正因为如此，所以进步党还被老百姓称为“公麋党”。

进步党和老牌的民主党、共和党相比，更具激进色彩，该党大力提倡社会、经济和政治改革，例如在组建之初就大力呼吁允许妇女参加投票，限制工商业对竞选活动的捐款额，禁止雇佣童工，保证最低工资额和保护自然资源等。

创立之初就有着这样的政党背景的《进步》杂志自然也不是一个“省油的灯”，该杂志为自己拟定了如下的办刊宗旨：

> 反对军国主义和战争，强调公民权利和公民自由，强调保护环境，质疑庞大集团的所作所为。

在这一办刊宗旨的引领下，该刊一直以胆子比较大而著称，出现过很多“重量级”的报道，其中不乏一些令政府不高兴的报道。到了 1978 年，《进步》杂志进行了一次内部人事调整，新聘请了一位叫小山姆·戴的执行编辑，这位新就任的执行编辑来到《进步》杂志前曾在《原子科学家公报》工作过，对核领域比较熟悉。新官上任三把火，此君来到《进步》杂志后的“第一把火”便选定了他“轻车熟路”的核领域，策划了一个和核武器工业有关的选题，并先后发表了诸如《最善良的人在造原子弹》等文章，在该选题运作的过程中，这位执行编辑又“因缘巧合”地遇到了我们上文所说的霍华德·莫兰，结果就是霍华德·莫兰的一篇文章带来了这场《进步》杂志以前“想未敢想”的“大官司”。

反核者霍华德·莫兰

霍华德·莫兰出生在世界著名的美国核物理基地——橡树岭附近。提到这个橡树岭可不是人们想象的那样是一片鸟语花香，世外桃源。这个地方乃是世界著名的核工业基地，云集了世界上一大批可以说最优秀的核物理学家。在橡树岭附近生活的人，经常会这样评价一个小孩子，你真聪明，应当去当核物理学家。按照常理，生活在这样一个有着世界知名度的地区的人理应都会说“我骄傲！”，但是事实却并非如此，以霍华德·莫兰为代表的人不但不骄傲，反而忧心忡忡，为什么呢？

原来，在霍华德·莫兰眼里，自己的家乡正被核阴影笼罩着，核武器正威胁着家乡的人们，这种现实环境促使着以霍华德·莫兰为代表的一批年轻人逐渐成了反核主义者。

在读大学的时候，霍华德·莫兰选修过不少物理方面的课程，但是最终他放弃了当物理学家的念头。断送这个念头的就是在他参加空军服兵役期间，曾开着运输机飞行在美越之间。在此期间，他有机会看到了一枚长不过六到八英尺，直径一英尺半的小氢弹。但根据介绍，这么小的一枚氢弹有着超过广岛原子弹一千倍的威力，这种威力深深震惊了霍华德·莫兰。

根据后来霍华德·莫兰的回忆，当时他就想，这玩意儿可是很容易被误用滥用的。国家造这些玩意儿干什么？因为有着严谨的思维，所以这个霍华德·莫兰在反对核武器的过程中为了让自己的反对更加有理有据，还开始研究核技术的原理，他想揭开笼罩在核技术上的这层神秘的技术“面纱”。在这一初衷的推动下，霍华德·莫兰开始了他的揭开核秘密之旅。

而就在此时发生的另一件事情加速了霍华德·莫兰的研究进度。

1978 年 9 月至 10 月，美国众议院军事委员会针对全面禁止核试验条约举行听证会。当时对于核武器以及相关的环境问题，公众普遍一无所知。《进步》杂志的执行编辑戴和霍华德·莫兰在一次小聚中都提到想通过去除核武器的神秘感来推动更多的公共辩论，为将来的核裁军创造可能。

由于有着物理学的背景，加之本人又比较聪明，所以霍华德·莫兰的揭开核技术之旅其实并没有多难，在超过6个月的时间里，霍华德·莫兰做了这样几项工作，一方面搜集了大量的公开资料，另一方面则是在获得能源部的许可后，参观了多处核武器设施，此外就是在表明自己的身份和目的后对有关政府雇员进行过采访。在从事这些工作的过程中，他从未获得过任何安全级别，也没有机会接触到任何的机密文件，当然这里可能也存在有些政府雇员会不经意间把一些机密信息泄露给他。

还别说，这个看似比较笨的做法还真不可思议地让霍华德·莫兰一步一步地接近了核工业的核心领域，几个月后他系统性地把一个氢弹设计的方案给拼凑出来了。据霍华德·莫兰说，在探索的过程中他发现，核技术其实早已不是什么秘密。任何一个人，只要具备与原子物理有关的一些物理知识，再加上时间和坚持，那么都可以找到原子弹和氢弹的秘密。

利用搜集来的各种资料，加上自己的有关知识储备，很快霍华德·莫兰就写就成了那篇《氢弹秘密》，对此霍华德·莫兰声称："我正是第一修正案旨在保护的那一类人：其政治主张不受公众欢迎，还会对政府构成威胁。"

《氢弹秘密》给美国政府放了一颗"氢弹"

霍华德·莫兰的文章与当时《进步》杂志正在做的涉核选题是如此的接近，因此很快地《进步》杂志就打算发表这篇文章，而且还准备以封面报道的重要方式进行发表。

1978年末到1979年初，《进步》杂志的戴把霍华德·莫兰所写的《氢弹秘密》一文的副本送交给了包括麻省理工学院罗恩·西格尔在内的几个人进行评审。西格尔于1979年2月把稿件交给了该校的政治学教授乔治·拉斯金斯。这个拉斯金斯当时也有一个举动，那就是多年来一直鼓励自己的研究生制作出一个可行的氢弹设计方案，但从未有人成功过。但拉斯金斯看了莫兰的文章后大吃一惊，很快地他就给《进步》杂志社打了电话，劝说对方不要刊发这篇文章。当杂志社编辑拒绝了这一要求后，拉斯金斯把副本发给了能源部。莫兰对此写道："显然，对于拉斯金斯的考核我肯定是及格了。"

当时美国能源部有一个专门负责核武器保密工作的副部长叫塞维尔，塞维尔看到这篇文章后大惊失色，未敢擅作主张，又把文章呈报给了当局的最高层领导们，这些最高领导们看了之后，形成了一个共同的认识，即不仅文章中的一些资料应该属于保密范围，而且让《进步》杂志把这篇文章发布出去的话其对政府的危害就更大了。怎么办？这个难题就被交到了司法部手上，最高层领导授意司法部把《进步》杂志给“关门大吉”。

一国的司法部能不能让一份小杂志直接关门呢？在美国他是既没这个权，也没有这个胆儿的。司法部的领导很清楚，如果不让《进步》杂志出版，这事可是会“捅大娄子”的，因为对受到宪法第一修正案保护的媒体，国家机关可是不能说关门就关门的。尤其是就在几年前，美国政府才和《纽约时报》因为五角大楼文件案打了一场官司，官司的结果是政府输得很惨。这可怎么办？

由于事关重大，涉及到了比原子弹还要命的氢弹，司法部长只好硬着头皮想了一个办法——和能源部的人一起拜访《进步》杂志社，来个“先礼后兵”吧。

1979年3月2日，司法部的官员和能源部副部长塞维尔等来到了《进步》杂志社。但没想到在这家毛毛雨式的小不点杂志社，几位国家“大员”吃了个“闭门羹”。

接待这些官员的《进步》杂志社的编辑坚持说这篇文章没有泄露国家机密，因为文章中所有的材料都来源于公开的出版物，如果硬说文章泄密的话，那么就请指出哪些地方是应该保密的。面对这一答复，能源部副部长塞威尔说，你这个问题的答案就是，这都是保密的。但是能源部提出可以帮他们重写，然后再让他们发表。

在考虑了几天之后，《进步》杂志通过律师对能源部的帮助重写的提议做了答复，他们不打算修改，他们有宪法第一修正案所保护的权利，有权按原样发表。

事情到了这个份上也就意味着协商之路走不通，在那个年代，摆在美国政府面前的路也就只剩下了一条——诉诸法律。

/ 官司进程 /

1979年3月8日，美国能源部向位于麦迪逊的威斯康辛西部联邦地区法院提起压制这篇文章的动议。当时该法院只有詹姆斯·爱德华·多伊尔一名法官，但由于他和杂志社有交情而决定回避此案。案件于是转交威斯康辛东部联邦地区法院的罗伯特·W. 沃伦法官，并在密尔沃基进行审理。

考虑到庭审涉及信息的敏感性，法庭分别进行了两次独立的听证，一次公开进行，另一次不公开进行。

霍华德·莫兰和《进步》的几位编辑拒绝接受安全审查，因为这将束缚他们的言论自由，所以他们没有出席听证会。他们的律师出席了听证会，但出席听证会时他们被禁止将听证会上的任何信息透露给各自的客户。

临时禁止令

在起诉《进步》杂志后，为了尽快获得临时禁止令，政府一方的律师强调《进步》将会违反法律，导致无法弥补的损害。因为该杂志准备刊发的文章中的数据属于限定资料，所以是否是作者原创作品这点根本无关紧要。

政府一方的律师还指出，之前已有法院在事关国家安全的问题上采取事前限制的先例。为了避免重蹈五角大楼文件案败诉的先例，政府的律师还专门强调指出，五角大楼文件案的裁决在此并不适用，因为国会通过的原子能法中已经明确允许了禁令救济。此外，五角大楼文件只是历史文档，而氢弹则是当前的军事武器。最后，他们还指出在不扩散核武器条约的规定下，政府有不得帮助无核国家获取核武器的义务。

1979 年 3 月 9 日，初审法官沃伦发出了临时禁制令，在发出禁制令时沃伦说，他需要在“把氢弹交给能源部以前作长时间的艰难考量”。

禁止令之争

在取得了法庭颁布的临时禁止令后，为了避免事态进一步扩大，时任美国能源部长的詹姆斯·R. 施莱辛格博士给各大报社打了电话，警告这些报社不要支持《进步》杂志。

实际上，施莱辛格此举实在没必要，因为包括纽约时报在内的大多数媒体当时在本案上是站在政府一方的。纽约时报法律特派记者弗雷德·格拉汉姆还预料政府会赢得这场官司。而 1979 年 3 月 11 日的《华盛顿邮报》则在社论中称《进步》案“作为一个媒体对抗政府的第一修正案竞赛案件，是约翰·N. 米切尔梦寐以求的案件——是尼克松政府一直都没能获得的：一个真正第一修正案的输家”。

大多媒体之所以不看好《进步》的官司前景，主要援引之一就是在“五角大楼文件”案中名声鹊起的美国宪法专家亚历山大·比克尔教授在《纽约时报》诉美国政府案中曾被假设性地问起，把界限定在什么地方，可以让事前限制一直都是合理的，他当时这样告诉法庭，他会把这条线划在氢弹上。而当时泄露了五角大楼文件的艾斯伯格也曾表示，他认为核武器的设计应该保密。正是基于热核武器可怕的本质，并且预期《进步》很可能会输掉这场官司，主流媒体组织因此担心案件的结果将对美国的新闻自由造成危害。

然而，当时的很多人都忽略了法院在案件审理中的角色。在这起官司中，法院只是裁决刊有霍华德·莫兰文章的这期《进步》杂志继续出版是否合法，而非是否明智。

按照司法惯例，美国法院颁发的临时禁制令的期限非常短暂，所以主审的法官沃伦下令在 1979 年 3 月 16 日针对是否发布初步禁制令进行听证。后来在控辩双方的请求之下，听证推迟到了 3 月 26 日，以便他们可以有时间来递交自己的简要说明和宣誓证词。

1979 年 3 月 26 日，政府和《进步》杂志参加了针对政府一方请求法院颁发初步禁制令而召开的听证会。

在听证会上，政府一方的律师坚称《进步》杂志将要刊发的这篇《氢弹秘密》中有不属于公有领域的敏感信息，如果公布将会对防止核武器扩散构成不利影响……会大幅增加那些现在还没有热核武器的人拥有或是更早拥有（这类武器）的风险。如果发生这种情况，美国的防扩散政策将受到破坏，美国的国家安全也将遭受无法弥补的损害，全世界的和平和安全都会受到威胁。

为了打赢这场官司，美国政府出动了包括国务院、能源部、防卫部和主要的核武器设计专家。尽管美国政府几年前输掉了和《纽约时报》的“五角大楼文件案”官司，但这次政府方面觉得今非昔比，因为此时的政府找到了一个杀手锏——1954 年美国国会通过的《原子能法》。

这部《原子能法》是处理非正常情况的一部非常规法律，也是美国极少几个特别授权美国政府可以进行新闻预禁的法律之一。

按照“原子能法”的规定，美国政府可以起诉并要求法院禁止任何人揭示包括核武器的设计、工厂、设备，或特殊核材料的生产等“限定资料”（不包括已经解密和已经被划出“限定”范围的资料）。

美国政府宣称，原子武器方面的资料生来就是保密的。不管是一个政府雇员从研究机构得到，还是一个公民坐在自己家里想出来的，不论是设计、公式，还是一个念头，只要一产生，就是保密的。所以，哪怕霍华德·莫兰拿出证据证明他所有的资料都是从公开出版物上抄下来的，但是，只要他把它们凑在了一起，那么这就纳入了保密的范畴，除非美国政府同意宣布这不是秘密。

除了对保密有着规定和要求外，《原子能法》还列明了违反该法案的处罚，其中揭示“限定资料”的处罚，是一万美元以下的罚款，或十年以下监禁，也可以同时并罚。

由于手握《原子能法》这柄“尚方宝剑”，政府打赢官司看起来几乎胜券在握。然而《进步》杂志也不会善罢甘休。

《进步》杂志的代理律师向法院提交了一份动议要求废止初步禁制令，理由是莫兰文章中的信息已经属于公有领域。这一主张的基础是劳伦斯利福摩尔国家实验室的两份报告，分别是 UCRL-4725《1956 年 6 月期间的武器开发》和 UCRL-5280《1958 年 6 月期间的武器开发》，其中包含有热核武器设计的详细信息。文件中还详细介绍了 1956 年雷德温行动中测试过的一个名为“巴松”（Bassoon）的三期热核装置。这些文件是由美国公民自由联盟的一名研究员德米崔·罗涛在新墨西哥州洛斯阿拉莫斯图书馆的一个货架上找到的。

对《进步》杂志的这一说法，政府表示，这两份报告是无意中被解密的。究竟谁的理由能占上风呢？ 6 月 15 日，初审法院作出了判决，法院认为“一次不利于美国的错误判决可能会对我们所有人遭热核毁灭铺平道路。那时我们的生命都已消逝，出版权自然也失去了意义”，所以这次出版就的确可能对美国造成“严重、直接、即时且不可挽回的损害”，因此也就符合联邦最高法院在“五角大楼文件”案中所设立的标准，最终沃伦法官在判决书中拒绝了《进步》杂志的动议，颁布了初步禁制令。

至此，官司以《进步》杂志未能阻挡住初步禁止令而告一段落，表面上看，《进步》杂志已经打输了官司。

“戏剧性”的变化

初审失利后，《进步》杂志立即向位于芝加哥的第七巡回上诉法院提出了上诉。在上诉状中，《进步》杂志的律师声称初审中提到的两份文件已经在货架上搁置了相当长的一段时间，因此不能简单地理解为政府的失误。这次，政府一方又提出，“技术资料”并不受宪法第一修正案的保护。

在上诉法庭因为杂志社的律师主动放弃，所以上诉法院拒绝了快速审理的动议，对此莫兰和《进步》杂志的编辑事先并不知情。初步禁制令因此在未来6个月的时间里仍然有效。事已至此，怎么办？

“山重水复疑无路，柳暗花明又一村”，正当《进步》杂志做好了要把官司打进美国最高法院的心理准备时，一段“戏剧性”的插曲彻底改变了这起官司。

上文我们提到《进步》杂志在初审法院提到了一个叫德米崔·罗涛的美国公民曾在新墨西哥州洛斯阿拉莫斯图书馆的一个货架上找到了两份政府称之为保密的文件。

虽然在初审法院政府以“失误”搪塞了过去，但按照“原子能法”的规定，“限定资料”里不包含已经解密的资料。公然放在公共图书馆书架上的文件在一般人眼里当然应该是公开的了，因此，德米崔·罗涛的这一发现使司法部的很多人都觉得政府撤回起诉算了，再打下去恐怕“凶多吉少”。

但和司法部的“服软”不同，美国的情报部门却坚持认为，尽管图书馆发生了这样的事情，但这些资料还没有被那些“敏感”的外国政府弄到手。因此，阻止《进步》杂志这篇《氢弹秘密》的发表，仍然是必要的。在这种情况下，司法部长也只好劝说自己那些建议撤诉的部下，“国家利益和原子能法，都要求我们尽力而为……局部的泄密并不意味着我们就可以和盘托出”。

在美国，当一起媒体官司还没有定论的时候，涉事的文章是不能刊发出去的，不过由于涉及到了宪法第一修正案，而且又是和美国政府这样一个“名人”打官司，所以这起官司的社会知名度可以说非常大，全美千千万万双眼睛都在紧盯着这起官司。实际上，这起官司本身也已成了“新闻”，很多记者都将其当作了一个重要的“新闻点”。

正在新闻界为此“热热闹闹”的时候，一个叫恰克·汉森的人误打误撞进了这起官司。这个恰克·汉森是一个典型的“氢弹迷”，而且一贯看不惯政府在某些方面的遮遮掩掩。所以在《进步》杂志和政府的官司还在进行中的时候，恰克·汉森发起了一场反对政府起诉《进步》杂志的抗议运动，还别说，这个恰克·汉森的号召力真挺大，他使抗议信像雪片一样飞向议会和美国能源部，引起了议会的重视。另外，为了声援莫兰，恰克·汉森还发动了一场名为“氢弹设计竞赛”的比赛，按照比赛规则，谁的设计能第一个让能源部定为必须保密，谁就是这个竞赛的获胜者。到了1979年秋天，恰克·汉森根据比赛征集来的设计，自己弄出了一个氢弹设计方案，并将其连同一封信一起寄给了议会，在信中恰克·汉森详细介绍了自己在设计时所用的资料和信息的来源，而且更出格的是，恰克·汉森还在信中指控爱德华·泰勒、泰德·泰勒、乔治·拉斯金斯等政府科学家泄露有关热核武器的敏感信息。

除了给议会寄去信件和设计方案之外，恰克·汉森还把自己的信件和设计方案复制了若干份寄给了很多报社。在收到恰克·汉森的信件后，有些报社开始行动了。

最先行动的是《加利福尼亚日报》，该报在1979年9月11日刊登了对汉森信件和设计方案的部分摘录，能源部看到这篇报道后急急忙忙地取得了法院命令，想防止报纸进一步登载。但毫不畏惧的《加利福尼亚日报》在9月13日全文刊登了汉森的信件和设计方案。9月16日，《麦迪逊记者连线》也发表了信件和设计方案。至此，政府是顾东顾不上西，顾南顾不上北，很快满世界都是关于氢弹设计的报道，而且在精确性方面更是超出了《进步》杂志的那篇报道，此时再和《进步》杂志纠缠于一篇已经过时的文章已然没有任何意义了，因此在9月17日，政府就主动撤诉了。司法部长承认起诉已经毫无意义，汉森的信已经发表，有关报道已经满世界都是了，再去阻止另一家出版社还有什么意义呢？一起轰动一时的官司就这样“静悄悄”地画上了句号。

1979年《进步》杂志11月号以通栏标题“氢弹秘密：我们怎么得到的——为什么我们要告诉你”全文刊登了莫兰的这篇“迟到”的文章。在莫兰看来，这篇文章在20世纪70年代末和80年代初促成了一波反核主义行动，并且还对丹佛附近洛基弗拉茨厂的关闭等事件产生了积极影响。而那位汉森则是把自己的这段经历总结了一下，在1988年出版了一本名为《美国核武器：秘密历史》的书。1980年9月30日，美国司法部发表了一份声明，表示不会再以涉嫌违反《原子能法》起诉《进步》杂志或《加利福尼亚日报》。

/ 法眼观案 /

第一观：一起没有获胜方的官司

表面上看，这起官司好像是《进步》杂志赢了，但实际情况是不是这样呢？从法律的角度来看，这一案件实际上“不存在获胜的一方”。

一方面这一案件中由于有着《原子能法》为政府“打气”，因此政府才得以获得了法院的预禁令，成功地阻止了《进步》杂志按期把文章刊登出去。但另一方面，媒体一方则由于有着宪法第一修正案“撑腰”，加之对媒体的“事前限制”又在很大程度上不得人心，因此才出现了最后众多媒体纷纷突破预禁令争相刊登类似报道的情况。所以，从表面上我们就可看出，在这起官司中，政府没有彻底输，而媒体也没有彻底赢，不存在真正意义上的胜诉方。

正如同审判该案的法官所言，“如果发出一张初步的强制令，据本庭所知，这将是这个国家历史上，用新闻检查制度禁止出版的第一个实例。这种声名狼藉的事情是大家都不愿意看到的。”

众所周知，在美国新闻检查这个字眼的份量是很重的，一旦政府被冠以这一字眼，那就等于说这个政府是专制政府一样，因此，当《进步》杂志的律师在法庭上指责政府是在进行新闻检查时，政府的代表对此提出了抗议，声称他们做的“检查”，只能称作“删除”。

1979 年 3 月 26 日，案件的初审法官也指出，这个案子与“五角大楼案”不同，“五角大楼案”只是国家行政部门站在自己的立场上企图阻止新闻发布，而《进步》杂志这个案子，有国会已经通过的《原子能法》授权禁止。再说，相比之下，五角大楼文件案只牵涉到数年以前的“历史资料”，而本案则完全不同。

最后，法官还注意到了这个案子的巨大风险。他说，也许，从长久的意义来说，不自由，勿宁死。但是从眼前看，我们只有在拥有活下去的自由这个前提下，才有可能享受到言论自由、宗教自由、新闻自由等等。也就是说，把氢弹秘密“放出去”之后，没准大家连活得成活不成都成了问题。“如果作出一个反对美国的裁定，这一错误将为我们所有的人铺平通向热核毁灭的道路。在这个案子里，我们生的权利受到威胁，出版的权利变得可以商榷。”正因为如此，所以法官才“遗憾”地签下了这份预禁令。

正因为所涉事件的特殊性，所以我们才可以说，这是一起没有彻底赢家的官司，而是一起发人深思、令人回味的特殊官司，它在一定程度上既是一起典型的“用来检测有关事先审查违宪性的极限”的经典官司，又是一起影响深远的新闻官司!

第二观：新闻界在决定公众辩论所采取的形式时有无“禁区”

还是在这起官司的初审阶段，曾经有人向《进步》杂志的编辑克诺尔问了这样两个问题。第一个问题是，如果有个喝醉了的海军官员，把他第二天要出发攻打黎巴嫩的保密消息讲给你听了，你也发表吗?

对此，克诺尔给出了这样的回答，政府如果不向国会宣布就打算去参与战争，我当然要发表。

第二个问题是，如果你知道一个美国在国外的情报人员的名字，你也发表吗？

对这第二个问题，克诺尔说，那得看他在干什么了，如果这家伙以美国的名义，用着纳税人的钱，却在人家那里挖民主的墙脚，我当然要让每一个人都知道。

那么，如果这个人因为报道丢掉了性命呢？克诺尔回答，这是他的工作，情报人员要有被人家杀了的思想准备，这就和工伤的性质是一样的。

克诺尔的回答似乎说出了这样一个问题，在涉及公众利益方面，媒体的报道是完全放开的，不应该有什么限制。

不过说是这样说，但真正到了实施的时候可就不是这样了。甚至连美国最高法院的多数大法官，也不同意克诺尔的这种绝对自由主义的观点。

在很多美国人看来，新闻自由很重要，国家安全也很重要。而一旦遇到这二者冲突的情况，美国人也会很棘手，《进步》杂志和美国政府的这起官司可以说就揭示出了这种平衡新闻自由和国家安全二者之间的难度有多么大。

纵览尼尔诉明尼苏达州案、《纽约时报》诉美国政府案等一系列新闻官司，我们会发现这样一个普遍现象，在美国，政府很少与新闻界打官司。但是，一旦出现政府迫不得已非要去惹这个麻烦不可的时候，案子总是十分急迫，而且这些案子通常还会留下一大堆值得争议的问题。正如同五角大楼文件案中最高法院的两位大法官提出的那样，在如下情况下，也许政府可以以国家安全为由，预先限制新闻发表，即政府必须证明“这种发表将无可避免地，直接地，立刻地导致危害，这种危害必须类似威胁已经发航的运输船的安全”。

可是，这种难以量化的标准不可避免地会在实施中留下漏洞，从而也就会或多或少地影响到新闻自由的发挥空间。因此严格来说，即便在美国这样的国度，新闻界在决定公众辩论所采取的形式时，也是存在“禁区”的，只不过这个禁区可能只是比较小一些罢了。

把政府“拉下马”的媒体
——《纽约时报》诉美国政府案

/ 案件回顾 /

2012 年 9 月 29 日，阿瑟·奥克斯·苏兹贝格在位于美国纽约州南安普敦的家中病逝，终年 86 岁。苏兹贝格毕业于哥伦比亚大学，1963 年起执掌纽约时报，是这份报纸历史上最年轻的发行人。

在苏兹贝格的主持下，这家创刊于 1851 年的百年老报不仅获得了 31 项普利策奖，更以一次次行动捍卫了新闻自由，这些行动中值得一提的就包括我们下面要说的 1971 年将以尼克松为首的美国联邦政府告上法庭，并最终“击倒”了美国政府一案。

“神秘的”五角大楼文件

20 世纪 60 年代，美国卷入了越南战争，在整个越战期间，时任美国国防部长的麦克纳马拉参与了美国这一时期越南战争政策制定的全部过程。然而从 1967 年开始，麦克纳马拉对越南战争的激情开始消退。但此时，美国的战争机器已经处在了高速运转之中，想让它马上停下来，一时又难以做到。在这种情形下，麦克纳马拉想全面地检讨当前的政策到底是怎样形成和演变过来的。

如何检讨？这个麦克纳马拉胆子也是够大的，他竟然没有经过总统和国务卿的授权，私自在自己管辖的国防部内，成立了“越战历史专题组”，专门负责研究政府的越战政策。

在这个研究组织成立后，按照麦克纳马拉要“包罗万象并且客观”的要求，“越战历史专题组”开始全面收集美国几十年来对越南和印度政策的资料，并进行分类编辑汇总和研究。

在用了将近两年的时间后，“越战历史专题组”的几十名研究人员终于在 1969 年 6 月形成了最终报告。

这份名为《美国－越南关系，1945—1967：一份国防部预先研究》的最终报告长达 7000 页，被汇编成 47 卷。而这也就是后来引发了那场著名官司的“五角大楼文件”。

在这份《美国－越南关系，1945—1967：一份国防部预先研究》中，研究者们认为，美国的行政部门，几十年来策划和实施了一场在道义上站不住脚的战争。美国政府在越战初期就采取蒙蔽、欺骗公众的行径以获取人们对越战的支持，以后这些手段更是成了政府的家常便饭。

报告形成后，麦克纳马拉只印刷了 15 套，并且全部编号，列为国防部的最高机密。这 15 套“五角大楼文件”中的两套被送往国家档案馆，两套被送往国务院，两套被送往著名的民间智囊机构兰德公司，一套被送往国防部在加州圣莫尼卡的总部，还有一套被送往了国防部在首都华盛顿的分部。

被国家档案馆、国务院、国防部等地保存的“五角大楼文件”都安然无恙，然而被送往兰德公司的两套“五角大楼文件”却引出了后来的故事。

“小职员”引发的大麻烦

在五角大楼文件案中，丹尼尔·艾尔斯伯格是一个关键性人物，此人的作用不亚于后来水门事件中的深喉。如果说他跟深喉在身份上有什么区别的话，那最大的区别恐怕就是深喉是政府“体制内”的人，而丹尼尔·艾尔斯伯格则是长期工作在“体制外”的人，他的真实身份是民间智囊机构兰德公司的雇员，按照现在时髦的观点，此君乃民营公司一高学历博士“打工仔”。

但因为工作水平比较高，哈佛毕业的艾尔斯伯格在 1964 年作为哈佛校友被当时的助理国防部长约翰·麦克诺顿选中，进入了五角大楼，担任其特别助理。后来麦克纳马拉组建“越战历史专题组”的时候，艾尔斯伯格又进入了该机构。

但艾尔斯伯格有着和当时大多数五角大楼工作人员不一样的对越战的观点，他是坚定反对越战的主和派。其实早在 1965 年，艾尔斯伯格曾去越南实地考察过，这次考察改变了艾尔斯伯格对越南战争的看法。1967 年返回美国时，他变成了一位主和派。

还是在“越战历史专题组”工作期间，共和党的尼克松当选总统，尼克松上台后任命亨利·基辛格为国家安全顾问，基辛格上任伊始，便请兰德公司帮忙分析一下美国对越政策所有可能的选择。

在接到基辛格的任务后，兰德公司的领导向基辛格推荐了艾尔斯伯格。了解任务之后，艾尔斯伯格为基辛格起草了一份全方位的关于美国政府对越政策的可行性方案，该方案包括所有能够想到的可能性，这其中也包括艾尔斯伯格本人的想法，即美国必须争取通过和平谈判来结束越南问题。

但是后来艾尔斯伯格发现，基辛格把方案转交给美国国家安全委员会时，删去了其中从越南全部撤出这一子方案。艾尔斯伯格感觉，他的观点像泥牛入海，无声无息。

正在艾尔斯伯格苦恼的时候，五角大楼文件完工了，其中两套还被送到了兰德公司，而兰德公司则将其交由艾尔斯伯格保管。利用这个机会，艾尔斯伯格通读了整套文件。

在通读了这套文件后，受文件的影响，艾尔斯伯格的反战立场开始更多地集中在这场战争对越南和美国造成的人道灾难和社会问题方面。

艾尔斯伯格觉得自己应该有所动作了。首先他想到了国会这一管道，想通过在国会公开五角大楼文件，借助国会的力量促使政府改变对越政策，最终终结这场战争。

说干就干，艾尔斯伯格开始寻找国会里有可能听进他意见的人物。找来找去，他找到了时任参议院外交关系委员会主席的联邦参议员J.W. 富布莱特，这个富布莱特也是一个主张从越南撤军的议员。

但是思考再三后，富布莱特考虑到公开五角大楼文件涉嫌违法泄密，于是拒绝了艾尔斯伯格在国会公开这份文件的要求。

此路不通，怎么办？思前想后，艾尔斯伯格眼前一亮，想到了新闻媒体。思考再三后，艾尔斯伯格找到了纽约时报驻华盛顿分社的尼尔·希汉。

这个希汉是当时美国新闻界报道越战的一个著名记者，也是艾尔斯伯格在越南期间就相识的“老熟人”。在和希汉对接后，1971 年春天，艾尔斯伯格把几千页的五角大楼文件复印件交给了希汉。

希汉拿到秘密文件后，立刻汇报给纽约时报华盛顿分部主任，他们在确定了文件真实性和重要性后，上报给总编辑罗森塔尔。纽约时报很快组织了一个团队，全面分析文件，策划报道方式。但如此重大的事件，必须通过大老板——发行人苏兹贝格的首肯。

苏兹贝格召集了报社高层、编辑以及律师，商量秘密文件的发表事宜。外聘律师路易斯·洛布强烈反对，他指出，发布秘密文件，不仅涉嫌违反《间谍法》，还会违背报社明辨是非的传统。编辑们的看法截然相反，他们站在媒体人的立场上，相信宪法第一修正案会保护新闻自由，最高法院永远不会对报纸颁布强制令。

这次会后，苏兹贝格没有拿定主意，只是让罗森塔尔继续整理资料。作为老板，他平时极少干涉报纸的编辑工作，但这一次不同，事关纽约时报的前途，他不得不慎之又慎。

编辑们继续工作，他们在纽约一家希尔顿酒店租了房间，只允许一名女服务员进入。纽约时报的编辑们既担心艾尔斯伯格会将文件转手给竞争对手，使自己失去这个独家报道，又恐怕政府察觉，出面阻止文件的发表。

洛布还是反对发表文件，他在律师事务所的合伙人、曾在艾森豪威尔政府当司法部长的布劳内尔直接警告苏兹贝格，如果一意孤行地发表“五角大楼文件”，纽约时报相关成员将要面对的或许就是牢狱之灾。多年后，苏兹贝格回忆起此事时坦言：“他当时把我吓坏了。”

但苏兹贝格终究没有被吓住，他开始考虑要如何发表这些文件，因为他已经相信，如果因为惧怕而不发表这些文件，那将是纽约时报的耻辱。他说：“我们不是为了政府的利益写稿，而是为了读者，他们有权知道真相。”

罗森塔尔主张以连续报道的方式发表原文，让读者自行判断文件的真实与否。

当罗森塔尔打定这个主意后，苏兹贝格曾试图派人游说他改变初衷，采取引用的办法来进行报道，以免被扣上“叛国”的帽子。这位倔强的总编辑只有一句话：“没有原文就没有报道。”罗森塔尔甚至做了最坏的准备：一旦老板否决了他的想法，他就立即辞职。

1971 年 6 月 11 日，苏兹贝格在办公室，严肃地向罗森塔尔等人宣布：“我决定让你们用原文。”随后他停顿了一下说：“但不能报道。”罗森塔尔的脸色一下就变了，但马上就意识到，这是老板在同自己开玩笑。苏兹贝格留下了自己的“指示”：“我再次看了星期天将刊登的越南战争报道和文件，我授权以我看到的原型发表。”按照计划，《纽约时报》将连续十天，以每天六个版面的篇幅刊登“五角大楼文件”中的劲爆内容。

在第一篇报道发稿前，苏兹贝格在参加家庭聚餐时，不断接到办公室的电话。

家人们怀疑是不是要发生大事。苏兹贝格有些骄傲地小声对堂姐说：“明天我会做一件让全世界憎恨的事情。”他顿了一下又补充道：“不过这是应该做的。”

1971年6月13日，星期天，《纽约时报》开始连续刊载五角大楼文件。这一天的《纽约时报》的头条赫然在目：《越南战争档案：五角大楼研究跨越三十余载，追溯美国参战动机》。报纸出版后，并没有引起公众的特别关注，尼克松政府似乎处之泰然。原本紧张的苏兹贝格松了口气，带着家人飞往伦敦度假。

之所以选择在星期天刊登，这也是纽约时报的一种策略，因为周末政府官员都在家里，政府部门的反应就慢一拍。当然，《纽约时报》登载五角大楼文件后的当天，国防部立即就警觉起来了，可是它什么也做不了。因为，在美国，国防部是不能对国内的事务随便说三道四的。为了最大限度挽回“损失”，国防部只得通知司法部，告之利害，让司法部来对付这件事情。星期一下午，国防部给司法部送来一份关于五角大楼文件的备忘录。于是司法部立即研究是不是要采取法律行动。一场轰动一时的官司就此拉开了序幕。

/ 官司进程 /

第一个禁制令

1971年5月14日晚，美国司法部长米歇尔给纽约时报社发了一份电报，要求《纽约时报》停止发表这类文件，并把文件归还国防部。

这一消息在纽约时报闹翻了天。一些人认为，继续发表，后果将无法预见。另一些人担心，如果停止发表，就给公众以纽约时报屈服于政府压力的印象。

这时，总编罗森塔尔坚持由发行人苏兹贝格做发还是不发的决定。当时的苏兹贝格正在伦敦。接到电话后的苏兹贝格沉思良久，随即发出继续发表第三期的决定。

在得到发行人的许可后，《纽约时报》的编辑迅速起草了一个声明，发还给司法部，并且向公众发表。在声明中，纽约时报拒绝了司法部长的要求，并且相信民众对此系列报道中的资料的知情，是符合这个国家人民的利益的。

6月15日，星期二，《纽约时报》发表了希汉的系列报道第三期：越南档案———研究揭示约翰逊怎样秘密开辟通向地面战争的道路。

同时，纽约时报找来耶鲁的法律教授亚历山大·比盖尔作为律师，等待上庭。法庭辩论是简短的。司法部代表指控说，这样发表国防部秘密文件，会严重伤害美国的外交关系和国家利益，所以，至少法庭应该命令纽约时报稍微延迟发表五角大楼文件，等法庭进一步听证以后再决定。纽约时报代表比盖尔则反对这种说法，说这是一个经典的“预检”措施。在美国，对出版物内容作“预检”，是违法的。

法官发出了一个法庭禁制令，认为《纽约时报》延迟发表所可能带来的伤害，比不上继续发表秘密文件可能对美国政府造成的伤害。但是法官要求星期五上午再开庭听证。

新闻业的权利和政府的保密，两者之间如何平衡，这始终是一个问题。美国新闻制度的游戏规则是，如果媒体触犯法律，确实泄密而损害了国家利益，政府是可以起诉追求法律责任的，可是这必须是在媒体确实发表了违法泄密的东西以后。这是一种事后追诉惩罚的制度。但是政府不可以有禁止报纸发表消息的动作，即不可以搞“预检”。

《纽约时报》刊布的五角大楼文件的特点是系列报道，已经发表了一部分，还有一部分即将发表。司法部让法庭发布禁制令，来阻挡纽约时报继续公布政府秘密。这就相当于预检或预禁的措施。

联邦法庭法官古尔芬的禁制令，命令纽约时报暂停刊登五角大楼文件，等待进一步听证。于是，在 6 月 16 日星期三的《纽约时报》上，在原来计划刊登文件的地方换上了这条新闻：“应美国政府申请，法官下令《纽约时报》停止刊登越战文件，等待听证。”这个禁制令，是美国历史上的第一次，一份报纸在法庭命令下搁置发表一篇特定的文章。

媒体开始全面反击

虽然纽约时报暂停了连载五角大楼文件，但是这件事情在美国新闻界已然掀起了轩然大波。

在纽约时报连载五角大楼文件的几天里，最受震动的，恐怕就是纽约时报的竞争对手——华盛顿邮报了。但由于手里没有五角大楼文件，华盛顿邮报只能采取“二传手”的做法——尽早从美联社取得《纽约时报》的样报，然后把《纽约时报》发表的文件配上自己掌握的背景资料，加以改写。

在媒体圈之外的受众看来，这种做法也可以了。但在报业同行看来，这么做就等于承认了纽约时报的独家报道。华盛顿邮报的工作人员肯定是不甘心只这么做的。可是在没有得到文件的时候，他们又不得不这样做。就像华盛顿邮报的一位执行编辑不无夸张地形容："我们一边做，一边抱头痛哭。"

在纽约时报被迫停止连载五角大楼文件后，华盛顿邮报的巴迪在波士顿辗转找到了艾尔斯伯格，也拿到了五角大楼文件。

拿到文件后的华盛顿邮报也面临着一个法律问题，即纽约的联邦法庭已经对纽约时报发出了暂停发表的禁制令。如果华盛顿邮报坚持发表，可能被解释为对抗法律。但是反过来说，正因为有了这个禁制令，华盛顿邮报参与发表文件，就在捍卫新闻自由的抗争中，走到了前列。

6 月 18 日，星期五，华盛顿邮报发表了记者罗伯茨的报道，通栏大标题是"五角大楼文件披露美国在 54 年企图推迟越南选举"。在大标题上面是小字：系列报道第一期。

就在华盛顿邮报马不停蹄地准备第二期系列报道时的 6 月 18 日下午三点，华盛顿邮报执行总编布莱德利接到了司法部副部长兰奎斯特的电话。兰奎斯特的电话是传达司法部长的通知，其内容和语句一字不差地重复了几天前司法部给纽约时报的电报。布莱德利回答说，华盛顿邮报将照发不误。

于是，华盛顿邮报也卷入这场大官司。

在司法部将华盛顿邮报也告上法庭后，华盛顿邮报的律师克拉克请求法官，完全根据宪法第一修正案的新闻自由来做出决定。主审法官格赛尔退到他的法官室，45 分钟后回到法庭的格赛尔宣布：美国的历史支持宪法第一修正案保障的完全彻底的新闻自由。

一审败诉的美国司法部立即向联邦上诉法院上诉。等到上诉法院三位法官的来到后，辩论在晚上 9 点 45 分开始。辩论听证进行了 45 分钟。法官们要决定的是，是否应该推翻法官格赛尔的裁定，让司法部有机会在下级法庭的进一步听证上证明他们的理由。

就在法庭辩论中，新一期连载了"五角大楼文件"的《华盛顿邮报》送到街头。同时，美联社电讯稿也有了《华盛顿邮报》的样本。几分种之内，全美几百种报纸都可以得到这一文件。凌晨 1 点，法庭宣布，《华盛顿邮报》应该立即停止发表文件。

华盛顿邮报获得判决结果后立即向上诉法庭发出一个请求，要求法庭对"立即停止发表"的"立即"作出清晰的说明。由于第二期已经发行，法官们只好马上作出澄清，这个命令只适用于第二期以后要发表的报道。

表面上看，司法部暂时叫停了纽约时报和华盛顿邮报对五角大楼文件的刊登，但是由于事情已经被传得沸沸扬扬，举世皆知，此时的五角大楼文件就好比扩散的火星一样，已经在美国新闻界传播开来，政府部门再想扑灭已经不太可能了。

就在法庭禁止华盛顿邮报继续刊登的当天，波士顿环球报也得到了1700多页的“五角大楼文件”复印件，报社立即紧急动员记者，成立了突击专题组开始编辑报道。第一期连载报道在六小时之内就登上了报纸。

第二天早上五点，波士顿环球报社也接到美国司法部副部长电话，问是不是还会继续刊登连载，当然，报社的回答是肯定的。几个小时后，司法部长亲自打电话给主编。非常客气地说：“波士顿环球报是不是可以‘在自愿的基础上’，暂停发表五角大楼文件呢？”主编回答：“不。我们不能这样做。”司法部随即起诉波士顿环球报。波士顿的联邦地区法庭开庭。法官认为，鉴于发表“五角大楼文件”有潜在的危险，下令波士顿环球报把五角大楼文件交给法庭保管，在星期五法庭进一步听证以前，暂停发表。波士顿环球报大为震惊，因为对新闻界来说暴露资料来源是一件对名誉伤害极大的事情，他们到法庭据理力争。法官最后同意他们不交出来，但是命令他们把文件复印件放在银行保险柜里，并且只能两个主要负责人掌握钥匙。

就在当天傍晚，《芝加哥太阳时报》也开始刊登“五角大楼文件”。随后，位于波士顿的《基督教科学箴言报》以及其他十几家报纸都加入发表“五角大楼文件”的行列，从而使得“五角大楼文件”一案不再是纽约时报和华盛顿邮报对司法部的对峙，而是演变成了美国整个新闻界对政府的一场总体对抗。

官司打到了联邦上诉法院

就在美国司法部应接不暇的同时，司法部和《纽约时报》的官司还在打。法庭宣布了长达17页的判决：完全支持纽约时报。

在裁决书中，法官指出：政府没有提供令人信服的证据来证明这些文件会危及国家安全。《反间谍法》禁止传播国防情报，但是并没有把新闻报道包括在内，《反间谍法》根本就没有提到新闻报道。不过，法官仍然延长禁制令，给司法部一方有时间去上诉法院上诉。

在纽约的上诉法庭，司法部陈述：该案件其实就是一个“报纸得到了失窃的对国家防卫至关紧要的高度机密文件是不是就可以随心所欲地自由发表它们？”的问题，或者说“出于保护国家机密的目的，是否可以禁止报纸发表这样的军事和情报机密？”。而纽约时报则反驳说，报纸在第一修正案之下的特权高于国会，高于行政当局，也不受司法的剥夺。对此，司法部说，有国家就有机密，保护国家机密是政府的责任。他说，政府方面的证人已经证明，五角大楼文件中有一些信息是会危及国家安全的。

在上诉法庭的审理中，纽约时报递交了 83 页的陈述，用来证明政府方面的证人没有能够证明五角大楼文件里的任何部分是不可发表的。纽约时报还指出，《反间谍法》从来就只针对通常意义的间谍案，从来没有用于针对新闻和出版。并说以前有人想把《反间谍法》扩大到新闻界，都遭到了国会的拒绝，认为这是宪法所不能接受的。

到了法庭辩论阶段，司法部请求法庭明白，“五角大楼文件”是失窃的政府财产，是通过政府雇员的违法失信才来到纽约时报手里的。

纽约时报的形势似乎不太好，虽然最有力的武器说起来很简单：这是一件涉及宪法第一修正案的案件。但根据听证过程和法官们的态度，报社预感到此案裁决前景不妙。

果然，第二巡回法院的法官们根据他们对宪法及其修正案的理解，都不愿担当“预检”和压制媒体的事情，他们知道从理论上讲，在美国的法律传统下，新闻业是有特权的。消息到了报社手里，那就是报社的事情，政府要保密，只能自己看牢自己的文件。但是，他们从直觉出发，又觉得“五角大楼文件”是从政府那儿“偷”出来的，不比一般的消息。纽约的上诉法院最终达成一项妥协，8 位法官以 5 比 3 做出一项意见书，将案子退回重审，审查司法部一方提出的证据，以再次确定到底有没有发表了会危及国家安全的信息。在重审之前，禁止继续刊登的禁止令对纽约时报依然有效。而这实际上就等于肯定了禁制令。

这份巡回法院的判决意见书还说，到 6 月 25 日，纽约时报就可以随意发表五角大楼文件中除了司法部一方在法庭上列出禁止发表的内容以外的任何部分，但这个判决其实正是报社不能接受的。

因为按照这种判决就会出现这样的情况，当媒体得到一条新闻或一份内部消息的时候，需要遵循政府部门对此信息的保密分类，如果列为机密，你就不能发表了。在美国媒体看来，这种做法无疑就是一种“预先检查”，是完全违背了新闻自由精神的做法。

考虑再三，最后，纽约时报拒绝司法部提出的不可发表的清单。纽约时报公开声明：“有条件地发表新闻，我们不会这样做。”

于是，摆在纽约时报面前的道路只剩下了上诉至美国最高法院一条路了。

美国最高法院如何解决这个“烫手的山芋”

6月24日，纽约时报向联邦最高法院提出上诉，要求审查第二巡回法院上诉法院的裁决。几乎与此同时，司法部也向联邦最高法院上诉，要求推翻华盛顿的联邦上诉法院所做的司法部败诉的裁决。6月25日星期五最高法院宣布接受这两个上诉，两案并一案来做出裁定，“烫手的山芋”被拿到了最高法院的大法官面前。

最高法院的听证过程虽然不经电视或电台转播，却从来都是公开的，公众不论什么身份，都可以去旁听，174个旁听席，按照先来先占的原则分配。6月26日星期六早上6点，最高法院大楼前已经排了1500个人，他们都想有机会进去一睹这个历史场合。最想亲眼目睹这一历史场面的人，其实是此案的始作俑者艾尔斯伯格，可是这个时候他却还不能出席。他已经转入地下生活——联邦调查局在找他。不过，他认为，为了结束越战，为了改变国家的对越政策，坐牢是值得的。他只是在等待一个合适的时机出现在公众面前。

在最高法院出庭辩论的各方人士如下：

代表纽约时报的是比盖尔，代表华盛顿邮报的是格林顿，代表司法部的是美国总检察官格列斯沃特。

在书面陈述中，三方重复了他们各自在上诉法庭的理由。司法部陈述，现在司法部并不想要完全阻挡新闻界发表“五角大楼文件”，只要求法庭发布一个相当狭窄有限的禁制令。特别有意思的是，司法部第一次公开承认，保密分类是政府行政机构内部的事情，新闻界不受这种方面的约束，就算盖了保密章，报社也可以不管。并且，报纸是怎么弄到这些保密资料的，是偷来的还是拣来的，也跟报纸能不能发表没有关系。

但是司法部也指出，此案中涉及的文件，存在对国家造成巨大伤害的可能，所以，以往禁止对报纸实行预检，政府只能在报纸发表以后追求事后惩罚的规则对此案没有意义。因为事后即使政府寻求惩罚，对国家的伤害却已经造成。

而纽约时报的陈述则主要是根据宪法第一修正案对司法部的“事前约束”概念提出了强烈质疑。纽约时报认为，国会从来没有立法让行政分支有权用“事前约束”的办法来对付新闻界以防止新闻界泄露秘密。

在辩论中，纽约时报还指出：在新闻界和政府之间，政府是强大的，而新闻界只有宪法第一修正案所保证的力量。要保持这两者的平衡是不容易的。对新闻界的压制和削弱，最终必然伤害到宪法第一修正案。

至于另一家媒体华盛顿邮报，则在陈述中直截了当地指出司法部在此案进行中的立场和诉求不断在变，一开始甚至要引用《反间谍法》，而国会在 1950 年对《反间谍法》的修正案中，明确点明，不能用此法案来限制和预检新闻界。

美国最高法院的辩论是非常简短的，一般各方都只有半个小时的时间。因此听证在当天下午一点就结束了，然后大法官们将退到后面去作出他们的裁决。到第三天星期一，首席大法官宣布，原来按日程要闭庭休假的最高法院，现在无限期推迟，一直推迟到此案作出裁决的时候。在这一段时间里，国会开始有机会接触五角大楼文件，而全国其他的二十来家大小报纸用各种可能在披露五角大楼文件的内容，纽约时报和华盛顿邮报却在继续等待最高法院的裁决。

6 月 30 日下午 2 点半，最高法院宣布了最终裁决。除了一位大法官请假以外，最高法院的八位大法官在法官席上落座。

首席大法官伯格宣布最高法院 6 比 3 的裁决通过了一个没有经过签署的最高法院命令，宣布解除对纽约时报和华盛顿邮报发表“五角大楼文件”的禁制令。这在事实上就等于宣布纽约时报和华盛顿邮报击败政府获得了胜利。

这一结果在全美新闻界引起了难以言说的激动。不管各报在此之前有没有参与报道“五角大楼文件”，现在都为最高法院的裁决欢呼。即使是过去最胆小的报纸也开始刊登“五角大楼文件”，通栏大标题到处可见。

在纽约时报社，最高法院宣布最终结果的时候，新闻室里爆发出掌声和欢呼声，同事们互相拥抱，又跳又叫。纽约时报总编罗森塔尔说：“这是光荣的一天。我们赢了，我们赢得了发表的权利。”纽约时报在随后的记者招待会说，这是一个里程碑式的案件。随后，已经准备好的五角大楼文件系列报道开始继续刊登了。

在华盛顿邮报新闻室，等待最高法院公布裁决的时候，办公室一片寂静。只看到总编室的编辑帕特森从电报室冲出来，跳上桌子，向同事们大喊：“我们赢了！”顿时一片欢呼。7 月 1 日星期四的上午版，华盛顿邮报开始继续刊登“五角大楼文件”的系列报道。

/ 法眼观案 /

第一观：标榜史册的意见书

在此案中，美国最高法院并没有发出一份具体的裁决书，而是让每个大法官各自写下自己的意见，这样等于有了九篇意见书，其中六篇的意见是对新闻界有利的，而另外三篇是对政府的立场有利的或者是拒绝发表意见。

在这些意见书中，有这样几份产生了重要影响。

一份是布莱克大法官的意见，在这份意见书中，布莱克大法官写道：

> ……我相信只要这些报纸言论一刻受到限制，宪法第一修正案就受到了公然的、无需辩解的持续侵犯。而且，经过口头辩论后，我完全同意：基于我的同事道格拉斯和布伦南所陈述的理由，我们应该维持哥伦比亚巡回上诉法院的判决（美国的50个州、首都华盛顿特区同其境外领土被划分为13个审判区域，设有13个巡回上诉法院。其中11个巡回法院由数字命名，其余两个法院分别是哥伦比亚特区巡回上诉法院和美国联邦巡回上诉法院。巡回上诉法院主要裁定来自于其联邦司法管辖区内对于地方法院判决的上诉。在美国，联邦巡回上诉法院经常被看作为美国司法系统中最具有影响力的法院之一。因为巡回上诉法院具有创建判例及听取地区法院上诉的权责，所以巡回上诉法院对于美国司法有着极大的影响。此外，由于美国最高法院每年仅接受少于100个司法案件的上诉，因此大多数案件的终审判决均来自于美国巡回上诉法院），而驳回第二巡回上诉法院的判决。我的一些同事明显支持新闻出版有时应受管制这一观点，我对此感到遗憾。这种观点会把宪法第一修正案搞得乱七八糟。
>
> 美国政府在1789年颁布了这部宪法。随后在1791年又颁布了《权利法案》和宪法第一修正案。然而，在共和国建立182年后的今天，联邦法院第一次被要求支持下述观点：宪法第一修正案的实际意思与其文字表述相悖，它表明政府能够禁止出版对全国人民至关重要的时事新闻。
>
> 在针对这些报纸出版的禁令及其在法庭的陈述中，政府行政部门似乎已经忘记了宪法第一修正案的真正宗旨和历史。……麦迪逊以及其他宪法第一修正

案的制定者们是如此地能干，用他们认为绝对不会被误解的语言写下："国会不能制定任何法律以限制新闻出版自由……"宪法第一修正案的历史和表述都支持这一观点，那就是新闻界必须不受审查、禁令或预先约束的限制，能够自由地出版新闻，不论新闻的来源如何。

在宪法第一修正案中，制定者们给予了自由新闻界所必需的保护，使其在我们的民主体制中能够发挥核心作用。新闻界服务于被统治者，而非统治者。只有政府审查新闻界的权力被取消，新闻界才能永远自由地责难政府。只有新闻界受到保护，它才能揭露政府秘密，并告知公众。只有一个自由的、不受约束的新闻界才能够有效地揭露政府的欺骗行为。自由新闻界的一个最重要的职责就是防止政府的任何机构欺骗人民，并将人们派往偏远地方，使他们死于外来热病或外国人的枪弹。我认为《纽约时报》《华盛顿邮报》以及其他报纸不但不应该为他们的勇敢报道受到谴责，反而应该因为它们服务于制定者们清晰预见的宪法第一修正案的目的而受到赞扬。在对导致越战的政府行为的揭露报道中，这些报纸恰恰按照宪法创立者们希望并相信他们去做的方式做了。……

第二份意见书则是达格拉斯大法官的意见，意见如下：

尽管我同意法庭的意见，但是我认为还是有必要更全面地表述一下我的观点。

首先我想强调一下，宪法第一修正案规定：国会不能制定任何法律限制言论或新闻出版自由。我认为，这是完全反对政府对新闻界进行限制的。

而且，没有任何法令禁止《纽约时报》和《华盛顿邮报》出版它们得到的文件资料……

政府声称它具有与生俱来的权力，有权从法庭获取某一禁令以保护国家利益。在本案中，所谓的国家利益就是国家安全。

…………

宪法第一修正案的主要目的是阻止政府广泛压制令其尴尬的信息。我们都知道，颁布宪法第一修正案的目的是用以反对广泛应用的涉及煽动性诽谤的普通法。诽谤法的目的是对散发使掌权人感到窘迫的材料这一行为进行惩罚。我认为，此案将会作为历史上对此原则最有力的阐释而流传下去。针对越战中的情况，我们进行了大量的辩论。这些辩论提前暴露了目前这些文件的内容。后者与进行中的这一辩论紧密相关。

政府中的秘密基本上是反民主的、永久性的官僚错误。对公众事务的公开辩论和讨论对我们的国家安全至关重要。对于公共问题应该采取“不受约束的、活跃的、广泛公开的”辩论……

第三份则是大法官斯图尔特的意见，意见如下：

总统和政府有着的无可匹敌的强大权力，唯一能够约束他们的是获得充分信息的公民大众。所以，警觉的、无所不晓的、自由的新闻界本身，对实现宪法第一修正案的目的是最为重要的。……没有一个自由的、获得了充分信息的新闻界，就不可能有脱离蒙昧的人民。……

在九份意见书中，虽然也有三份是站在政府一边或者未置可否，但是就在最高法院的裁决一个星期后，伯格在对美国律师协会的讲话中说，在新闻界拥有宪法第一修正案保障的新闻自由这样一个基本问题上，最高法院其实没有分歧。

第二观：新闻预检制度的违宪性

在美国，政府部门没有任何理由可以预先阅读检查媒体的新闻内容，以决定其是否可以刊登。因为新闻预检制度是一种限制新闻自由的制度，是违反宪法的。

在经典的“尼尔诉明尼苏达州”一案中，联邦最高法院大法官认为，明尼苏达州的这项“如果报纸或杂志刊登了恶意中伤和诽谤的内容，可以由法院发出禁令禁止其继续出版”的法律是不违反宪法的。因为如果承认这项法律有效的话，就等于承认立法机关可以在任何时候将任何报刊告上法庭，要求他们证实其出版内容的真实性，表明其准备出版的内容和出版动机及立场。这实质上就是对新闻的事前限制，侵害了受宪法保护的出版自由权。

立国之初，美国的先贤们就确立了追求独立、自由和幸福的目标，而后为了保障言论自由不受政府的侵犯，立国先贤们又通过了第一修正案，它规定“不得制定”剥夺言论自由或出版自由的法律。言论自由在美国，是受宪法保护的优良传统。

现实中，美国立国先贤们和后来的法律精英一直担心政府的权力会侵犯个人的利益。所以必须给人民说话的权力，如果连发表意见的权力都没有了，政府胡作非为连批评的声音都没有了，这对一个国家来说是非常危险的。

在“五角大楼秘密文件”案中，法官们一番非常精彩的话也说到了这一点：

> 总统和政府有着的无可匹敌的强大权力，唯一能够约束他们的是获得充分信息的公民大众。所以，警觉的、无所不晓的、自由的新闻界本身，对实现宪法第一修正案的目的是最为重要的。
>
> 对纽约时报和华盛顿邮报的禁制令，每拖延一秒钟都是对宪法第一修正案的冒犯。美国的新闻自由，其目的是为被统治者服务，而不是为统治者服务。只有一个自由的、不受约束的新闻界，才能揭露政府的欺瞒。
>
> 发表五角大楼文件可能会造成很大的冲击，但是这不是对新闻界实行预先约束的理由。宪法第一修正案的首要目的是防止政府压制新闻界，约束信息流通。

正是因为有了宪法第一修正案的保护，五角大楼文件案才不至于成为政府滥用公权力侵犯媒体新闻自由权的典型案例，新闻自由也才更加为政府和公众所尊重、所认可。

媒体出席刑事审判时能做什么?
——里士满报业公司诉弗吉尼亚州案

公众出席刑事审判时的接近权问题是20世纪七八十年代美国媒体讨论的较为热烈的一个话题。在20世纪70年代时，最高法院虽然也审判过涉及该问题的案件，但当时的判决更多地将注意力放在了公开审判方面，有意或者无意地回避了接近权的问题。但是，到了1980年，当美国最高法院受理了“里士满报业公司诉弗吉尼亚州案”时，公众出席刑事审判的接近权问题最终获得了解决。

/案件回顾/

里士满报业公司诉弗吉尼亚州案涉及的接近权发生在刑事审判的环境中，而这个环境有许多特殊性，它的首要目的是保障被告人接受公正中立的审判，这就必须维持审判的秩序、庄严，以及陪审员的中立等等，而这些因素都会给接近权的成立带来变量。

一起凶杀案

1975年12月2日，大约下午6时，有人发现，弗吉尼亚州阿什兰一家公司的经理莉莲·艾玛·凯勒陈尸其公寓之内。现场发现，凯勒的尸体衣不蔽体，伤痕累累。

接到报案后，警方迅速来到了案发现场。在犯罪现场，警方发现了一个钱包，内有约翰·保罗·史蒂文森的驾驶证。

根据驾驶证上登记的地址，12月5日警方按图索骥，找到史蒂文森的住所。一名警察问史蒂文森夫人，她丈夫从阿什兰回家时穿的是什么衣服。她交给警察一堆物品，中间有一件沾有血迹的针织衬衣。检测表示，血液样本是ABO型，与受害人的血型一致，这是一种稀有的血型，在全体人口中只有4.7%的人是这种血型。

1976年3月16日，约翰·保罗·史蒂文森被正式指控谋杀了莉莲·艾玛·凯勒，审判安排在7月举行。

官司中的官司

1976年7月16日，地方法院裁决史蒂文森二级谋杀罪罪名成立。可是，1977年10月7日，弗吉尼亚州最高法院推翻了对史蒂文森的定罪，要求重新审判，该院认为，警方关于从史蒂文森夫人处提取的血衣这一证据系被非法采信的证据。

这是怎么回事呢？其实，这涉及英美刑事诉讼中一个重要的证据原则——禁止传闻证词原则。这一原则要求，凡是证人不是以自己对某事实的亲身感知为基础，而是依靠自己从别人那里听来的事实所作的陈述，就是传闻证词。英美法认为，这种证词通常最初是在法庭之外未经宣誓作出的，没有在公开法庭上经历交叉询问的检测，难以保证其真实性。为了确保提供给法庭的证词的可靠性，此类证词不能采信，应予排除。弗吉尼亚州最高法院就是认为，史蒂文森夫人提供衬衣的行为是一种非语言传播，其目的是证明衬衣是史蒂文森的，案发当天他正穿着。警察关于衬衣的证词不是第一手的，本质上是重述史蒂文森夫人的话，属于传闻证词，因此在法律上不能被采信。

接下来对史蒂文森的几次审判都非常不顺，波折不断。

在第二次审判中，一名陪审员称自己精神紧张，要求退出陪审团，一时间又找不到合适的人替代，主审法官只好在1978年3月30日宣告第二次审判无效。1978年6月6日，对史蒂文森的第三次审判也以无效而告终，这次是因为一名陪审员候选人把报纸关于史蒂文森此前受审的报道告诉了其他候选人。第四次审判定于1978年9月11日进行，里士满《新闻导报》和《时代快讯报》记者蒂莫西·B. 惠勒和凯文·麦卡锡也来到了庭审现场。在审判开始之前，辩护律师申请审判不公开举行，初审法官征询检方的意见，检察官表示不反对，由法庭自由裁量。于是，法官宣布："法律明确赋予我这项权力，应辩方申请，除了证人作证之外，各方不得进入审判室。"包括惠勒和麦卡锡在内，当时没有一人表示反对该项命令。

然而，事情在9月11日下午发生了变化。拥有《新闻导报》和《时报快讯报》的里士满报业公司申请举行听证会，要求撤销封闭令。法官批准了报业公司的申请，安排次日举行听证会。

/ 官司进程 /

驳回，驳回！

1978 年 9 月 12 日，就在里士满报业公司申请的听证会即将开始时，法庭作出了这样一个判决，听证会是审判的一部分，所以记者必须离开审判室。

在听证会上，里士满报业公司的律师主张，法官在发出封闭令之前没有作出任何事实性认定，也没有考虑采取其他温和措施来保护史蒂文森接受公正审判的权利。史蒂文森的辩护律师则认为，这已经是他第四次接受审判，他“不希望信息泄露出去”，更不愿媒体公开报道，然后被陪审员见到，再加上“当地是一个小地方”这个客观情况，这个案件适合闭门审判。

最终，初审法官驳回了里士满报业公司撤销封闭令的申请，命令第二天继续进行闭门审判，除了上述理由，初审法官还提出了这样一个理由：“在这个特定的审判室内，我们纳入考虑范围的诸多因素之一是审判室的面积大小。我想，在这个审判室容纳太多人会干扰陪审团。现在，某些人必须留在这个房间，可能那不是一个非常好的理由。当我们搬进新的审判大楼，人们可以坐在旁听室里面，这样陪审团就见不到他们。在那种情形下，法庭的规则或许迥然不同……”

在此后的闭门审判中，1978 年 9 月 12 日，法庭宣告史蒂文森无罪，允许其离开。最终，凯勒被杀案以史蒂文森获得自由告终，但是关于媒体进入审判室的争议并未完结。

1978 年 11 月 8 日，里士满报业公司向弗吉尼亚州最高法院申请执行职务令①和禁止令，同时提起上诉。

1979 年 7 月 9 日，弗吉尼亚州最高法院驳回执行职务令和禁止令申请，然后以原判不存在错判为由驳回上诉。

① 上级法院对私人、公司、市政当局或其官员、行政司法官员或下级法院发布的命令，要求其履行职责，或要求恢复原告被非法剥夺的权利或特权。执行职务令只是在特殊情况下发布，以纠正下级法院滥用权力或拒绝履行职责，不同于在正常诉讼情况下对下级法院错判的改判。

最高法院的判决

上诉失利的里士满报业公司进而通过上诉和申请调卷令两个渠道向美国最高法院“求救”。最终，最高法院受理了调卷令申请，最高法院认为，“本院没有上诉审管辖权，然而根据《美国法典》第 28 卷第 2103 条，提交的文件是调卷令申请，我们批准了该申请”。

最高法院最后给出了这样的判决，由于初审法官既没有认定支持封闭法庭的事实证据，也没有考虑采取其他限制性较小的措施。“说不出更重要的相反利益，刑事案件审判必须向公众开放。因此，推翻原判。”

判决书由首席大法官沃伦·E. 伯格代表美国最高法院撰写，大法官拜伦·R. 怀特和约翰·保罗·史蒂文斯联署。

针对此案，大法官约翰·保罗·史蒂文斯撰写了一份同意意见书。在意见书中，史蒂文斯强调说，“这是一起分水岭式的案件。直至今天，最高法院才事实上给予信息或思想的传播以绝对保护，在此之前它从未正面判决，获得有新闻价值的信息应受宪法保护。”

/ 法眼观案 /

第一观：“公开审判是我们自由民主政府的堡垒”

大法官布伦南在此案的同意意见书中从更为宏大的民主政治层面强调了审判公开的重要性，用其话说就是，“公开审判是我们的自由民主政府的堡垒”。

布伦南认为，习惯上，第一修正案保护的是说者和听者之间的自由传播，“但是，第一修正案所体现的，不是简单地为了自由表达而自由表达。它在建构和促进我们以自治政府为内容的共和制度上发挥着结构性作用”。这种结构性作用不仅体现在“关于公共问题的辩论应当是无拘束的、热烈的和开放的”，而且蕴藏于有意义的公共辩论——和其他公民行为一样——必须在了解情况之下进行。这其实是受了米克尔约翰思想的影响，后者认为，关于民众自治和自治政府的信息的传播应受绝对之保护，政府不得施加任何形式的限制。

在布伦南看来，审判的特性决定了它绝非只是一种司法活动，同时亦是一种自治政府的活动，“审判不仅仅是一种以公正的形式解决纠纷、保护权利的活动。它在整个司法过程中，广而言之，在我们的政府体系中，居于中枢的位置” 。

为什么说审判在政治体系中如此重要呢？主要原因就是在英美普通法中，法官不是纯粹的司法者和仲裁者，还是立法者，承担着解读与维护宪法权利的重要任务。同时，个案虽然发生在当事人之间，判决结果却可能影响到社会大众。“因此，审判……是一个真正的政府管理行为。”

布伦南精心论证“审判是一种政府管理行为”自有他的考虑。联系到上面所说的关于自治政府的信息应受绝对保护，可以体察到他的主要用意所在。因为如此一来，关于审判的信息，也就成为关于自治政府的信息，应当享受最大力度的保护。更不必说，公共舆论一直是被视作能够有效防止司法权滥用的“特殊力量”，因此，公众出席庭审的权利是美国政治制度中众多“监督和平衡”机制之一，从这个角度理解，审判的接近权作为自治政治体系之一部分，是不容丝毫剥夺的。

对本案，大法官波特·斯图尔特则撰写了一份带有保留意见的同意意见书，之所以说是带有保留意见就是因为，一方面斯图尔特承认，媒体记者和公众不仅可以自由地进入审判室，而且他们的在场还起到保障审判公正性的作用，但另一方面，斯图尔特也认为这种许可并不意味着，公众和媒体记者出席民事和刑事审判的第一修正案权利是绝对的。斯图尔特这个结论的得来比较顺畅，因为根据判例，言论、集会等第一修正案权利要受到法律规定的时间、地点、方式的限制，既然刑事审判接近权是第一修正案权利的一种，初审法官当然可以对审判接近权施加合理的限制。况且，有些时候的确会遇到审判室空间有限的客观情况，这时自然就会出现不是每一个想旁听庭审的人都可以进入审判室的情形了。

在甘尼特案中，美国最高法院曾否定了公众和媒体享有出席排除证据听证会的权利，当时大法官哈里·A. 布莱克门对此持不同意见。面对本案美国最高法院转而承认审判接近权，布莱克门张开双手表示欢迎。他表示，自己的这种喜悦来自两个方面：

其一，美国最高法院回溯了法律史并且依据史实确认了刑事审判的公开性。相反，布莱克门认为，在甘尼特案中，美国最高法院虽然提及了法律史，却未充分使用；

其二，美国最高法院部分纠正了甘尼特案判决的“不妥之处”。美国最高法院关于甘尼特案的判决表面上是根据第六修正案，公众不享有出席排除证据听证会的权利，却又多达12次地提到“支持封闭的判决适用于审判本身”（尽管是在附带意见中提出的），由此“在评论者和新闻记者中间造成认识混乱也就不足为怪了”。

不过在布莱克门眼里，本案判决依然存在令布莱克门不太满意的地方，他坚持认为，美国最高法院在本案回避第六修正案，只考虑第一修正案的做法。“这条路径荆棘密布。在这里，我再去解释为什么说这条路荆棘密布已属徒劳无功。我只需要指出，最高法院制定的封闭法庭的条件之性质和严格程度都充满了不确定性。”例如，判决书说的是需要“更重要的相反利益”，有的同意意见书说是“合理的限制”。总之，美国最高法院没有达成清晰统一的意见。

总之，布莱克门虽然同意推翻原判，判决公众享有审判的接近权，但是认为这种权利来自宪法第六修正案，而在本案中，美国最高法院是以第一修正案为依据得出的结论，在他看来，那不是一个最佳选择。

第二观：刑事接近权（审判公开）的“宪法内涵”

里士满报业公司案提出了一个重要问题，美国宪法是否规定了公众和新闻媒体参加刑事审判的权利。

这里我们需要指明的是，在美国，本案具有历史开创性意义，这是美国最高法院审理的第一起关于公众和媒体对于刑事审判接近权的案件。对此，大法官伯格写道：“到了本案（里士满案），第一次，最高法院被要求判断，当被告人提出申请而无人反对，同时又没有任何证据证明，为了保护该被告人的接受公正审判的权利，或者为了保护其他某种更重要迫切的利益，必须闭门审判，在这种情况下，刑事审判本身能否对公众关闭大门。”

参与本案审判的大法官伯格在本案中提到了一个比较新颖的观点，他把和平集会权与刑事审判接近权之间的关系做了一个梳理。伯格认为，宪法起草者在创制宪法之初，就不仅视和平集会权为一项独立权利，而且倚重其为保障其他第一修正案权利得以完全实现的促进因素。个中缘由就在于，人们在公共场所集会除了发表言论和采取行动，还要倾听、观察和学习。传统上，只要遵循法律关于时间、地点和方式等方面的规定，街旁、路边和公园等公共场所都可以举行集会。遵循伯格的思路，他似乎在说，出席刑事审判也是和平集会的一种特殊形式，“审判室也是公众场所，因此普通民众和媒体记者都有权进入，而且他们出现在审判室，在历史上被认为有助于增强审判活动的公正性和质量”。

经过这样的比较，实际上伯格的一个核心观点也就出来了，这就是：公众对于审判的接近权没有明文罗列在宪法之中，并不意味着这种权利不受宪法保护。事实上，当初《权利法案》在制定和诉诸各州表决通过之时，受到一部分宪法起草者的反对，其中一个理由就是认为以正面列举基本权利的方式会造成许多重要的权利由于不在列举范围之列而得不到充分保护。

对此，伯格认为，解决这一缺陷的办法在于，美国最高法院通过司法判例来确认，不在枚举范围之内的重要权利暗含在宪法明文规定的权利之中。刑事审判接近权便是这种情形，它不是特例，更不是唯一一例，其他的类似权利还有隐私权、迁徙权等等。

依照伯格所言："即使宪法没有明文规定，最高法院认为这些基本权利是行使明文规定的权利所不可或缺的。我们认为，出席刑事审判的权利暗含在第一修正案的规定之中；几个世纪以来民众一直享有出席审判的自由，没有这种自由，言论自由和新闻自由的重要内涵就不复存在了。"

为了进一步说明刑事审判接近权和宪法之间的关联，伯格的第一步是向历史寻求答案，在这份判决书中他几乎是写了一部英美刑事审判简明史。伯格介绍，诺曼征服之前，在英格兰，案件通常是由自由民参加的民会审理的，与今天的陪审团义务相类似，参加民会审案是自由民的法定义务，不能逃避。诺曼征服以后，自由民强制参加民会的义务松驰，可是审判仍是公开的，当时的法律虽然免除了特定人群强制参加的义务，却没有禁止他们参加。因此有专家认为："所有司法审判在公开法庭举行，人人可以自由参加，这是英国司法最为显著的特征之一……似乎从远古时代起，英格兰的审判一直如此。"

后来这种公开审判的传统也被移植到了北美殖民地，"例如，在弗吉尼亚，早期的刑事审判卷宗显示，审判是公开的，没有闭门审判的相关记录"。甚至，审判公开被明确地写进一些殖民地的基本法，独立以后又吸纳为州宪法的一部分。如1682年的《宾夕法尼亚政府纲领》就规定："所有法庭应当公开……"到了1776年该地宣布独立时，州宪法重申了审判公开原则。因此，伯格以为，历史证据雄辩地说明，在我们的宪法通过之初，无论是在英格兰还是在这里，刑事审判长久以来一直被推定为公开的。

有句哲言这样说道，存在即合理。然而，历史存在恐怕不足以证明现实存在的合理性。在叙述了审判公开的历史传统和法理基础之后，大法官伯格还必须分析审判公开的现实必要性，以证明审判公开“不是历史的奇思异想；恰好相反，它历来被认为是英美审判的一个不可缺少的特征”。

对现实必要性的分析伯格是从审判公开的功能切入的，伯格认为其有三个重要功能：

其一，有力地保障了公正。“17 世纪的霍尔和布莱克斯通都认识到了公开对于审判正常运作的重要性；它确保审判的公正进行，它阻止伪证、当事人的非法行为和基于秘密偏见或偏袒作出的判决。”

其二，具有社会治疗价值。“一起惊天大案发生，接踵而来的是社会的愤怒和抗议。在此之后，司法审判公开进行，能起到重要的预防作用，为社会的忧虑、敌意和情绪提供一个宣泄口。”反之，审判不公开，民众不知道应对犯罪的社会制度正在有效运作之中，就会诉诸个人寻仇报复。或许还会有人认为，只要判决结果公正，审判不公开也是可以接受的。伯格坚决反对该观点，伯格认为，秘密审判不可避免的缺陷在于，一旦判决的结果出人意料，公众会对司法产生怀疑，往好的方向想，人们会说司法制度失败了，往坏的方向则认为存在司法腐败。

其三，实施教育功能。伯格认为：“当刑事审判公开举行，（民众）至少是有机会既能从总体上理解该制度，又能了解该制度在具体案件中的运作。”换言之，出席庭审可以帮助民众了解司法制度，甚至学习法律知识。

伯格特地强调，公开审判要达到上述功能，媒体作为“公众的代表”在其中起到了不容忽视的作用，这是因为随着人口增长，社区规模扩大，经济社会生活纷繁复杂，民众不可能像过去那样总是亲自出席审判，获取第一手的认知，而是开始主动寻求媒体对此的报道。因此，“虽然媒体记者享有的接近权和公众一模一样，但是通常他们可以获得专门席位和优先进场，如此一来他们能够报道出席审判者的所见所闻”，而这样一来，自然也就在间接上满足了公众的接近权。

尽管审判公开是一个历史事实，但是此案的被告方弗吉尼亚州方面则坚持，宪法正文和《权利法案》无一处文字规定了公众的出席刑事审判的权利。

对弗吉尼亚州的这一说法，伯格回应说，诚然宪法没有正面规定公众的接近权，但是需要扭转思维去究问，宪法有否禁止政府（包括司法分支）驱逐公众离开刑事审判室呢？这要从第一修正案的本义说开去，它的表述是禁止政府剥夺民众的表达自由、和平集会权和请愿权，这些不可剥夺的权利有一个共同的核心价值——保障关于政府运作的信息的自由传播。显然，组织刑事审判是政府（司法分支）的一个重要职能，审判信息的自由流通是第一修正案的“核心保护区”。现在纠结的是，第一修正案的这种“禁止政府做什么”的被动性保护，在实践上能否扩张为“允许公民做什么”的主动性确权？

对这一疑问，伯格认为是可以的，“关于诸如言论自由或新闻自由等条款，第一修正案可以被解读为保护民众出席审判的权利，只有这样，那些条款才有意义”。

实际上，美国最高法院在此前的判例中已经对第一修正案进行了扩张式解读，例如在“波士顿第一国民银行诉贝洛蒂案”中，最高法院就作出了“第一修正案超越了保护媒体和保护个人的自我表达，发展到了禁止政府封锁公众想获得的信息”的说明，在“克兰丁斯特诉曼德尔案”中，最高法院判决，第一修正案权利包括“获知信息和思想”的权利。

正是有了上述判决，所以伯格认为，放在审判这一语境中，上述判决的涵义是“第一修正案禁止政府一味地关闭审判室的大门，在该修正案通过时这扇大门长久以来一直是向公众开放的”。

仔细思考伯格的这些说法，我们会发现，伯格的这种扩张解读是有道理的，原因很简单，没有寻找、采访新闻的自由，新闻自由无从谈起；没有出席审判的自由，报道审判活动的自由也无从谈起。“如果像本案这样，（司法机构）武断地禁止公众出席审判，那么宪法明文规定的发表和报道审判活动的权利就名存实亡了。”所以，从这一角度看，刑事审判接近权（公开审判）其实原本就是美国宪法保障公民权利的应有之义。

第四部分
百姓的“事”不好报

老百姓的“诽谤”官司打赢了
——盖茨诉罗伯特·韦尔奇公司案

《纽约时报》诉沙利文案为媒体批评公众人物扫清了障碍，不过，俗话说物极必反，宽松的社会和法律环境使媒体在报道公众人物和公共事件时的确放心大胆了许多，但也随之带来了新的问题，一些自律性较差的媒体开始滥用宪法赋予的这一特权，甚至出现了逐渐将这一特权扩展到了对普通人的报道方面，结果此举引发了民众新的担忧，老百姓的诽谤官司还能不能打？

这一疑问在 1974 年的盖茨诉罗伯特·韦尔奇公司案中获得了答案。

/ 案件回顾 /

1969 年芝加哥一位叫盖茨的律师兼法学教授无意中卷入了一场官司，按照眼下时髦的说法，就是“被打官司”了。

由于初审败诉，身为律师的盖茨为了自身名誉一直把官司打到了美国最高法院，并在 1974 年胜诉，他的胜诉被媒体界称为是美国最高法院进一步界定《纽约时报》诉沙利文案判决结果的经典案例。

此案使美国最高法院对媒体报道的“公益标准”做出了反思调整，进一步清晰地划定了“公共人物”与“私人”两个领域。

打到律师自己身上的官司

1968 年，一个叫努乔的芝加哥警察枪杀了一位叫纳尔逊的年轻人。努乔被逮捕后由于事实清楚、证据确凿，州法院根据所掌握的证据、事实，很快做出判决，认为二级谋杀罪名①成立。在官司的审理过程中，被害人纳尔逊的家属聘请盖茨担任代理律师，在审判环节，盖茨还代表被害人家属向努乔提出了损害赔偿的民事诉讼。

可以说在这起看起来比较普通的官司中，盖茨扮演的只是正常的律师角色，所做的也是一个律师本分之内的工作。同时在审判中，盖茨也没有和新闻界讨论过杀人者努乔，更没有在刑事审判程序中扮演任何角色，但是没想到《美国舆论》杂志上一题为《阴谋：理查德·努乔与向警察开战》的涉案报道却把案件中盖茨描绘成了一名“列宁主义分子”，一个“共产党的头面人物”，而且还是“工业民主马克思主义联盟的官员”，倡导暴力夺取政权，在努乔的官司中，盖茨有意陷害被控警察，其目的是为了摧毁当地的司法机关。

报道中的这些无中生有的言论不但使盖茨的律师业务大受影响，而且还对其声誉造成了不良影响。迫不得已之下，盖茨只好也拿起了法律武器为自身讨个清白，将出版该杂志的罗伯特·韦尔奇出版社告上了法庭，向出版社提出了 50 万美元的名誉赔偿。没成想，这官司一打就是 6 年，直到 1974 年才尘埃落定。

成为导火索的《美国舆论》

作为举世公认的杂志王国，美国的杂志五花八门，种类众多，有 17000 多种。可以说种类繁多的杂志已经成了美国人日常生活的一个重要组成。根据媒体评测研究有限公司的调查，美国八成以上（81%）的家庭每年至少订阅或购买一种杂志，85% 的 18 岁以上的成年人喜欢阅读杂志。可见，杂志在这个国家的影响力之大。

本案中所牵涉到的《美国舆论》这本杂志就是美国众多杂志中的一种。该杂志由罗伯特·韦尔奇出版公司出版。在麦卡锡主义盛行的 20 世纪 50 年代，罗伯特·韦尔奇出版公司就和一家名为约翰·布里奇社团的极右翼组织关系密切，而《美国舆论》就是代表这家极右翼组织的一本月刊。早在这起官司之前，该杂志就大肆宣扬一种观点，在美国社会的部分人中存在着一个全国性的大阴谋，这个大阴谋旨在败坏美国地方执法机关的名誉，以建立起能够支持共产主义统治的全国警察力量。为了让读者信服这一观点，《美国舆论》还专门委托专业作者来写作这方面的警告性文章。

---

① 美国的法律中，根据犯罪人主观杀人的故意程度，分为一级和二级，一级谋杀罪是直接追求被害人死亡的心理态度，通常是有预谋的。二级谋杀罪则是指有杀人的故意（这里是指行为人本身对其杀人行为有认知，而不是指一般所谓的“想要”那种故意），而其杀人行为并非经预谋或计划，且非出于义愤者，也就是说犯罪者有过失的部分在里边，不是特别积极地追求被害人死亡。

警察努乔枪杀纳尔逊一案出现后，该杂志便找人写作了那篇引起了盖茨起诉的文章《阴谋：理查德·努乔与向警察开战》，而该文的主要论点就是官司中针对努乔犯罪审判的证词都是错误的，对努乔的指控是反对警察的共产主义运动的一部分。

也许，如果盖茨是官员或者公众人物的话，可能官司也就无从谈起，但这个盖茨恰恰就是“平头”老百姓一个，要官没官，要名气没名气，因此，气愤不过的盖茨愤然起诉了《美国舆论》所属的罗伯特·韦尔奇出版公司。

/ 官司进程 /

《纽约时报》诉沙利文案的判例被用上了

盖茨起诉后，作为被告的罗伯特·韦尔奇出版公司在初审法院提出了一个简易判决的预审动议[①]，认为宪法赋予了其免于对诽谤全责的权利。

在罗伯特·韦尔奇出版公司提出的动议中，罗伯特·韦尔奇出版公司宣称上诉人（即盖茨）是公共官员或公众人物，而引起争议的《阴谋：理查德·努乔与向警察开战》这篇文章又关乎公众利益，因此，他们有权调用在《纽约时报》诉沙利文一案中清楚阐述的特权。

根据动议，罗伯特·韦尔奇出版公司是不承担责任的，除非作为原告的盖茨能证明他说的那些诽谤性错误言论的出版是带有“实际恶意”的，也就是在故意的或不计后果地漠视真伪的情况下发表。

---

① 又名即决判决，该判决方式起源于英国 1855 年《票据交易法案》，该法案允许根据某些类型的商业证书提出请求以加快债务的执行，后在美国联邦法院和州法院扩大到可适用于除某些侵权案件和违背婚约的诉讼案件之外的几乎所有普通法案件。该判决可以不经过全部的诉讼程序而作出判决。即决判决适用于陪审团审判和非陪审团审判的案件，即决判决可以说是对陪审团权利进行控制和限制的司法方法。即决判决具有三个功能：第一，简化诉讼程序，加快诉讼进程。即决判决避免了开庭审理程序对时间和费用的浪费。第二，促使当事人补充诉讼文件，及时解决纠纷。诉讼程序开始后，有的当事人为拖延诉讼、维持既得利益，不惜隐藏证据，消极抗辩。在此情况下，对方当事人可以通过提出即决判决的动议，迫使其披露其他证据，积极抗辩。因为非动议方要使法官相信案件存在实质性的争点就必须通过宣誓书和其他证据加以证明。第三，通过迅速的判决，保障当事人的合法权益。即决判决具有中间判决的性质，即使对于损害赔偿的数额存在真正的争点，也可以仅对责任的划分作出即决判决。同时，即决判决可以对全部或也可以仅对部分案件作出判决。

最终，芝加哥地方法院作出了裁决，虽然上诉人不是政府官员或公众人物，但是《纽约时报》标准适用于本案。地方法院接受被告罗伯特·韦尔奇出版公司的主张，也即宪法第一修正案赋予公众的保护人们讨论任何公众问题的特权。在地方法院败诉后，盖茨又提起了上诉，但上述法院也以盖茨无法证明被告有“真正的恶意”为由，根据纽约时报案的先例判决盖茨败诉。

最高法院会推翻原判吗？

1974 年，费尽周折后，盖茨的官司打到了美国最高法院。

经过激烈的辩论，最高法院的 9 位大法官最终以 5 比 4 的投票结果推翻了上诉法院的裁决，作出了“推翻原判，发回重审”的最终裁决。

由大法官鲍威尔发表的法庭意见中说，为界定诽谤法律与宪法第一修正案所保护的言论和新闻出版自由之间的合理界限，本法庭已经斗争了将近十年。带着这一目的，我们重新回到了对这一问题的探讨中。我们准予复审此案，重新考虑出版商的宪法特权对公民个人的诽谤应负何种程度的责任。

鲍威尔认为，本案中的首要问题是，报纸或广播公司发表了关于个人的诋毁性错误言论，而涉及的对象既非政府官员又非公众人物，在此情况下，报纸或广播公司是否能够享有宪法特权，免于对这些诽谤言论所造成的伤害承担责任。

对于被告罗伯特·韦尔奇出版公司提出的盖茨可以被认定为政府官员或公众人物，最高法院作出了这样的答复：

> 几乎没有任何理由能让我们将上诉人看作是政府官员。虽然在此案发生的几年前，上诉人曾接受芝加哥市长的任命，在住房委员会中短暂任职，但是在那篇文章发表时，他没有担任任何有酬劳的政府公职。……
>
> 在这样的背景下，上诉人显然不是一个公共人物。他在（纳尔逊）死因调查中的作用微乎其微，他参与的仅是以其作为当事人代表相关的活动。他在努乔警官的刑事审判中不起任何作用。而且，他从没有与新闻界讨论过任何的刑事或民事诉讼，新闻界也从未报道过他参与过类似讨论。他从未将自己置于这起公众问题的漩涡中，也从未试图吸引公众的注意，以影响事件的结果。……
>
> 因此，我们判定，《纽约时报》的判例标准不适用于本案，初审法院作出的有利于被告的判决是错误的。

/ 法眼观案 /

第一观：对纽约时报案的适用原则作了限制

在本案中，鲍威尔大法官宣读的最高法院多数意见认为，盖茨案涉及的问题的确是公众关注的问题，但不足以构成被告理所当然地获得宪法的保护。纽约时报案的原则及后来的延伸是正确的，但“在仅涉及出版和广播媒体利益时，它们并不能成为免除责任的理由。而且，我们相信纽约时报案原则表明，即使在公众人物提出的诽谤案中，也存在一个第一修正案的保护与各州有限权益之间的协调问题”。

该案实际上对纽约时报案的适用原则作了重大限制，裁定纽约时报案的判决不适用于老百姓寻求赔偿的诽谤案，即使被指控为诽谤的事件涉及“公共关注”的事情。

正如同鲍威尔大法官在多数意见中所写，纽约时报案所确立的判决标准针对公众人物受到诽谤的情况，界定了宪法保护的不同程度……对个人名誉损害赔偿方面的州利益，要求我们根据个人情况的不同，采用不同的法律原则。

此外，对纽约时报案中提到的“实际恶意”原则，最高法院认为：

> 我们对涉及普通人的诽谤案件中的价值冲突的处理，避免了提供纽约时报案判例原则所要求的“实际恶意”证据，而只需提供更为宽松的证据，就能对出版商和广播公司的诽谤言论施加责任判罚。……
>
> 基于对普通人的名誉损害进行赔偿这一有力合法的州利益，我们表示赞同。但是，这种补偿性州利益仅止于赔偿实际损失。……我们认为，如果不存在明知故犯或不计后果地漠视真伪的情况，州不得作出任何假设性损害或惩罚性损害赔偿的判决。而如果私人原告要求法院对诽谤者处以罚款，则原告必须提出“实际恶意”的证据。同时，“有必要将赔偿范围限于原告的实际损失。……尽管无需对损害确定实际金额，但所有的赔偿都必须有充分的证据来证明确实遭受了损失”。

第二观：在诽谤诉讼中要区分公、私两类原告

在本案中，最高法院还明确提出“在诽谤案中要区分公、私两类原告，除了考虑到普通人缺乏有效的驳斥机会之外，还有更为重要的法律规范上的考虑。一个决

定谋取政府职位的人，必须接受参与公共事务所带来的某些必然后果。他在诉讼中要比不是政府官员的人接受更多的、来自公众的严格审查。而且，公众对政府官员的兴趣并不仅仅局限于其正式履行的职责方面”。

那么对公共人物与普通百姓又该作何区分？也就是如何把这个“公”和“私”区分清楚呢？

对此最高法院以盖茨为例指出，虽然盖茨是一位出色的律师，在民权领域和法学界颇有声望，但并没有到达众所周知的地步，“我们不能轻易就认定，一位公民参加社区和专业领域的事务就可以随便说他是公众人物”，因此，盖茨这样的人物算不上公众人物。在现实生活中，成为公众人物的人大多数都在社会事务中担当了非常突出的角色，在社会上有着较大的影响力，而且这些人又往往会把自己放入特定的公共论争的最前沿，以影响有关问题的解决。正因为如此，这些公众人物招来大量的关注和评论也是情理之中。

在最高法院看来，由于公众人物的特殊性，大众传媒是可以假定政府官员和公众人物自愿将自己置于遭受诽谤损害的风险中，进而大众传媒有权根据这一假定行事。那么对普通老百姓媒体能不能也这样假定呢？

当然不能！美国最高法院在盖茨一案的判决中明确指出，上述这些对普通老百姓都不成立。普通老百姓并没有接受政府职位，或假定“扮演什么有影响力的社会角色”。普通老百姓从来没有放弃任何捍卫自己良好声誉的利益，因此绝对有资格要求法庭对其因诽谤性的错误言论所遭受的损害给予赔偿。所以说，普通老百姓不仅比政府官员和公众人物更容易受到伤害，他们也更应该获得赔偿。

最高法院的上述意见实际上说出了在面对诽谤时，普通老百姓的困境。在世界各国，普通老百姓很少成为媒体的“座上宾”，也没有什么渠道接触媒体，因此很难有效地对诽谤进行反击，所以也就更容易受到诽谤言论的伤害，因此，普通老百姓比官员和公众人物更有权利获得补偿。

为了维护这最大多数群体的利益，最高法院不但明确区分了什么是“公”，什么是“私”，而且对这部分“私”还大开诽谤诉讼的“绿灯”。普通老百姓面临诽谤需要打官司时，只要出示媒体的诽谤材料，不用满足“实际恶意”的标准，就可以根据各州的普通法要求法院来为自己恢复名誉，并对其实际遭受的伤害给予一定补偿。

在经过《纽约时报》诉沙利文案等若干次影响深远的官司的历练后，美国司法界探索出了把诽谤诉讼区分成不同的类型，每一类型区别对待的审判原则，这些类型包括：

第一类：原告为公共官员或公众人物，言论涉及公共事务，原告必须证明言论失实，且被告对失实言论具有实际恶意，方能赔偿。

第二类：原告为普通老百姓，言论涉及公共事务，宪法仍优先于普通法，但其优势程度弱于第一类情况，各州可自行采纳严格责任以外的其他适当归责原则，多数州采用过失原则。但原告若请求推定赔偿或惩罚性赔偿，必须证明被告有实际恶意。

第三类：原告是普通老百姓，言论不涉及公共事务，原告不需要证明实际恶意，即可请求推定赔偿或惩罚性赔偿。但此类案件是否恢复普通法中严格责任原则的效力，尚有疑问。

除了以上三种类别之外，如果现实中出现原告虽然是公共人物，但其言论涉及的却是完全的私人事务，那么此时的诽谤诉讼归入哪一类别呢？遗憾的是，最高法院却没能给出清晰的答案。

之所以对诽谤类官司建立起了划分类型、区别对待，分别审判的办法，美国最高法院主要是考虑到了如下原因：

第一，划分类型、区别对待的主要目的是为了协调好言论自由和个人名誉权二者的关系。在美国，言论自由固然是民主政治必不可少的重要组成，但个人名誉也事关个人尊严，也属于个人自由的重要组成，因此才出现了斯图尔特大法官所说的："根据美国宪法《第九修正案》和《第十修正案》，个人人格，与生命一道，主要留由各州自行保护。但这并不意味着美国最高法院对于此项作为我国宪政体系之基础的权利给予较少的保护。"

第二，在公共官员和公众人物提起的诉讼诽谤中，一定程度上要优先保障言论自由。但并不是说个人的名誉权就不受保护，之所以做出这样的规定，主要是考虑到最大多数公众的公共利益必须透过言论自由来保护。根据美国的"监督理论"和"民主自治理论"，言论自由是监督公权力运行、避免政府腐败、促进公民自治的关键。公共官员作为公权力的行使者，自愿介入了公共事务，因此他们理应预计到，作为公共事务的重要参与者或者决定者，必定会受到公众的关注和讨论，所以对名誉风险这些官员应做好预期并能够承担起来。至于公众人物，虽然不行使公权力，但他们的地位也较为特殊，经常会主动卷入到一些公共争议之中，并且会使社会公众对他们的一举一动产生浓厚兴趣，所以对他们进行的言论自然也应该受到宪法的优先保护，换言之，这部分人像政府官员一样，也得主动损失一部分个人的名誉权。

第三，美国最高法院给予言论自由一定的倾斜性保护并不等于允许、鼓励那些诽谤性的失实言论，而是由于有些事实在报道时还有着不明确性，媒体难免在报道中会犯一些错误，在这种情况下，为了确保社会对有关公共事务能自由讨论而采取的无奈的做法。对此，美国最高法院的鲍威尔大法官在本案中强调，“错误的事实陈述没有宪法价值。不论是蓄意的谎言还是疏忽的错误，都不能促进社会利益，也无助于公众就公共议题开展‘不受拘束、充满活力、完全开放’的讨论”。然而，不得不承认的是，错误陈述在自由讨论中无法避免，如果要求陈述完全属实，将会导致陈述者自我审查的出现，继而导致公共讨论的猥琐，这是不利于言论自由的发展的。所以，为了给言论自由留下“呼吸的空间”，才不得已容忍自由讨论中不可避免出现的那些诚实的错误。

第四，美国最高法院在应用针对公共人物的“实际恶意”原则时也并非就完全牺牲了个人的名誉权。在美国，人们认为各种意见在言论的“公开市场”中自由讨论有助于矫正虚假言论，理清真实言论。据此，最高法院也就形成了这样的意见，在意见的自由市场上通过自主澄清事实，比通过诉讼获得救济更符合宪法第一修正案的精神。在这种社会现实条件下，自然也就出现了这样的一种做法，“诽谤受害者的首要救济是自助——使用种种可能的机会来反驳谎言或纠正错误，将诽谤言论的不利影响降至最小。公共官员和公众人物通常比普通人更容易利用有效的传播渠道，比普通个人有更多的机会反驳虚假陈述”。

第五，在涉及普通老百姓的诽谤诉讼中，美国各州拥有保护个人名誉的更大的权益。尤其是引起诉讼的言论又是完全指向私人，其内容和公共利益不相干时，美国最高法院认为此时应该首先考量个人名誉的保护，因此在此类诉讼中也就采取了有利于普通百姓的审理原则。

虽然对于普通个人和公共人物有了较明确的划分，但我们也应看到，直到今天，美国法律界对公众人物、公共问题、公共争议等仍存在着相当大的争议，这在一定程度上也让诽谤官司在审理中面临着复杂的情况。同时，对于媒体工人的“实际恶意”原则，社会上也不乏很多批评之声，很多人认为，这一原则过度纵容媒体，是导致媒体从业人员道德滑坡的一个重要原因。总之，在美国这个多元社会，时至今日，对诽谤法、对“实际恶意”的争论依然普遍存在着，这也是为什么很多此类官司最终的判决结果并不一致的一个重要原因。

脏话可以偶尔说，猥亵内容不能有！
——FCC 诉帕斯菲卡基金会案及四大广播公司诉 FCC 案

在美国办报纸就好比开设一家便利店一样容易，但是如果有人想自告奋勇地要开办一家电视台或者广播台，那么这个可能就有点难了。难在哪里呢？他首先得拿到一个“准生证”才可以，那么这个“准生证”是谁在审批呢？这就涉及到了一个叫联邦通讯委员会的政府机构。

美国联邦通讯委员会简称 FCC（Federal Communications Commission），这是一家独立的政府机构，直接对美国国会负责。其前身是 1927 年根据《无线电法》设立的联邦无线电广播委员会。1934 年，伴随着《通讯法》的通过及广播事业的快速发展，联邦无线电广播委员会“升级”成了今天的联邦通讯委员会。

“升级”后联邦通讯委员会的主要职责是“管理通过电报和无线电通讯进行的洲际间和对外商业通讯，为了国防的目的，为了通过使用电报和无线电通讯来加强生活和财产安全的目的，尽可能广泛地向全体美国人民提供价格合理、设备充足、迅捷、高效、全国范围和世界范围的有线和无线电通讯服务……”，委员会在履行上述职责时必须遵守“公共利益、便利和必要性”的要求。

但即便对这样一个“位高权重”的“上司”，美国的很多广播台、电视台也“不买账”，甚至围绕内容管理等敏感领域，不惜一再地与这个“顶头上司”对簿公堂。下面这几起官司可以说就是 FCC 打过的许许多多的官司中颇有代表性的几起。

/ 案件回顾 /

联邦通讯委员会诉帕斯菲卡基金会案

20 世纪 70 年代的一个下午，著名的讽刺幽默大师乔治·卡林在加利福尼亚剧院做了一场时长 12 分钟，题为“肮脏词汇”的脱口秀节目，节目中，他向观众介绍了 7 个不能在包括广播在内的大众化电子媒体中说的词汇，为了更好地向观众说明这 7 个词为什么不能说，乔治·卡林就不止一次地提到了这 7 个词。

后来这档脱口秀节目被帕斯菲卡基金会下属的广播电台经过编辑后播了出去。为了告知听众这些节目中包含不好的语言，可能冒犯听众，因此广播台在节目播出前就播放了提示。但不巧的是，当时一位开车的家长正好在提示播放后才打开的广播，而且在他的旁边又坐着自己未成年的孩子，所以，听到节目的内容后，这位家长深感不满，于是向美国联邦通讯委员会提出了控告。

联邦通讯委员会在 1934 年成立之初恰逢广播也突飞猛进发展的时期，因此便担负起了对广播（包括后来的电视）实施管制的职责。由于政府意识到广播电视对社会的影响很大，尤其是对青少年的影响更大，因此联邦通讯委员会也应该担负起对节目内容的管制，以防止儿童接触猥亵或不体面的节目。而前面我们说的这起“肮脏词汇”的脱口秀节目恰恰违背了《1934 年通讯法》中赋予联邦通讯委员会内容管理方面的要禁止淫秽、猥亵、下流、亵渎的内容在广播中传播的条款，加之又涉及未成年人，因此这一投诉很快就引起了联邦通讯委员会的重视。

经过调查后，联邦通讯委员会根据有关规定对播放“肮脏词汇”的电台进行了口头处罚，并警告，一旦再接到这样的申诉，有可能考虑对电台实行制裁。

这家隶属帕斯菲卡基金会的广播电台不服从联邦通讯委员会的处罚，于是该电台以联邦通讯委员会的处罚违反了宪法第一修正案为由向法院提起了上诉，最终这起由节目内容引发的官司一直打到了最高法院。

四大广播公司诉联邦通讯委员会案

作为世界娱乐行业的巨鳄之一，福克斯娱乐集团包括福克斯广播公司以及其下属的 29 家电视台组成的电视网络；在这些电视台中福克斯电视台是影响力比较大的一家，该电视台的年度流行音乐排行榜节目更是颇有人气。

2002年和2003年的年度流行音乐排行榜颁奖典礼上出现了两次小插曲——两位歌星在典礼上口出粗言，说了脏话。因为脏话被电视播了出去，因此，美国联邦通讯委员会对福克斯电视台做出了罚款的惩罚。

几乎就在同一时期，著名的美国广播公司在黄金时段播放的一个电视连续剧《纽约重案组》中出现了女性裸体镜头。过去，联邦通讯委员会对偶尔出现的裸体镜头采取比较宽松的政策，只有在这类情况再度发生时才施以罚款。但这次，针对美国广播公司在电视剧中出现裸体镜头的“错误”，联邦通讯委员会直接做出了罚款的决定。并且还针对福克斯电视台和美国广播公司的上述事件专门规定，即使是短暂的脏话和裸体镜头，也会因有伤风化而受到罚款。

如果仅仅处罚了两家电视台可能还不至于引发“连锁反应”，但接下来联邦通讯委员会却一口气征收了360万美元的巨额罚金。这笔巨额罚金涉及111个电视台，联邦通讯委员会指控说，这些电视台在2004年播发了一段哥伦比亚公司制作的《寻人密探组》（Without a Trace）中的情节，节目中描述了一群少年的纵酒狂欢。

那么这个引发了惊人罚款的《寻人密探组》究竟是一档什么节目呢？根据联邦通讯委员会的说法，大家可能会觉得这档节目是一档“半色情”节目。实际上，该节目拍摄的内容源自联邦调查局人口失踪小组，该小组的领导是三个强悍、有才干的女人，而且节目是在晚上10：00播放，几乎不在孩子的活动时间内。例如，该系列剧中有一集叫《我们的儿子和女儿》，其情节表现的是，十几岁的孩子如何轻易地对他们的父母撒谎，又是如何偷偷观看了色情影片，这样的情节几乎不可能诱使孩子变坏。但是，这个非淫秽的经典情节被联邦通信委员会认为是不良的。因为其中出现了以F开头的词和以S开头的词汇，据此，联邦通讯委员会做出了罚款的决定。

上级对下级罚一下款在常人看来可能算不得什么问题，但这几件事情成了导火索，美国广播公司、全国广播公司、哥伦比亚广播公司、福克斯广播公司这四大广播公司这次联合了起来，以违反言论自由为由把他们的“上级领导”——联邦通讯委员会给告上了法庭。

/ 官司进程 /

对阵帕斯菲卡基金会，联邦通讯委员会赢了！

在接到联邦通讯委员会的处罚后，帕斯菲卡基金会所属的这家广播台认为，这档 12 分钟的节目仅仅是为了讽刺一些人的说话方式和用词，播出它并无不妥，而且广播台也并未收到关于该节目的投诉。

于是，帕斯菲卡基金会提起了上诉，在上诉法院，由三名法官组成的法庭认为联邦通讯委员会处罚依据的法规过于宽泛，因此是无效的。输掉了官司的联邦通讯委员会选择了继续上诉，最终官司打到了美国最高法院。

在最高法院，联邦通讯委员会提出，在一个下午的广播中重复使用表示器官排泄、性行为和性器官的广播对未成年人听众来说是“明显令人厌恶”的，因而该节目的播放对未成年人是亵渎的。同时，联邦通讯委员会也指出，委员会并没有打算禁止这类节目，只是想让这类节目改变播出时段，不要在白天播出，因为这是孩子最容易接触到该类节目的时间。

当官司打到最高法院后，帕斯菲卡基金会对联邦通讯委员会指出的其广播“明显令人厌恶”没有争议，但认为根据相关的法律条款，广播的内容并不是亵渎的，因为它不包含色情引诱。因此，根据美国宪法，帕斯菲卡基金会认为，联邦通讯委员会通过禁止亵渎言论构建其权威的命令非常宽泛，即使其所禁止的广播节目不属于宪法第一修正案保护的对象，这一命令也不适用，因为节目本身不是下流的，所以按照宪法第一修正案的保护，联邦通讯委员会无权通过行政命令禁止收音机广播这一节目。

经过审理，在最高法院，美国最高法院最后以 5 比 4 的投票结果支持了联邦通讯委员会，联邦通讯委员会胜诉。

最高法院大法官们的多数意见认为：宪法第一修正案并不是禁止所有的政府对言论所作的限制，政府只是可以对有些内容进行限制。因而，联邦通讯委员会对一个令人厌恶的、含有猥亵内容的广播节目的处理并不违宪。法院断定，考虑到未成年人极易收听到广播中的节目，猥亵广播应当受到政府的“特殊对待”。

对联邦通讯委员会处罚时所依托的法规，最高法院认为，联邦通讯委员会以及规范了广播电台数年的命令，其目标在于规范一个非常具体的广播节目。这样做的目的是为此类节目设计出一个合理的方案——什么时候通过电台这种特殊媒体播出能避免对未成年人造成伤害，而不是从根本上禁止这种节目的播出。

最终的判决书认为，即便那个节目并非淫秽，而且可能在其他语境中还会得到保护，但是，联邦通讯委员会在这起特定案例中的措施是合理的，理由有二：

第一，广播电视极其普及，信号具有侵入性，通过电波传递的有着明显冒犯性的猥亵材料侵扰了处于家庭私密状态的个人，个人独处的权利高于电台的受宪法《第一修正案》保护的自由表达权；

第二，可能也是更重要的理由是，儿童可以轻易接触到广播电视，不像报纸杂志，成人可以收起来不让孩子看到。

斯蒂文斯大法官在同意意见书中写道，联邦通讯委员会在1976年国会通过的法律中明确标明，广播中禁止使用任何淫秽、不雅，或亵渎的语言通过无线通信的方式在所有形式的通信中对外传播，广播受到的宪法第一修正案的保护最少，这是因为广播这种媒介的特殊性，广播对私人生活的渗透性是特别强的，容易影响到儿童。因此，谁要是说“你不愿听脏话关上收音机好了”这样的话，那就像说“别人揍你，最好的保护办法就是：逃”！

斯蒂文斯还写道：在家长关掉收音机之前，这个节目已经在转瞬之间扩大了一个孩子的词汇量——而且扩大的是孩子不应学会的词儿！

同样，伦奎斯特大法官也在同意意见书中写道，第一修正案并不禁止所有的政府监督，这主要取决于报道的内容。广播中播出的低俗内容是不享受宪法保护的。

面对四大广播公司，联邦通讯委员会还会赢吗？

这次同联邦通讯委员会打官司的四大广播电视公司可谓有着远大的目标：他们不仅希望撤消不良裁决，也希望取信于纽约和华盛顿的联邦地方法院以至最高法院，作为跳板，至少可以严格限制联邦通信委员会管制不良信息的权力。

面对四大广播公司的起诉，联邦第二巡回上诉法院作出了有利于广播公司的判决。判决指出，联邦通讯委员会的政策规定在宪法上含糊不清。

上诉法院称联邦通讯委员会对广播公司在内容方面的播出禁令违反了美国宪法第一修正案的言论自由精神。这家上诉法院曾在2007年驳回过这项禁令，理由是美国是法制社会而政府部门颁布的禁令太过武断。但美国高等法院2010年却修改了这个决定，要求上诉法院考察这条禁令是否违宪。

经过重新审查后，2011 年，联邦第二巡回上诉法院再次作出了判决，巡回法官罗斯玛丽·普尔在判决意见书中写道：“联邦通讯委员会颁布的这项禁令违反了第一修正案，因为这项含糊不清的禁令违背了宪法精神。它所引起的‘寒蝉效应’远超过低俗用语这个问题本身。”

上诉法院认为，联邦通讯委员会没有指出哪些词语是“公然挑衅”了他们提出的指导原则。“比如，联邦通讯委员会认为电视剧《纽约重案组》中出现的‘牛粪’一词是公然挑衅，而‘猪头’就不是了。”法官普尔表示，现在社会的情况已经和联邦通讯委员会 1978 年第一次规范低俗用语不同了。随着有线电视和因特网的普及，家长有办法屏蔽掉他们不想让孩子看到的节目。

负责此案的美国广播公司辩护律师塞斯·瓦克斯曼指出，该案所涉及的问题是，联邦通讯委员会实施的礼仪法规是否符合美国宪法第一修正案，这个修正案保护言论、表达以及媒体的自由。瓦克斯曼强调，《纽约重案组》连续剧播放之前已经有一个给父母的警示，提醒他们此剧不适合儿童观看，因为其中包括半裸和暴力镜头以及粗暴的言语。

瓦克斯曼说：“这个剧里没有任何性活动，画面也没有被性化，两个演员除了碰面时面露尴尬之外，没有显示出任何性方面的兴趣，鉴于这个情况，宪法第一修正案是否给予政府官僚惩罚播放这样节目的决定权呢？我们提出了强有力的论据，那就是，政府方面提出，如果这个剧在有线电视、卫星电视、因特网上播放，同样的法规就不适用，播放这个剧也不会受到惩罚。因此，政府把持了对电视广播的编辑和艺术创作的决定权，而对其他更流行的家庭录像播放形式却放任自流。”

但是，非盈利组织“媒体道德”的总裁兼律师帕特里克·特鲁曼则认为，这个案子涉及的问题其实是，美国宪法是否允许美国主要的电台播放包含裸体和淫秽言语的节目。特鲁曼表示，他们在向联邦最高法院提交的法庭之友陈述书中指出，联邦通讯委员会实施的政策法规必须得到维护，否则，涉及色情、淫秽和低俗不雅的内容的电视节目就会充斥美国的电台。

特鲁曼说：“这些电台非常清楚，公开裸体，或者在电视上播放裸体镜头以及骂人的脏话都是不雅的行为……美国的礼仪法规定得非常清楚，我们自始至终也都知道一个社会的礼仪标准是什么，只有那些行为低俗下流的人假装不知道。”

特鲁曼指出，美国是一个有礼仪标准的国家，但是，由于网络色情、非法毒品、卖淫越来越多地侵入到社会中来，周围的文化也变得越来越粗俗。因此，联邦政府有义务维护并提升社会的礼仪标准，把美国建设成一个人人受到尊重的礼仪之邦。

美国法律和正义中心也向联邦最高法院提交了法庭之友陈述书。该组织华盛顿分部主任兼律师科比·梅指出，联邦通讯委员会制定的低俗不雅标准的确令人迷惑，无法统一应用，用这样的标准对电台实施罚款不合适……“在广播领域之外，很多情况下，低俗不雅是违法的，例如在公共场所暴露自己的身体，把冒犯、威胁以及毒害未成年人的东西，其中包含裸体或下流言论的东西带入公共场所等。因此，我们不希望法庭走过了头，因为推翻有关政策法规而影响到法律的其他方面。我们向法庭提交法庭之友陈述书不是要支持诉讼的任何一方，而是就相关法律的性质向法庭提出建议，希望它在对这个问题作出判决时注意保持两方面的平衡。”

科比·梅律师指出，此案的判决非常重要，因为它将决定大众可以接触到什么样的无线电和电视广播的内容以及艺术表达。他认为，在这个案子中，既不能给予政府最终控制电视广播内容的权力，确保具有艺术价值的节目得到播放，又要保护社会大众，特别是青年人免于不良内容的侵袭。因此，法庭在这两者之间作出平衡非常重要。

对上诉法院的判决，联邦通讯委员会主席朱莉斯·吉那奇诺斯基在一份声明中称：“考虑到既授权家长保护儿童，又维护第一修正案的权威，我们目前正在重新考虑法院的决定。”

面对上诉法院的判决，福克斯广播公司的首席律师卡特表示，法院最新的判决“让广播公司在做直播节目时能更加自然”。

不过，家长电视委员会却批评纽约法院的这个判决。“让我感到不可思议的是这些广播公司竟然抱怨说联邦通讯委员会剥夺了他们言论自由的权利，实际上他们是可以在10点钟孩子们上床睡觉后播出这些肮脏的节目的，”家长电视委员会公共政策主任丹·伊斯特说，“现在他们想什么时候播都可以了，甚至是孩子们还没睡的时候。”

当然，作这样的判决美国人慎之又慎，儿童权益和言论自由都要保护，所以他们划出了孩子们可能已经睡觉的“安全港”（safe harbor）时间。

需要指出的是，数十年前，美国国会曾通过一项法律，禁止在无线电广播和电视上播放包含不雅或猥亵内容的节目。但是，这个法律不适用于包括有线电视在内的其他媒体。1978年，美国联邦最高法院进一步判决说，在儿童可能会收听收看的时段内，例如早上6点到晚上10点之间，联邦通讯委员会有权禁止广播节目中出现的下流言论。

也有法官认为，广播电视节目中，主持人的粗口是猥亵，不是淫秽，关乎庄重，但无涉色情，它的认定比“黄色问题”容易得多，有办法解决，也应该好解决。

倒是斯蒂文斯大法官的判词显得那么入情入理。幸亏，新闻人的自律也有同样入情入理的规约——80 年前，堪称新闻伦理奠基人的弗特林教授就推崇这样的信条：“保持报纸语言和思想的纯洁性。不需要亵渎和挑逗的字眼。如果拿不定主意，就想想一个 13 岁的小女孩正在读你写的东西。”

/ 法眼观案 /

第一观：宪法第一修正案保护淫秽、下流的言论表达自由吗?

美国宪法第一修正案保障公民有言论自由的权利，但是，美国联邦最高法院在对这条法律进行解释时，一方面禁止政府限制公民发表言论的自由，同时也强调这个自由不是毫无限制，例如淫秽言论的表达就不受宪法的保护。那么，什么是淫秽言论的表达呢?

根据设在首都华盛顿的研究机构——电子隐私信息中心的法律总顾问戴维· 索贝尔的解释，“淫秽是指色情至极，没有任何社会、艺术或教育价值，仅仅是为了迎合人们的性本能的言论表达，政府可以禁止它们的传播。”而在联邦通讯委员会眼里，所谓的“淫秽”（不能将其与淫秽信息混为一谈）就有些标准含糊了，例如在联邦通讯委员会看来，那些“以 F 开头的词” 和“以 S 开头的词”，通常都是淫秽的。

索贝尔还指出，在美国，人们争论的焦点不是淫秽的言论表达，而是下流的言论表达。他说，“人们辩论的问题是那些尚未达到淫秽至极的色情表达，它们传播的信息，无论从艺术性，还是从教育性来看，都有一定的社会价值，因此，法庭把它们归为受到保护的言论”，“美国宪法第一修正案主要是指人们有发表政治性言论和批评政府的自由，色情言论相对来说受到的保护要少，因此争论的焦点也主要在这方面。在欧洲国家，色情言论没有被看作是很严重的问题，因为那里的人们更注意仇恨性语言。在美国，这种言语虽然会引起争议，但是会被视为政治性言论而受到更多的保护。”

那么，什么言论称得上是下流的言论呢?

对此，维吉尼亚州的保守派组织“家长电视委员会”的主席布伦特·博泽尔解释说：“法庭没有给下流本身下过定义，它只是说，要达到礼仪的标准，广播业必须遵守社区的标准，也就是说要根据地方社区的标准，来判定某种言论的表达是否恰当。”

而田纳西州范德比尔特大学第一修正案中心的律师戴维·哈德逊则细致分析了淫秽言论的表达和下流言论的表达之间的区别。他认为：“淫秽是指赤裸裸的色情表达，它不受宪法第一修正案的保护，下流是指针对成年人的，受到第一修正案保护的言论表达。”

联邦通讯委员会在上述案子中，对什么是下流言论提出了更加严格的标准。这个标准是，下流言论不再只是缺少社会价值的言论，无论某一言论的艺术价值如何，根据当代社区的广播标准，在儿童收听收看节目的时间里，以明显的令人作呕的方式，描述性、性宣泄或性器官活动的言论都是下流的。

我们必须承认，美国对淫秽信息的惩罚确是比较苛刻的：淫秽的发行物将导致刑狱。但是对不良信息的惩罚也非常重——根据宪法第一修正案的文本规定，可以征收巨额罚款——像联邦通讯委员会最近关于《寻人密探组》情节而征收罚金一案，就被指责涉嫌限制言论自由。事实上，《寻人密探组》的受众是成年人，且又是在夜间十点后播放，跟踪和统计夜间十点以后的成人节目应该是一件非常容易的事，而且是一件尊重宪法第一修正案的事情，从这个角度看，联邦通讯委员会通过显示其罚金有多高来恐吓广播电视台的做法并不合适。

有研究者就曾指出，联邦通讯委员会的这些罚金通过有效地切断其总经费预算而损害了广播电视公司生产（广播电视台播放）受宪法第一修正案保护的信息的能力。

另外，根据四大广播公司一案上诉法院的说法，联邦通讯委员会的这些罚金也产生了宪法第一修正案所痛恨的“激冷效应”（也称“寒蝉效应”），而这恰恰是违宪的一种表现。

第二观：关于美国司法审判中的遵循先例

在美国的司法审判中，我们经常会看到遵循先例这样的字眼，那么什么是遵循先例呢？

在美国的普通法中，作为判例的先例会对其后的类似案件具有法律约束力，法院在面对同样的问题时，会遵循以往该类案件的判例作出判决，这就是我们常说的遵循先例。

遵循先例是判例法形成的基础。在美国，遵循先例的原则在适用时必须区分联邦法院的先例或州法院的先例。普通法系特有的遵循先例原则使得美国联邦上诉法院或联邦最高法院的判例具有普遍的法律效力。

在适用联邦法律时，美国最高法院的判决对全部联邦法院和州法院都构成先例，而联邦法院包括美国最高法院在适用州法律时，也必须遵守州法院所确立的先例，但各州之间的判决则不构成先例。

遵循先例原则没有时间范围，然而先例并不因此而永远存在。一个先例总是在特定的情况下产生，如果以后情况发生了变化，继续适用先例已经不合理时，可以改变甚至推翻先例。

美国最高法院一向被认为不受先例的绝对约束，可以改变先例。然而，美国最高法院在改变先例的态度上也是非常谨慎的，只有在迫切必要的时候才会改变先例。对最高法院来说，遵循先例是原则而不是例外。

在美国法院看来，推翻先例在法律上会带来两个严重后果，一个后果是法律溯及力的问题会受到负面影响，另一个后果则是会给审判带来麻烦，基于此，美国法院对不合理的先例通常会采取暂时搁置不用而不是贸然推翻。当然，对过时的先例，也可以采取国会制定新的法律，以新的法律改变先例，这样对法律体系的进一步完善和法院更好地开展工作都是比较有利的。

媒体也非常胜将军

——威斯特摩兰起诉哥伦比亚广播公司案

美国法律中的诽谤罪由来已久，初期的应用主要包括书面诽谤和口头诽谤，后来随着电子媒体特别是网络媒体的兴起，在网络上公开恶意发布不符合事实的攻击性文字也成了界定诽谤罪的一个标准。

在美国，法院对诽谤罪的认定慎之又慎，尤其是涉及媒体被控告诽谤的新闻官司更是谨慎小心，一方面要顾及到美国社会极其看重的新闻自由，另一方面也要保护公民个人的权利不受侵犯。经过长时间的反复修正，今天，看美国媒体是不是触犯了诽谤罪，主要看其涉案点是在意见表达中出现的还是在事实报道中出现的。如果是在意见表达中出现了涉嫌诽谤的说法，那么法律是不会将其认可为诽谤的，但如果是在事实性的表达或者报道中出现了涉嫌诽谤的说法，那么就很有可能会被判诽谤成立。在 1990 年的时候，美国最高法院就曾审理过一位体育专栏作家在某报纸的体育专栏中提到某教练在宣誓后说谎这样一起案件，后来该教练向法院控告这位专栏作家诽谤，地方法院在审理时认为体育专栏属于意见表达性栏目，这位专栏作家在文章中的说法属于意见表达，因而不属于诽谤，官司后来打到了最高法院，最高法院审理时认为虽说报纸的体育专栏属意见表达性栏目，但在这个栏目中这位专栏作家的说法却属于事实陈述而非意见表达，因此诽谤成立。

自美国建国至今，诽谤一直是该国新闻界面临的重要法律问题，据统计，全美各级法院每年审理的与媒体有关的诽谤案件经常数以千计。这些数量庞大的官司中，虽然 9 成以上都以媒体胜诉告终，但在面临诽谤指控时，媒体也并非无往而不胜，就在上世纪的 80 年代，作为美国媒体界巨无霸的哥伦比亚广播公司就惹上了一次“诽谤麻烦”。

/ 案件回顾 /

一个有争议的将军

20 世纪 60 年代到 70 年代，美国卷入了二战后最严重的一场地区冲突——越战。在这场战争如火如荼进行中的 1964—1968 年，驻越美军的最高司令官名叫威廉·威斯特摩兰。

这个威廉·威斯特摩兰 1914 年出生于美国南卡罗来纳州的一个商人家庭，1936 年毕业于西点军校，参加过二战和朝鲜战争，1955 年晋升为少将，是美国陆军历史上最年轻的少将。1960 年任西点军校校长。1964 年任越战美军总司令并晋升为四星上将。1968 年被林登·约翰逊总统召回国任陆军总参谋长，1972 年退役，退役后试图从政。1974 年参加南卡罗来纳州州长竞选，但是没有成功，1976 年出版了自传《一个战士的报告》，他曾表示："很少人有我这么长的战地指挥经验。他们把我派到那里，然后又忘了我。我总是每周工作 7 天，每天工作超过 14 小时。我没有遗憾，不需要道歉，我尽了最大努力。"

2005 年 7 月 18 日晚间，威斯特摩兰在位于南卡罗来纳州查尔斯顿的一处老人退休之家中去世。

这个威斯特摩兰是一个颇有争议的人物，这位行伍出身的将军有一个爱好——吹嘘战果。因此，在他指挥驻越美军期间也被美国国内的反战人士称为"战争贩子"，甚至在很多反战集会场合，他的画像还时不时地被老百姓当众烧毁。虽然后来威斯特摩兰在战争尚未结束时就回到了美国，但回国后的他依然坚信美国并没有输掉越战。

一个性格比较特殊的将军，一场不得人心的战争加到一块自然会"碰撞"出新闻。

"无数的敌人——越南骗局"引发的官司

1982 年 1 月，哥伦比亚广播公司拍摄一部名为"无数的敌人——越南骗局"的战争记录片在电视上播出，据这部纪录片透露，当年威斯特摩兰让他的高级情报官员故意少报敌军兵力，别有用心地向总统和五角大楼提供了虚假情报，夸大了北越军队的作战实力，借以证明他在军事上取得了进展，威斯特摩兰此举也是致使美国在越战泥潭中愈陷愈深的原因之一。

在这一后来引发了官司的纪录片中，还有一位美国新闻界的“大佬级”人物被牵涉了进来，这位“大佬”就是哥伦比亚广播公司的著名记者麦克·华莱士。

华莱士出生于1918年5月9日，1963年加盟哥伦比亚广播公司。华莱士处理最具争议性、危险性的题材的能力已经成了新闻界的传奇。他主持的代表性电视新闻杂志《60分钟》曾经有个广告，广告中问：“哪几个单词会让骗子和流氓胆寒？”答案是：“麦克·华莱士在此！”

作为一档经典的电视新闻杂志节目，《60分钟》最大的看点是它的名人访谈。在访谈中，华莱士一贯以咄咄逼人的采访风格而著称。他的早期采访被人称为“伏击采访”——即在事先未打招呼的情况下突然出现在采访对象的办公室门前，让采访对象措手不及。

此外，作为一位名记者，华莱士在采访中还喜欢穷追猛打。在“无数的敌人——越南骗局”这部纪录片中，华莱士就曾“拷问”指挥越南战争的威斯特摩兰将军，五角大楼是否夸大了越南军队的实力，不停的“拷问”逼得威斯特摩兰无从应对。

由于这部纪录片播出后产生了非常大的社会反响，在片中手足无措的威斯特摩兰感觉颜面无光，后来这位退休将军将华莱士和哥伦比亚广播公司一股脑地告上了法庭，索赔高达1.2亿美元。从而引发了另一起对美国法律界和新闻界产生了较大影响的新闻官司。

/官司进程/

麦克纳马拉出庭作证

早在哥伦比亚广播公司的纪录片播出之前，该公司专题报道节目制作人乔治·克赖尔三世就曾给前国防部长麦克纳马拉的办公室打了电话。这个乔治·克赖尔三世是麦克纳马拉的朋友乔和苏珊·玛丽·艾尔索普原来的女婿，而麦克纳马拉和这个克赖尔三世实际没什么深交。

克赖尔三世在电话中对麦克纳马拉说，哥伦比亚广播公司准备制作一个关于越南的节目，他觉得麦克纳马拉可能会有兴趣参加。

克赖尔三世说哥伦比亚广播公司有确凿的证据，证明威廉·威斯特摩兰将军任职驻越美军总司令期间在“战斗序列”一事上故意欺骗了总统和国防部。

据麦克纳马拉在回忆录中说，当时他就告诉克赖尔三世，他不相信有此事。不过克赖尔三世坚持说证据是确凿无疑的。并且提出了要和麦克纳马拉见一面，到时会把有关证据给这位前国防部长看。

见面后，克赖尔三世向麦克纳马拉出示了他的证据。而这个证据在麦克纳马拉眼里简直就不能称为证据。克赖尔三世的证据简言之就是：威廉·威斯特摩兰报告的敌军数量为 x，而他的军事情报官员估计（中央情报局的一些分析人士也认为）敌军的数量是 x + y。

哥伦比亚广播公司声称威廉·威斯特摩兰命令下属在给华盛顿的报告中写进小数字 x，忽略了数量庞大的 y。

在麦克纳马拉看来，哥伦比亚广播公司掌握的数据和威斯特摩兰上报的数据之所以存在很大的偏差，根源主要在于二者关于“敌人”的定义出现了偏差。越战期间，美国在越南面对的敌人非常复杂，包括北越正规军，以个人身份进入南越当兵的北越人、越共在南方征召的游击队以及各类准军事人员（准军事人员主要包括从携带步枪的农民到参加非正式军事组织从事破坏和情报传递工作的村民等），威斯特摩兰排除了许多非正规部队，而他的情报官和中央情报局的分析人员则把某些非正规部队也计算在内了。但哥伦比亚广播公司在制作纪录片时采访的又主要是几位不赞同威斯特摩兰的判断的人，这些人或者明确或者暗示说威斯特摩兰故意误导了总统和国防部长。

在麦克纳马拉的回忆录中，我们会发现，麦克纳马拉见克赖尔三世时，向他解释了他认为哥伦比亚广播公司对威斯特摩兰的这种指责缺乏根据的原因。但固执的克赖尔三世并没有相信麦克纳马拉所说的意见。

当威斯特摩兰状告哥伦比亚广播公司的官司打起来以后，由于比较看重威斯特摩兰数十年来为国家所做的贡献，前国防部长麦克纳马拉在一九八三年夏天自愿出庭为威斯特摩兰作证。

为了打这起官司，威斯特摩兰聘请了著名的首都法律基金会的丹·伯特作为自己的律师。

丹·伯特得知克赖尔三世未经麦克纳马拉许可秘密地录下了麦克纳马拉和他的几次电话交谈内容。丹·伯特相信这些磁带能证明威斯特摩兰的说法，即克赖尔三世在节目播出之前就知道对他的指责缺乏根据，所以丹·伯特想得到这些磁带。据丹·伯特讲，哥伦比亚广播公司的律师起初否认有这些磁带。但该公司的一位新闻编辑则告诉丹·伯特，克赖尔三世的秘书说这些磁带在克赖尔三世办公桌右手最下边的抽屉里。后来发现不在那里。最后在克赖尔三世家中的一只箱子里发现了磁带，但麦克纳马拉所说的哥伦比亚广播公司对威斯特摩兰的指责缺乏根据的那部分内容已被抹去了。

作为关键性的证人之一，麦克纳马拉在为威斯特摩兰作证时，哥伦比亚广播公司也找到了他，希望他也能为哥伦比亚广播公司作证。对哥伦比亚广播公司的这一请求，麦克纳马拉同意了。

但在给哥伦比亚广播公司作证时，情况发生了一些令人不快的变化。根据后来麦克纳马拉在回忆录中的讲述，1984 年 3 月 26 日至 27 日他出庭给哥伦比亚广播公司作证时，该公司的代理律师戴维·博伊斯说他认为麦克纳马拉可能不反对为其作证过程进行录像。当麦克纳马拉问博伊斯如果录像，那么录像带如何使用时，博伊斯的回答却是，他们想怎么用就怎么用。

麦克纳马拉马上问道，这是否包括在商业性的电视网中播出，博伊斯回答说是。

对哥伦比亚广播公司的这一举动，麦克纳马拉的律师告诉他，如果他记不清十六年前发生的事情的细节，他只需回答“我记不清了”即可。

麦克纳马拉事后回忆，他可以想象在哥伦比亚广播公司的晚间新闻节目中二三十次重复播放“我不知道”这样的答词会产生什么样的效果，所以麦克纳马拉对博伊斯答复说，他不同意录像。

没想到，博伊斯以威胁的口吻说哥伦比亚广播公司有合法权利要求为麦克纳马拉的作证录像。军人出身的麦克纳马拉回答说，如果博伊斯执意这样，那么他宁肯去坐牢。

事情因为录像问题出现了僵持，后来，博伊斯最后决定不再录像，但保留以后重提此事的权利。

在 1984 年 12 月 6 日麦克纳马拉出庭，在法庭作证时麦克纳马拉说，总统和他知道 1966 年至 1967 年间驻越军事援助司令部和中央情报局之间在敌人数量问题上有不同意见，当时他倾向于范围更广更大一些的估计数字；在这一问题上，威廉·威斯特摩兰没有故意欺骗总统和国防部，而且即使他试图这样做，他也不可能成功，因为总统和国防部还有许多不同的情报来源。

“双赢”的官司还是“双输”的官司？

这场历时几年的诉讼最后结果究竟如何呢？由于该官司开打之前已经发生过纽约时报诉沙利文案，因此当官司打到最高法院后，最高法院参考了纽约时报诉沙利文一案的判决结果，以被告（哥伦比亚广播公司）不具有“实际存在的恶意”而驳回了威斯特摩兰将军的起诉。

但是是不是哥伦比亚广播公司就胜诉了呢？也不是。由于威斯特摩兰也没有有力的证据证明哥伦比亚广播公司的报道具有“实际存在的恶意”，所以也是胜诉无望，最终案子通过庭外调解，以威斯特摩兰主动撤诉而于 1985 年 2 月获得解决。

虽然双方都声称赢了官司，但实际上在这场官司中，没有一个赢家。

从威斯特摩兰代表的一方看，哥伦比亚广播公司的那部专题片和关于诽谤案的大量报道，使美国人民对政府及军事和政治领导人的团结问题进一步失去了信心，这对政府的损伤是不言而喻的。

而从哥伦比亚广播公司代表的媒体一方看，为了打这场官司，哥伦比亚广播公司破费了总数高达 300 万美元以上的律师费，并且最后为了和解还专门发布了一个声明，表示哥伦比亚广播公司无意指控威斯特摩兰不爱国。

同时这场费时两年多的诉讼也让卷入其中的哥伦比亚著名的电视节目主持人华莱士失去了声誉和不少观众，将他拖得心力交瘁。事后，华莱士回忆说：“这段经历就像是一场噩梦。”站在法庭上，华莱士害怕“对面的律师会用我在电视上的那一套方式来质问我”。

在打官司那段时间，华莱士曾经尝试过自杀。他说：“我很低落，想要找个出口。我吃了很大一把安眠药，至少它们能让我睡着。或许我将永远也醒不来，这就太好了。”官司导致了昔日风光无限的华莱士面临着精神崩溃，甚至患上了忧郁症。

/ 法眼观案 /

第一观：实际存在恶意的标准进一步明确

从法律层面看，威斯特摩兰诉哥伦比亚广播公司一案进一步明确了纽约时报诉沙利文一案中美国最高法院界定的诽谤官司中“实际存在的恶意”的五条标准：

标准之一，消息来源是有一定权威性的部门、人士还是纯属道听途说？

标准之二，在新闻时效性要求的压力下，媒体所报道的新闻是否是热门新闻？记者是否有足够时间对新闻的真实性查证？

标准之三，新闻采写过程是否符合新闻工作常规？是否存在有人提出质疑而记者却不加理睬的现象？

标准之四，依常识判断这件事是否会切实发生？是否需要进一步查证而记者却没有注意？

标准之五，从报道动机角度看，报道者同被报道者是否有恩怨纠纷？报道者有没有其他不纯动机？

依据上述五条原则，媒体在报道涉及公务人员和“公众人物”新闻的时候，只要不是故意捏造事实，不是与对方有恩怨关系而想加以中伤，只要有一定的可靠消息来源并且做过一定调查，或者是由于对新闻时效性的看重而无法做深入调查，那么即使报道中出了差错也会受到法律的保护而不必受罚。

第二观：公众人物的界定进一步清晰

谈及“公众人物（Public Person）”，在美国的很多起涉及媒体的诽谤性官司中均出现过，甚至在今天关于媒体诽谤的一系列官司中，媒体报道涉及的人物是否是“公众人物”已经成了一条重要的衡量标准。

追究其“公众人物”的提出及其在官司中的应用，可以说“威斯特摩兰诉哥伦比亚广播公司案”是一个重要环节。在该案中，最高法院进一步明确了“公众人物”的界限。

在该案以后，“公众人物”的范围明确为既包括完全性公众人物（指那些知名度比较高，已经引起了公众普遍注意并经常出现在大众媒体上的那些人），又包括有限性公众人物（在偶然发生的一些重大事件中临时成为公众关注焦点的人物，如棱镜门事件中的斯诺登）。

在以威斯特摩兰诉哥伦比亚广播公司案为代表的涉及诽谤的案件中，美国最高法院将原来只适用于政府官员名誉权诉讼案的“实际恶意”原则扩大化了，只要是那些涉及公众人物或公众事务，并且引起了公众普遍注意的报道或问题而引发的名誉权诉讼官司，均适用上面说的“实际恶意”原则。

这一对“实际恶意”原则的扩大化对媒体报道无疑是有利的，它的实施扩大了对言论自由和新闻自由的保护范围。

众所周知，公众人物虽然不掌握公权力，但是由于其社会地位较高，影响力也比较大，这些非官方的公众人物的活动也会对社会产生重要影响，有时甚至可能会引领众多民众的行为，涉及到公共利益。因此，为了维护最大多数公众的切身利益，这部分人也理应纳入公众人物的范畴，接受媒体的全面监督。

可能有人会发出这样的疑问，那么这部分人的名誉权如何保护？实际上，对这部分公众人物来说，如果受到诽谤，他们可以利用自己在社会上的“优势地位”和“强势话语权”施行有效的自我救济（譬如可以召开记者招待会辟谣）。

正因为如此，所以美国法律界和新闻界才认为，这些新认定的“公众人物”的名誉权理应受到一定的限制，他们应当对相关言论承受一定的容忍义务。

当然，任何容忍也是有限度的，所以最高法院也指出，媒体针对公共人物发表言论、进行报道时需要具体衡量名誉权和报道自由权二者的轻重缓急。如何衡量？这就要求媒体在报道时要分清，如果媒体是对于公众人物完全无涉公共利益的私人行为进行报道，那么就会造成对这些人的名誉损害，在这方面，公众人物享有同普通人一样的名誉权。而对于那些有限性公众人物在已经淡出公众视野后进行涉及名誉的报道时也会牵涉到其名誉权，容易导致对其名誉权的侵害。但是，无论如何，在此类案件中对言论自由权的约束不能具有太多的“外溢效应”从而造成言论自由权在未来受到实质性的限制，也即不能改变初始权利分配给言论自由权的总体制度配置，因为言论自由是公共选择得以进行的重要前提。

强奸案审判中的媒体

——环球报业公司诉高等法院案与《佛罗里达星报》诉 B.J.F. 案

对强奸案等涉及个人隐私的案件，或者被告人为未成年人案件，出于保护受害人隐私和未成年人的目的，不公开审理是世界各国一个较为普遍的做法。相关的国际法也很多，联合国《公民权利与政治权利国际公约》第 14 条规定：“由于民主社会中的道德的、公共秩序的或国家的理由，或诉讼当事人的私生活的利益有此需要时，或在特殊情况下法庭认为公开审判会损害司法利益因而严格需要的限度下，可以不使记者和公众出席全部和部分审判；但对刑事案件或法律诉讼的任何判决应公开宣布，除非少年的利益另有要求或者诉讼系有关儿童监护权的婚姻争端。”

联合国《儿童权利公约》第 40 条也规定，缔约国应当确保任何“儿童的隐私在诉讼的所有阶段均得到充分尊重”。联合国《少年司法最低限度标准规则》(北京规则) 第 8 条规定，有关司法机构“应在各个阶段尊重少年犯享有隐私的权利，以避免由于不适当的宣传或加以点名而对其造成伤害。原则上不应公布可能会导致使人认出某一少年犯的资料”，该规则第 21 条规定：“对少年犯的档案应当严格保密，不得让第三方利用。应仅限于处理手头上的案件直接有关的人员或者其他经正式授权的人员才可以接触这些档案。少年犯的档案不得在其后的成人诉讼中加以引用。”

美国也采取了优先保护未成年人利益的审理方式，早在 100 多年前便建立了第一个少年法庭，“未成年人审判制度基于通过特殊审判使未成年罪犯者得以改造的构想，因为他们还不具有完全的道德品行观念和对社会的认知能力”。各州也制定了相关的法律，在本案发生的马萨诸塞州，《马萨诸塞州一般法》规定：“在审理关于强奸、乱伦、猥亵儿童或其他涉及性的犯罪的案件时，如案件的受害人、犯罪人或者同伙是未满 18 岁的未成年人……主持审判的法官应当拒绝普通公众进入审判室。”

虽然有着较为健全的法律，但当一起强奸案发生后引起了媒体的极大关注，那么媒体又该如何进行报道呢？接下来我们要说的这两起几乎“一样”的官司就回答了这个问题。

/ 案件回顾 /

环球报业公司因封闭令打官司

环球报业公司案是一起由强奸案引发的接近权案件。在这起案件中，小艾伯特·T. 阿拉德杰姆被控在 1978 年 9 月的一天强奸了三名未成年少女。这三名女中学生报案说，1978 年 9 月 23 日，她们从舞会上散场后回宿舍，在路上，一名戴面具的歹徒用手枪胁迫，强奸了她们。虽然歹徒戴了面具，嘴巴和鼻子都遮住了，但是行凶过程中面具滑落了，露出了他的脸。

阿拉德杰姆强奸案定在马萨诸塞州诺福克高等法院审理，预审于 1979 年 4 月 19 日举行。

审判时，初审法官在审判室大门上挂上一个写着“封闭”字样的牌子，法庭工作人员不准旁听者进入。在正式审判开始之前，环球报业公司申请法院撤销该命令，就审判公开问题举行听证会。

对此，各方态度不一：作为受害人的三名女孩的立场是，只要新闻媒体不报道她们的姓名、照片或者其他可能泄露自己身份的个人信息，她们不反对新闻媒体旁听审判；被告人当即提出反对；检方表示，封闭令是法官自己发出来的，不是应检方申请。经过考虑，初审法官驳回了环球报业公司的申请，进而要求新闻媒体和公众在整个审判期间都不得进入审判室。该法官表示，他的判决依据是《马萨诸塞州一般法》第 278 章第 16 条 A 款：“在审理关于强奸、乱伦、猥亵儿童或其他涉及性的犯罪的案件时，如案件的受害人、犯罪人或者同伙是未满 18 岁的未成年人……主持审判的法官应当拒绝普通公众进入审判室。”

在封闭令发出的几个小时后，环球报业公司向马萨诸塞州最高法院申请禁止令以阻止封闭令的施行。4 月 26 日，该院的一名大法官主持召开了一个听证会，尽管检方在会上代表受害人表示放弃拒绝新闻媒体进入审判室的权利，法官还是驳回了环球报业公司的申请。针对此事，环球报业公司决定就封闭令向马萨诸塞州最高法院提起上诉。

《佛罗里达星报》因报道内容打官司

1983 年 10 月 20 日，B.J.F. 向佛罗里达州杜沃县治安部门报案，她被不知名的攻击者抢劫并强奸。

县治安部门接案后起草了一份报告，报告中写明了 B.J.F. 的全名。但不知何故，这份报道被放到了治安部门的记者室，当时治安部门既没有限制人们进入记者室，也没有限制人们阅读这份报告。

不巧的是，这份报告后来被《佛罗里达星报》的一位实习记者看到了，这个实习记者在治安部门的一张空白复印表格中抄录了这份报告并拿回了报社，此后，该报社一位记者根据这份报告写了一篇只有一段文字的小报道，报道中包含了 B.J.F. 的全名，文章被刊登在了报纸“警局报告”栏目下的“抢劫”子栏目下。正是这篇包含了 B.J.F. 的报道为该报引发了一场官司。

在看到《佛罗里达星报》关于自己的报道后，B.J.F. 向杜沃县巡回法院提起了诉讼，声称该县治安部门和《佛罗里达星报》违反了《佛罗里达州制定法》第 794.03 款的规定，即“利用任何大众传播工具，印刷、出版或播出”强奸受害人的姓名是非法的。

面对 B.J.F. 的起诉，杜沃县治安部门以 2500 美元与 B.J.F. 进行了庭外和解。但《佛罗里达星报》则提出驳回 B.J.F. 起诉的动议，声称根据《佛罗里达州制定法》第 794.03 款，对报纸施加民事裁判违反了宪法第一修正案。但初审法院审理后驳回了《佛罗里达星报》的动议。

在《佛罗里达星报》和 B.J.F. 对簿公堂的过程中，B.J.F. 说，因为《佛罗里达星报》发表了包含她名字的文章，她遭受了情感上的痛苦，她妈妈更是接到了一个男人的恐吓电话，声称将再次强奸 B.J.F.，为了安全，她被迫更换了电话号码和住址，并被迫请求警察对她予以保护。对 B.J.F. 的指控，《佛罗里达星报》提出证据证明，报纸是从治安部门发出的报告中得到 B.J.F. 的名字的，报纸违反内部规定出版了强奸案受害人的名字并不是有意的。

最终，初审法院做出了判决，判处《佛罗里达星报》赔偿 B.J.F.75000 美元的补偿性损害赔偿金和 25000 美元的惩罚性损害赔偿金。对这一初审判决，《佛罗里达星报》当然不服，于是也就开始了上诉历程，官司一直打到了最高法院。

/ 官司进程 /

两起报道都涉及到了媒体对强奸案审判的接近权与报道权问题，经过层层上诉，最终美国最高法院都做出了有利于媒体的裁决。

环球报业公司赢了！

1979 年 5 月 17 日，环球报业公司就封闭令向马萨诸塞州最高法院提起上诉，认为导致初审法院作出封闭令的《马萨诸塞州一般法》第 278 章第 16 条 A 款涉嫌违宪。大约在 9 个月后的 1980 年 2 月 26 日，马萨诸塞州最高法院驳回了环球报业公司的上诉。

马萨诸塞州最高法院认为，尽管审判已经结束，本案失去了实际意义，但是鉴于环球报业公司提出的这个问题意义重大，所以决定继续审理其法律问题。该院认为，《马萨诸塞州一般法》第 278 章第 16 条 A 款是成文法，它没有规定在整个审判过程中拒绝新闻媒体进入审判室。该条款的立法初衷是："鼓励性犯罪案件的年轻受害人勇敢地站出来检举犯罪；一旦她们报案了，该条款可以保护她们在审判中免受不恰当的心理伤害，从而维护她们的作证能力。"按照上述理解，该院判决，第 16 条 A 款的真义是，在性犯罪案件审判中，封闭的只是未成年受害人作证的部分，其他部分是否封闭由法官自由裁量。至于环球报业公司的另一个主张——根据第一和第六修正案其有权出席刑事审判，该院认为有待于美国最高法院的判决，此时关于刑事审判接近权的里士满案还未审结。

不满这一判决的环球报业公司接着向美国最高法院上诉，这个时候里士满案已经有了结果，美国最高法院根据里士满案的判决精神，撤销了马萨诸塞州最高法院的判决，将本案发还，要求该州法院根据里士满案作进一步审理。不料，马萨诸塞州最高法院虽然承认刑事审判具有公开举行的传统，但是这个传统至少有一个重大例外，这就是"性犯罪案件的审判部分环节是不向公众开放的，哪怕受害人是成人"。这个观点实际上是原封不动地照搬了它此前对第 16 条 A 款的解读。这样，环球报业公司的上诉再次遭驳回，于是环球报业公司第二次向美国最高法院提起了上诉。

经过审理，美国最高法院做出了如下判决：

"我们认为，按照马萨诸塞州最高法院解释的意思，第 16 条 A 款违反了宪法第一修正案。相应地，推翻马萨诸塞州最高法院的判决。”

大法官威廉·J. 布伦南代表美国最高法院撰写了判决书，大法官拜伦·R. 怀特、瑟古德·马歇尔、哈里·A. 布莱克门和刘易斯·F. 鲍威尔联署。

至此，环球报业公司最终赢得了官司。

《佛罗里达星报》也赢了！

经过漫长的等待，《佛罗里达星报》也等来了最高法院的终审判决。对该案，美国最高法院给出了这样的判决：

> 一方面，宪法第一修正案赋予自由新闻界以权利；另一方面，各种各样的法规和普通法原则又对真实信息出版所涉及的个人隐私给予了保护。这两者之间的矛盾已经成为近年来我们讨论多次的问题。
>
> …………
>
> 我们判定，由于公布 B.J.F. 的名字而向上诉人（《佛罗里达星报》）施加损害赔偿的责任违反了宪法第一修正案。尽管本案与考克斯案有很多相似之处，但它对本案并不具有足够的约束力。考克斯案中的强奸受害人姓名是从对公众开放的法院记录中得到的，这是怀特大法官在法庭意见中不断重复的一点。在考克斯广播公司案中，我们判定要求新闻机构承担赔偿责任的判决是无效的。之所以这样判决，非常关键的理由就是，新闻机构在帮助公众监督审判、保持审判公正性中起到了非常重要的作用。但是，新闻媒体的这一作用在本案中并不存在，因为在《佛罗里达星报》公开发布从警察局报告中获取的受害人信息时，任何刑事诉讼程序还没有开始，嫌疑人也还没有确定。
>
> …………
>
> 我们并不认为，出版真实信息必然受到宪法保护，或者不存在任何的个人隐私区域，其中州可以保护个人不受媒体侵扰。又或者，州永远不能对公布性犯罪姓名的行为进行惩罚。我们只是认为，当报纸出版其合法获得的真实信息的时候，如果可以对这种行为加以处罚，那只是为了保护州的最高利益，而且必须采用特别针对性措施。在本案中，我们认为，根据第 794.03 款追究上诉人的责任并不能促进这样的最高利益。因此，下级法院的判决被推翻。

/ 法眼观案 /

第一观：两案中的第 16 条 A 款与第 794.03 款是否合宪

两则类似的官司中都涉及到了两部州法中的两个条款，前者是《马萨诸塞州一般法》第 278 章第 16 条 A 款——“在审理关于强奸、乱伦、猥亵儿童或其他涉及性的犯罪的案件时，如案件的受害人、犯罪人或者同伙是未满 18 岁的未成年人……主持审判的法官应当拒绝普通公众进入审判室。”

第二个条款则是《佛罗里达州制定法》第 794.03 款的规定，即“利用任何大众传播工具，印刷、出版或播出强奸受害人的姓名是非法的”。

如果我们用美国宪法来衡量上述这两个引起争议的条款的话，那么它们到底合乎不合乎宪法呢？

我们先来看《马萨诸塞州一般法》第 278 章第 16 条 A 款。本案审理中出现的问题在于，在“里士满报业公司诉弗吉尼亚州案”中，最高法院认可了公众（也包括了新闻媒体），享有一种有限或有条件的第一修正案权利，如果缺少“更重要的相反利益”，刑事案件必须向公众开放。但在此案中，马萨诸塞州的上述法律规定了拒绝公众进入审判室的情形，需要解决的是，这种封闭所保护的利益是否非常重要，以至于有充足的宪法依据否定公众出席审判的权利。对此，马萨诸塞州最高法院表示，该法确实规定了一种范围界定非常严格的利益，其重要性超越了接近权，即使被告人反对，即使检方或受害人没有请求封闭法庭，在未成年人受害人作证时，也必须要求新闻界和公众离开审判室。在最高法院将案件发回马萨诸塞州最高法院要求其重审时，马萨诸塞州最高法院仍坚持认为，第 16 条 A 款的规定完全符合否定接近权的两个条件。

因此，当美国最高法院再次审查该案件时，需要做的工作就是判断第 16 条 A 款到底是否符合最高法院以前审理里士满案时确定的标准，是否合宪？具体而言是两个问题，一个是马萨诸塞州封闭法庭所保护的利益比接近权更重要吗？第二个则是封闭的范围有没有超过保护该利益所必需的程度。

对上述两个问题，大法官布伦南认为：“用来支持第 16 条 A 款的政府利益可以归纳成两点：保护性犯罪的未成年受害人免受进一步的伤害和困窘的利益；鼓励这些受害人勇敢地站出来，以一种真实的和值得依赖的方式作证的利益。”

对这两个利益，布伦南分析说，第一个利益是必须予以保护的，但是不足以说明强行封闭法庭的合理性，因为具体案件的具体案情可能影响到该利益的重要性的大小。换言之，视情势的不同而异，保护性犯罪的未成年受害人免受新伤害这一利益，在有些时候足以成为封闭（或者部分封闭）审判的理由，但是在另一些时候它还不充分。布伦南说，为了保护未成年受害人，初审法官可以根据个案评估的原则去判断是否有必要封闭法庭，“需要考虑的因素有未成年受害人的年龄、心理成熟度和理解力、犯罪的性质、受害人的意愿及其父母亲戚的感受”。本案未成年受害人的姓名已经出现在公开档案中（根据美国最高法院的判例，政府不能因为媒体报道了从公开档案合法获得的强奸案受害人的姓名而惩罚媒体），受害人也愿意当着媒体的面出庭作证，本来没必要闭门审判，然而由于第16条A款规定，即使受害人愿意新闻媒体和普通公众进入审判室，这些人在场也不会伤害受害人，审判也必须闭门进行，本案的审判最终还是不恰当地闭门进行了。对此，布伦南总结说：

> 总之，我们认为，第16条A款的规定没有严格限定在维护该州主张的利益所需要的范围之内：要维护该利益，最好还是由初审法院进行个案分析，逐案判断该州对于未成年受害人的关切能否成为封闭法庭的充足理由。用这种方式来保护州的利益以及新闻媒体和公众接近刑事审判的宪法权利。

至于第二个利益——鼓励性犯罪的未成年受害人报案和作证，布伦南认为，问题在于，“马萨诸塞州根本没有提交任何经验证据来证明，第16条A款所规定的自动地封闭审判，将会使更多的性犯罪的未成年受害人站出来，配合当局”。此外，这种观点从逻辑和常识来看都存在严重问题，因为新闻媒体没有被禁止接触审判记录者、法庭工作人员或者其他可能的消息来源，这些人都可能提供未成年受害人证词的内容。因此，第16条A款既不能阻止新闻媒体报道未成年受害人的身份，也不能阻止其报道他的证言内容。如果马萨诸塞州鼓励未成年受害人报案这一利益得到保护取决于保守秘密，那么第16条A款根本不能有效地维护该利益。

当然，布伦南的意思也并不是说这个第16条A款就是完全违宪的了。布伦南指出，在里士满案中，美国最高法院第一次认可宪法第一修正案为公众规定了一种有条件的刑事审判接近权。然而，布伦南没有简单地重复里士满案的各种意见书，而是提纲挈领地强调说：“刑事司法体系的两个特征……解释了第一修正案为什么要向刑事审判的接近权提供适当的保护”——

其一，刑事审判在历史上历来是向新闻媒体和普通公众开放的。

其二，刑事审判接近权在司法系统乃至整个政府体系的运作中发挥了极为重要的作用。如，它“提高了审判质量”“保证了事实认定程序的公正性”“维护了公正的外表”等等。

总之，刑事审判公开举行的制度价值无论是在逻辑上还是在经验上都得到了确认。但是，这种接近权不是绝对的，倘若存在与之对立的更为重要的利益，而且采取限制措施的范围有严格的界定，那么对该接近权进行限制是合乎宪法的，尽管满足上述两个条件极为困难，在实践中少之又少，但毕竟也是存在的。

至于《佛罗里达星报》一案中涉及的第二个条款《佛罗里达州制定法》第794.03款的规定。最高法院在判决书中写道：

> 我们认为，在本案中，通过对发表被害人姓名的媒体来追究责任以保护这些利益，是过于轻率的行为。……
>
> 第一个理由是，上诉人获取受害人身份信息的方式。正如我们说过的，当政府自己向媒体提供信息的时候，几乎总是可以认为，政府具有比采取惩罚出版真实言论的极端措施更恰当的禁止传播和保护受害人的方式，只是政府没有利用而已。……在第794.03款中规定的禁止公布强奸案受害人姓名的政策，因为治安部门没有遵守这一政策而被削弱。当政府像在本案中一样，在信息传播中没有自我约束的时候，……因为新闻机构的后续出版而向其追究赔偿责任根本不能算是保护匿名性的针对性措施。……
>
> 第794.03款所隐含的民事诉因应用了过宽的普遍过失标准。与普通法中的隐私侵犯诉讼不同，基于第794.03款的民事诉讼不要求逐案确认泄露案件中涉及的个人私生活信息对于一个有理性的人来说是非常不快的。相反地，根据下级法院采取的过失理论，一旦出版了禁止出版的真实信息，承担责任就是必然的结果。这完全没有考虑到，受害人的身份是否已经被社区居民所知晓；受害人是否自愿引起公众对这一犯罪行为的注意；或者，受害人的身份已经成为公众关注的一个合理话题——因为公众可能会对受害人是否蓄意制造了这起攻击产生疑问。……当重要的宪法第一修正案利益受到威胁的时候，是不允许对媒体的接触权进行分类限制的。

从最高法院对该案的判决中，我们不难发现，第 794.03 款在某些地方是违反了宪法第一修正案的。但同样，在最高法院眼里，该条款也不是完全违背了第一修正案，毕竟这其中有时还有特例存在，所以在判决书中，最高法院也没有把话完全说死，而是又加进了这样的内容：

> 我们也不接受上诉方（《佛罗里达星报》）过于宽泛的主张，认为根据宪法第一修正案，任何真实的出版都不会受到惩罚。我们的判例谨慎地避免涉及这一最终问题，注意到未来可能发生的一些情景，审慎地指导我们尚未解决的问题……我们仍然认为，宪法第一修正案和隐私权之间的冲突所呈现出的利益的敏感性和重要性依赖于某些有限的原则，而这些有限原则不会比本案所涉及的更宽泛。

第二观：值得回味的判决争议

在环球报业公司诉高等法院一案中，首席大法官沃伦·E. 伯格撰写了一份异议意见书。大法官威廉·H. 伦奎斯特联署。在这份异议书中，伯格提到了“悖论”一词，从这个词就可以看出，伯格对判决是很不满意的。

伯格指出，在整个社会竭尽全力保护未成年被告人时，如不公布未成年被告人姓名、不公开举行审判、密封审判记录等，美国最高法院在本案却宣告马萨诸塞州一部旨在保护未成年受害人的法律违宪。他的潜台词是，连未成年被告人或罪犯都保护了，还有什么理由不保护未成年受害人呢？

那么这种落差是如何产生的呢？伯格认为，首先来自美国最高法院对里士满案判决的错误的扩大解释。在他眼里，“最高法院似乎是认为，我们在里士满案的判决的内容是，在任何情形下，所有刑事审判的所有程序都存在着一种第一修正案接近权。这种观点大错特错”。因为实际上，里士满案判决背后的思维路径清楚地呈现，在审查接近权问题时必须考虑两个因素，一是历史传统，二是功能作用。“在今天，布伦南大法官疏漏了对历史传统进行分析。显而易见，性犯罪案件，尤其是受害人为未成年人的案件，审判不向公众开放有悠久的历史。多个州很早之前就制定了法律，受害人为未成年人的性犯罪案件要闭门审判。”

除了这个大错特错外，伯格还认为，美国最高法院还犯了一个错误，即没有认识到本案的特殊性。在其他案件中，州法律被宣告违宪是因为它们限制信息的自由传播和思想的公开讨论，而本案所涉的第 16 条 A 款不禁止公众和媒体获得审判记录，接触其他消息来源，事实上媒体也得到了上述东西，因此在本质上，第 16 条 A 款不是限制信息的传播，只是保护未成年受害人。基于此，伯格在异议书中写道：

> 马萨诸塞州实施第 16 条 A 款的目的是向父母和未成年人承诺，他们将会获得这种适度的和有限的保护，避免了不得不当着一大群素不相识的旁听者——可能还有电视观众——的面，披露性犯罪的私密细节，免于由此带来的伤害、困窘和耻辱。另一个目的是减少报案的阻碍因素，这种阻碍来自于受害人担心公开作证。

既然本案无关限制信息的自由传播，自然也不应当适用美国最高法院在审理新闻自由案件时通常采用的严格标准，后者要求，要限制新闻自由，一是必须有更重要的对立利益，二是限制措施严格限定在必需层面。而美国最高法院在审理本案时适用的恰恰是这个严格标准，这也被伯格认为是“不恰当的僵硬地适用”。在伯格看来，正确的做法是：“只需要审查施加的限制是否是合理的，马萨诸塞州想维护的利益是否优先于该法给第一修正案权利造成的非常有限的、暂时的影响。我们在本案中的职责是平衡这种利益冲突：媒体及时获得信息的权利与该州保护儿童强奸案受害人免于公开作证的伤害。”伯格在这里所用定语极为考究，按照他的说法，第 16 条 A 款对第一修正案权利的影响是“非常有限的、暂时的”，因为新闻媒体和公众受到的唯一限制只是不能进入审判室，审判的情况，包括受害人的证言，都会以记录的形式公之于众。

至于闭门审判的利弊，伯格也表达了自己的观点。

由于在本案的审判中，美国最高法院判决的一个重要内容是否定了闭门审判能收到鼓励检举犯罪的效果，一个理由是马萨诸塞州未提交“经验证据”予以证实，另一个理由是相关敏感信息已经公开，闭门审判不能保护受害人免受伤害。对这种分析，伯格难以接受，他说：“批评马萨诸塞州未提交经验证据以支持其法律是完全没有道理的；只有允许州进行试验，它才能提供经验证据。”伯格的这句话通俗点说就是，你都不允许人家试验，人家怎么可能拿得出试验数据呢？至于第二个理由，伯格认为，美国最高法院显然误解了第 16 条 A 款：“最高法院显然认为，因为该法没有禁止新闻媒体发现和报道受害人的身份及其证词内容，它不能防止受害人受到伤害、困窘或羞辱。然而，第16条A款的目的不是保密，而是为了防止因为当众——不可避免地有陌生的窥阴者混迹其中——叙述犯罪细节而导致严重心理伤害。”

这种伤害在伯格看来是实实在在的，因此，为了防止这种伤害，强制封闭审判自然也是必要的。如果法律规定由法官自由裁量是否封闭，为了保护未成年人，绝大多数法官会决定封闭。“如果没有这种法定保护（闭门审判），在审判开始之前，受害人一想到可能会公开作证，就已经饱受煎熬了。仅仅是公开作证的可能性就足以导致父母和儿童决定不报告这些不可饶恕的犯罪。如果确如心理学家所报告的，在此类案件中的出庭经历和犯罪本身一样令人痛苦，州当然应当采取任何其认为合理的和必要的措施以减少痛苦。”

“最高法院的判决粗暴地侵犯了州权和该州保护其公民——在本案中是未成年受害人——的义务。我反对最高法院对里士满案判决的扩大解释，也反对其傲慢地否定了支持马萨诸塞州强制封闭审判的法律的重大利益。因此，我持有异议。”伯格写道。

在环球报业公司案中对最高法院的判决持有异议的还有大法官约翰·保罗·史蒂文斯，他也撰写了一份异议意见书，并且在异议意见书中指出，本案涉及的这部州法律“在初审法院的命令期满失效之后发生了实质性变化”。他认为，马萨诸塞州最高法院的判决实质性地改变了第16条A款的含义。因此，在他看来，本案失去了实际意义，因为“同一个起诉人不可能再次遭受同一行为（的侵害）”，法律依据已经面目全非，初审法院不可能作出类似的判决。

同时，史蒂文斯也认为，美国最高法院以推翻原判作为救济方法是不恰当的，因为推翻原判针对的是违宪，可是美国最高法院并未认为，要求未成年受害人作证时封闭审判室的命令是违宪的，只是表示，如果要颁发这样的封闭令，必须有充足的事实认定为支撑。“正常情况下，如果一份审判命令因为缺乏事实认定的支持而带有宪法瑕疵，最高法院要么将案件发回，要求进行事实认定，要么在决定该命令是否符合宪法标准之前自己调阅卷宗。”

总之，史蒂文斯得出结论：“没有采取上述行动——既然在本案中没有颁布这种命令，颁布的命令已经期满失效——进一步证明，最高法院关于马萨诸塞这部法律引发的第一修正案问题的论述是建议性的、假设性的，最多也不过是早熟的。”他似乎在说，因为整个问题现在不具有实际意义，美国最高法院的判决不应具有约束力。

第五部分
法院的“案”不好审

新闻报道面前要相信陪审员！

——霍尔特诉美国案

/ 案件回顾 /

1908 年的美国军界发生了一起骇人听闻的杀人案，死者被战友杀死后又被抛进了热炉焚尸。案件发生不到一天凶手即被捉拿归案。但是在这起事实清晰的官司中，媒体因为其报道又被卷入进来，甚至有人评价，该案还进一步夯实了美国最高法院对阅读了审前报道的陪审员依然能够作出中立裁决的一贯信任的基础，为日后陪审员可以接触有关媒体报道打开了大门。

炮兵团的凶杀案

1908 年 5 月 8 日，美国陆军海岸炮兵团一名 21 岁的士兵詹姆斯 · H. 霍尔特在军营中用一根铁棒打死了战友亨利 · E. 约翰逊。

霍尔特在该炮兵团是一名优秀的炮手，平时给炊事员打打下手，而被他打死的约翰逊和他是一个团的战友。像霍尔特一样，约翰逊也有着军内“第二职业”，只不过他的这个职业是在军营一家位于地下室的商店里修鞋。

当然，和很多案件类似，霍尔特也不是单枪匹马一人作案，和他一起作案的还有他的两个战友，一个叫托马斯 · H. 奈特，另一个叫格里贝尔。

说起这三人的作案直接动机很简单，就是为了抢钱。1908 年 5 月 8 日是炮兵团发军饷的日子，每到这个日子，大兵们的兜里也就有了钱了，而霍尔特也正是看到了这是个抢钱的“好日子”，因此在这天，霍尔特和叫托马斯 · H. 奈特以及格里贝尔三个人便把抢劫的目标锁定为军营鞋匠约翰逊。

5 月 8 日，霍尔特以偿还以前修鞋欠下的钱为借口，让约翰逊到他的房间来取钱。约翰逊来到霍尔特的房间后，霍尔特对约翰逊提到要一张付钱收据，就在约翰逊拿出收据本低头写收据的时候，霍尔特用准备好的铁棒猛击约翰逊的头部后方，前后击打了三次，遭到重击的约翰逊应声倒下，不放心的霍尔特又打了两次，然后又从约翰逊身上拿走了约翰逊的 39 美元军饷。

得手后的霍尔特等三人结伴来到附近的汤森港，用抢的钱开始在这里挥霍。三人喝酒喝到很晚，其中奈特更是喝得烂醉如泥。直到 5 月 9 日凌晨 5 时 45 分，霍尔特和格里贝尔才返回军营。回到军营后，他们把约翰逊的尸体抛进了加热炉。做完这一切后，两人又去了汤森港，继续去挥霍。

但仅仅几个小时后，约翰逊的尸体被人发现。虽然发现时尸体已经烧焦，但是依然被人辨认出了身份。5 月 9 日上午 8 时左右，霍尔特等三人被捕。

又是报纸“惹了祸”？

1908 年 12 月 8 日，对霍尔特的审判开始了。

审判持续到 12 月 18 日，这天刚好是星期五。在证据出示完毕后，原告方与被告方完成了质证，等待在接下来的一周进行结案陈词，为了审判结果的公正性，该案的陪审团在周末被隔离起来。

但也正是在重新开庭前的星期天早晨出事了。由于案件在当地造成了较大影响，因而也就不可避免地引起了当地媒体的注意。星期天这天，当地报纸刊登了一篇文章，主要内容是，星期一上午被告人将为自己出庭作证，政府会传唤一名来自芝加哥的证人，霍尔特此前的认罪被法官判决为不能采信。

据霍尔特的律师后来声称，检方计地区检察官办公室的一名雇员把这份报纸交到了陪审团面前。

星期一，在结案陈词之前，法官当着陪审团成员的面询问写作上述文章的记者：该报道究竟是怎么回事？接受询问的记者亲口承认，他的这篇报道部分内容是失实的。

尽管陪审员亲耳听见记者承认报道是虚假的，但是为了保险起见，法官还是正式提醒陪审员们注意，不要理会报纸发表的不可信的内容，而且在此后的每一次休庭时，法官都会警告陪审员不要谈论此案和与之相关的任何话题，自然这其中也包括报纸的报道。而正是由于事先接触了报纸的报道，审判该案件的陪审员们被律师抓住了把柄，一起事实清晰的案件发生了变化。

/ 官司进程 /

辩护律师的重审申请

由于证据比较充足，这起恶性凶杀案的审判称得上“波澜不惊”，初审法院判处霍尔特终身监禁。

任何官司的审判都离不开辩护律师，在这起凶杀案中，霍尔特的初审辩护律师在初审过后无意中获知了这样一点，一些本案的陪审员在审判前阅读了报道有本案内容的报纸。看似不起眼的一个阅读报纸的举动却使辩护律师找到了一个借口，这就是有的陪审员违反了法官所提醒的“陪审员不要与他人谈论案件，也不要从其他渠道了解案情”的规定。

于是霍尔特的律师以此为依据向法庭提交了要求重新审判的申请，这个申请在美国的法律体系下是合理的，那么法官会答应律师的这个申请吗？法庭在接到律师要求重新审判的请求后会重开审判吗？

经过磋商，初审法官尽管承认初审中陪审员看了报纸，但却驳回了霍尔特律师的要求重新审判的申请。

后来的发展就像很多官司一样，霍尔特一方向美国最高法院提起了上诉，请求重新审理该案。

“法律帝国的哲学王”霍姆斯出山

霍姆斯何许人也？此君乃是本案终审判决书的执笔人。在美国法律史上，霍姆斯被誉为“美国法律传奇的一部分：来自奥林匹斯山的美国佬——这个来自波士顿的‘贵族’给自己所处的时代留下了自己的印记，并且会给未来时代留下自己的印记，而这是没有多少人可以做到的”。

后人经常这样形容霍姆斯——当过兵，杀过人，血统高贵，长得很酷，个子很高，留着尼采一样的小胡子，会写诗，做过无数煽情的演讲，有考究入时的穿着和军官风度，谈吐风雅，喜欢同年轻女人调情，五十多岁还有浪漫的跨国婚外情。所有这些，都使他成为美国法律界中最有趣的一个形象。

书归正传，大法官霍姆斯出生在美国东北部马萨诸塞州的波士顿，他的父亲是哈佛大学医学院的教授，也是位有着很高知名度的文学家，而他的母亲则是马萨诸塞州最高法院首席大法官的千金，父系和母系两个家族都是当地的世家望族，因此他从小就生活在“谈笑有鸿儒，往来无白丁”的家庭环境中，获得了很好的启蒙教育。

美国南北战争爆发后，正在哈佛大学读书的霍姆斯投笔从戎，参加了北方政府军。在整个战争期间，霍姆斯三次负伤，其中两次甚至危在旦夕，战争经历形成了后来霍姆斯勇敢而坚毅的性格特征。战后，为了和父亲有所区别，避免被人诟病他生活在父亲老霍姆斯的阴影中，霍姆斯选择了法律生涯。

走上法律生涯的霍姆斯很快展现出了他“超人”的一面，从1880年开始，霍姆斯受邀主持了一个系列讲座，这些讲座的主题均围绕普通法展开。后来，他的这些讲稿汇集成一本书并在1881年出版，这就是后来美国法律界的一部经典之作——《普通法》。

《普通法》一书的成功让霍姆斯声名大噪，1882年他获得了哈佛大学教授职位，但由于同年12月，他被任命为马萨诸塞州最高法院大法官，两职无法“同兼”，因此，进入大学讲堂仅仅2个月后，霍姆斯又辞掉了教职，走马上任大法官职务，而且在这个职位上，霍姆斯一待就是20年。

1902年，在好朋友——马萨诸塞州的参议员Henry Cabot Lodge的帮助下，霍姆斯再度“高升”，被总统西奥多·罗斯福提名担任美国最高法院大法官。

说到霍姆斯的被提名，这里还有一个小小的波折。西奥多·罗斯福提名后，很多报纸把霍姆斯描写成“早餐桌的独裁者（霍姆斯之父——老霍姆斯最畅销的一部作品）的儿子”。显然，人们更熟悉霍姆斯的作家父亲。

而纽约和波士顿的晚报更是不客气地评价霍姆斯“才气多于理智”，“有天分但是并不伟大”。

这也可以说是霍姆斯和媒体的第一次大规模“交锋”。看到媒体报道后的霍姆斯感到无比愤怒，甚至在他随后写给好友波洛克的信中也抱怨道：“当我呕心沥血试图去把每一个字都写得鲜活而真实的时候，却看到一群蠢货们用圣洁的油墨谈论着他们根本一个字都不懂的东西，还在真正懂行的人面前现眼，这真让人感到恶心。”

不管社会上对霍姆斯如何评价，就任美国最高法院大法官后的霍姆斯却不负众望，成了美国法律史上最伟大的大法官之一。在大法官的职位上，霍姆斯又干了30年，直到1932年退休。

在登上美国最高法院这个舞台后，霍姆斯展现出他的惊人天才，迎来了他法律生涯中最辉煌灿烂的一段时期，通过一系列闪烁着法律智慧的判决书和意见书，霍姆斯“对美国宪法作出了自马歇尔以来最重要的贡献”。

同为美国最高法院大法官的桑德拉·戴·奥康纳在评价霍姆斯时认为，霍姆斯对美国法律的贡献集中在两个领域：

> 霍姆斯的思想中保留下来的第一个法律领域，大多数美国律师都很熟悉，但是未必所有的公民都知道，即霍姆斯对于我们理解保障言论自由的宪法第一修正案的贡献。但是霍姆斯贡献的第二个领域几乎不被提及，这个领域涉及被控告的犯罪嫌疑人接受公正审判的权利，也涉及当地方州法院未能履行他们的宪法义务的时候联邦法院介入的权力。我们认为霍姆斯的影响在这个领域和在其他领域一样大。

声名鹊起的霍姆斯在法律界还留下了一句影响至今的名言：法律的生命不在于逻辑，而在于经验。

根据霍姆斯的见解，“对时代需要的感知，流行的道德和政治理论，对公共政策的直觉，不管你承认与否，甚至法官和他的同胞所共有的偏见对人们决定是否遵守规则所起的作用都远远大于三段论。法律包含了一个民族许多世纪的发展历史，它不能被当作由公理和推论组成的数学书”。

除了上述至理名言，霍姆斯还提出了一些具有着开创意义的法律主张。例如他认为，要想了解法律的概念，必须从“坏人”的眼光而不是“好人”的视角来预测法律。“因为坏人只关心他所掌握的法律知识能使他预见的实质性后果，而好人则总是在较为模糊的良知约束状态中去寻求其行为的理由，不论这种理由是法律之内，还是在法律之外”。

我们之所以在这里比较详细地介绍霍姆斯的生平背景，第一个考虑是就霍尔特这一案件本身来说，这一案件实在是波澜不惊，甚至平淡无奇。但是由于霍姆斯执笔的判决书中论述了一项在美国法律史上具有开创意义的做法——偏见推定。

偏见推定问题虽然在霍尔特一案并未成立，但它却代表着美国最高法院在审案思路上的崭新开拓。

之所以详细介绍霍姆斯的第二个考虑是，我们上文提到的霍姆斯的两大贡献之一恰好是被告人接受公正审判的权利，这与本书主题紧密相关，在此后的一些案件中霍姆斯在相关问题上又做出了一系列重要的理论贡献，为美国法律的进一步完善做出了重要贡献。

审判尘埃落地

霍尔特的代理律师要求重审的理由是，每天的审判结束之后，法官都会允许陪审团解散，虽然法官每次都提醒陪审员不要与他人谈论案件，也不要从其他渠道了解案情，但是一些陪审员却告诉霍尔特的代理律师，在审判正在进行的过程中，他们中有些人阅读了西雅图报纸关于此案的报道。

霍尔特的代理律师要求重审的理由主要是源于一种担心，即看过了有着虚假成分的报道后，一些陪审员会受到媒体报道的影响，因此也就难以避免地会在审判中出现偏差，造成不公正审判结果的出现。

针对霍尔特代理律师的上诉理由，霍姆斯提到了这样的疑问："当法官确信陪审员值得信任时，根据法律，他们可以获得多大程度的信任？"

具体到霍尔特这一案件，本案的陪审员每天离开审判室后读到案件报道的可能性非常大，但是能不能就可以据此认为，陪审员们不会公正审判了呢？

对霍尔特代理律师的担心，霍姆斯提出了美国很多州都客观存在的一个事实，一些州的法律和判例明确允许陪审团成员在审判中"下班"，哪怕是在死刑案件的审判中。（当然，也有一些州则作出了完全相反的规定，案件审判中陪审团成员不能"下班"回家，而只能是"封闭"起来，直至审判结束。）

由于各地的做法不统一，因此霍姆斯提出了这样一句今天我们看起来也有些艰涩难懂的话，"如果形成偏见或者产生腐败的可能性大到使人们推定确有偏见，在目前的情形下，陪审团审判难以继续进行下去"。这段话后来在20世纪被频繁引用，成了认定陪审团中立性的经典标准之一。说得直白一些，霍姆斯这句话的意思就是，偏见形成的可能性大到使人们相信的程度，便可当作确有偏见，因此不能继续进行审判，应当重新审判。当然在这个时候，也就没有必要一定要用证据证明偏见确实存在了。

虽然霍姆斯的这句话降低了偏见成立的门槛，但是在本案中他还是认为偏见出现的可能性还没有大到伤害陪审团中立性的程度，也就是他所说的，"从我们面前的事实之中，我们找不出任何无可置疑的理由可以说，他（初审法官）所表达的观点——审判是公正的，被告人无可上诉——是错误的"。

在上述立场的基础上，霍姆斯重新审理了此案。

针对霍尔特代理律师对陪审员审判中看过有偏见的报道的担心，霍姆斯作出了如下调查说明：

经调查，相关情况如下：这名陪审员没有与任何声称了解此案的人谈论过自己的看法；但是他阅读报纸了解到案情，并且从报道得出了自己的观点；证据能够轻而易举地使他改变看法，虽然要求证据达到一定数量。他声称，如果证据不能证明报纸所说属实，他将会根据审判中的证据作出裁决，他能够完全根据证据，公正中立地审理此案。

陪审员不是绝缘体，有时难以避免会在审判期间接触过案件报道，甚至形成了某些看法。但这并不一定会影响到案件的公正审判。要知道，陪审员的偏见可能来自新闻报道，也可能来自其他渠道，例如控辩过程中的一些言论和证据可能也带有倾向性，然而又未被法庭被采信。如何看待这些材料对陪审员的影响，同样事关中立性的认定。

对陪审员的中立性问题，美国最高法院后来形成了这样的观点：

第一，陪审员看过相关案件报道不一定便意味着他有偏见。

第二，关于案件报道是否有影响，影响有多大，陪审员自己的证言是一件关键证据。陪审员自证中立的证词是有效力的，若要推翻，必须要有确凿的相反证据。

第三，关于陪审员中立性的认定问题，特别是要不要接受陪审员自证中立的证言，初审法官最有发言权，他的判断，上诉法院原则上应予尊重。

对上述问题，美国大法官韦特在雷诺兹诉美国案中写下了这样的经典之语："初审法院关于这个问题的认定不应当被上诉法院推翻，除非错误是明显的。"

霍姆斯显然对韦特的论述印象深刻，对韦特的论述稍作修改便用在了霍尔特一案上，并在判决书中写下了如下的话语：

"初审法院关于陪审员持有观点的强度及其偏向性或中立性的认定，上诉法院不应当推翻，除非错判是明显的，本案不存在此种情况。""我们认为，决定陪审团留在审判室属于法官的自由裁量权的范围之内。"霍姆斯说。初审法官已经告诉陪审团，他们应当根据来自证人席的证词审理案件，而不是根据律师说的和报纸报道的内容。而且，初审法官认为，陪审员是具备经验和常识之人士，能够根据法庭采信的证据审理案件。霍姆斯表示："毫无疑问，在审查能否采信认罪的供述时，请陪审团离席更为稳妥保险，但是初审法官的观点同样有力：如果陪审团满足履行法定职责的条件，那么他们能够像法官在审理非陪审团审判案件时做的那样，对事实问题去伪存真。我们不能判定，他（初审法官）认为眼前的人士胜任其职责是犯了错误。”

而对于霍尔特的代理律师提到的另一个上诉理由——调查中两名上尉要求他试穿一套沾着煤烟痕迹的外套，霍尔特穿上以后合身，承认外套是他的。当上尉在法庭上就这一事件作证时，霍尔特的律师声称，由于霍尔特是一名士兵，上级军官命令他做某件事情，他失去了自主判断和自由意志，事实上，他是被迫这样做。因此，霍尔特认为，自己被迫试穿“军装上衣”是被剥夺了第五修正案规定的不得自证其罪的权利——霍姆斯又是如何解答的呢？

对上述陈述，霍姆斯给出了这样的解答：“禁止在刑事法庭上强迫一个人自证其罪的含义是，禁止使用肉体的或精神的强制措施逼取供词，而不是说，在必要的时候不得使用其身体作为证据。”

综合上述理由，最终美国最高法院大法官小奥利弗·温德尔·霍姆斯代表美国最高法院撰写了维持原判的判决书。首席大法官梅尔维尔·韦斯顿·富勒，大法官约翰·马歇尔·哈伦、爱德华·道格拉斯·怀特、约瑟夫·麦克纳、威廉·R. 戴、威廉·亨利·穆迪、霍勒斯·哈蒙·勒顿和查尔斯·埃文斯·休斯联署。

/ 法眼观案 /

第一观：既定原则的沿用

霍尔特一案中，霍姆斯在终审中既尊重了初审中法官对陪审员的尊重，又沿用了法律中的一些既定原则，具体到本案中这些既定原则包括：

陪审员看过相关案件报道不一定便意味着他就会形成偏见，关于案件的新闻报道是否有影响，影响有多大，陪审员自己的证言是一件关键证据，陪审员自证中立的证词是有效力的，若要推翻，必须要有确凿的相反证据。

到了 20 世纪初，美国最高法院已经清楚地确立了一个理念，陪审员候选人虽然已经形成关于被告人有罪的看法，但是它并不是必然构成违宪的偏见。如果他们能够改变自己的观点，完全根据法庭采信的证据作出裁决，那么他们仍被认为是胜任陪审员这一角色。不过，如果他们关于被告人有罪或无辜的印象过于深刻，证据也不能加以改变，那么他们被认为是不中立的，其作出的裁决也是不公正的。

第二观：要信任陪审员

报道自由是新闻自由的重要组成，本案中也出现了新闻报道失实的情况，在这种情况下如何平衡新闻自由与公正审判的关系就变得至关重要了。

在霍尔特这起案件中，争论的焦点之一就是看过了有着偏见性报道的陪审员还能不能秉公执法？对此美国最高法院给出了这样一个答案：

> 初审法官能够担负判断偏见是否达到违宪层面的责任，主要原因是当陪审员宣誓称自己可以克服成见秉公审案时，初审法官可以近距离地观察他们的言行举止。因此，除非初审法官在判断这一问题时犯下明显的或清楚的错误，上诉法院不应当推翻初审法官的判决。

大法官小奥利弗·温德尔·霍姆斯坚定地重申了美国最高法院对阅读了审前报道的陪审员能够作出中立裁决的一贯信任，也重申了对初审法官评估陪审员候选人中立性的能力的信任。

霍姆斯的重申一定程度上不仅可以看出他对新闻自由权的尊重，同样也可以看出他对陪审员陪审能力的信任。在任何施行陪审制度的国家，把陪审员隔绝于新闻报道之外都是不太现实的。那么如何避免一些可能存在着偏见性的报道对陪审员的负面影响呢？霍姆斯告诉了我们一个很好的答案——信任加监督。

认罪报道会让审判产生偏见吗？

——斯特罗布诉加利福尼亚州案

/ 案件回顾 /

68 岁的老人性侵了外孙女的小玩伴，然后又残忍地将其杀害。看似事实清晰的一起惨不忍睹的凶杀案在审判中又和新闻界的报道扯上了关系，甚至对后来的有关审判造成了深刻影响。这起案件就是斯特罗布案及其随后的斯特罗布诉加利福尼亚州案。

伸向 6 岁小姑娘的“魔爪”

1949 年 11 月 14 日下午 3 时，生活在加利福尼亚州的 6 岁小姑娘琳达·乔伊斯·格卢科夫特告诉母亲，她要到邻居家找小玩伴罗谢尔玩。

这本是一次普通的小孩子之间的玩耍，但是对天真的琳达来说却意味着一场失去生命的大灾难。当天下午，琳达的小玩伴罗谢尔已经被她母亲带着去参加聚会了。但是对此毫不知情的琳达依然独自来到罗谢尔的家里。

当天下午 5 时，琳达还没有回家，她的父母来到罗谢尔家后却发现房门紧闭，也不见琳达的踪影。于是琳达的父母报了警。

接警后，警方开始搜查，11 月 15 日清晨，搜索的人们在罗谢尔家的焚烧炉后面发现了一具尸体，经过琳达父母辨认，尸体就是他们 6 岁的女儿琳达。

发现琳达尸体的现场惨不忍睹，6 岁小女孩赤身裸体被一块毯子包裹着，毯子上面覆盖着纸箱和木箱。尸体附近的焚烧炉旁还竖放着一把斧子，附近一堆废物里面还发现了一把血迹斑斑的刀子，同样血迹斑斑的还包括车库一个架子上搁着的一把碎冰锤，一堆木板背后的一把斧锤，这些凶器上面沾着琳达的头发和血迹。

琳达的裤子哪里去了呢？搜索的警察后来在焚烧炉里找到了琳达被撕破的裤子。案件被定性为一起恶性凶杀案。按照案件侦破步骤，警方对琳达的尸体进行了详细检查，尸检结果显示，小琳达死于绞勒导致的窒息。她的脖子上缠着两圈针织的红色领带。除了头部、胸部和背部有大量的挫伤和擦伤外，还有一处深入颈部，从第六和第七块颈椎骨之间穿过的致命伤口，造成这个伤口的凶器割断了琳达的脊髓。

仅仅是普通的伤害也罢了，引起人们愤怒的是，警方发现小琳达的外阴也有伤，也就是说，小琳达还遭受了性侵。

据验尸官说，当凶手残忍地伤害琳达，在她身上造成累累伤痕时，小琳达一直没咽气，直至脖颈后部那道贯穿了两块椎骨的致命一击才夺取了小琳达的生命。

加州历史上规模最大的搜捕

由于小琳达临死前说起过去罗谢尔家里玩，加之现场发现的凶器也是罗谢尔家的，同时罗谢尔的外公在案发后就不见了踪影，种种证据都把犯罪嫌疑的目标指向了罗谢尔的外公弗雷德·斯特罗布。

为了让斯特罗布归案，加州警方启动了该州历史上规模最大的搜捕斯特罗布的行动。

这个弗雷德·斯特罗布 1881 年出生于奥地利，1901 年来到美国，也属于怀揣着美国梦来到“新大陆”的人。

斯特罗布来到美国后很快就在美国成家立业，由于又有着一手烤面包的好手艺，因此来到美国后，斯特罗布就选择了面包师这一职业，并且在这一岗位上一做就是 20 多年，直至 1946 年退休。

1949 年 11 月 14 日，在女儿西尔维亚·豪斯曼的家中，68 岁的斯特罗布遇到了独自一人过来找他的外孙女罗谢尔玩耍的小琳达，于是就在自己女儿的家里，斯特罗布性侵了小琳达，随后又将其杀害，然后逃之夭夭。

由于大量的媒体报道和警方通告，加州的老百姓对这个斯特罗布是熟悉得不得了了，在这种情况下，斯特罗布想逃出生天的希望微乎其微。

11 月 17 日中午，洛杉矶当地一位叫威廉·马丁·米勒的居民在餐厅吃饭时认出了斯特罗布，随后，威廉·马丁·米勒将这一情况报告了巡警阿诺德·C. 卡尔森，卡尔森赶到餐厅后将斯特罗布逮捕。

媒体关于斯特罗布认罪的报道错了吗？

对于这样一起恶性案件，洛杉矶的媒体肯定是不甘落后的。案件发生后，媒体便开始了大规模的报道，到斯特罗布被捕认罪时达到了报道高潮。

如果说这些报道都是一般性的报道也就罢了，但问题是当斯特罗布被逮捕后，很多媒体都在头版用醒目的大标题将斯特罗布称为“狼人”“性变态杀手”。

正是这些报道后来成了这起案件之所以被上诉的一个重要依据。

据参与该案件审判的克拉克法官回忆，报纸关于斯特罗布被捕和认罪的报道异常煽情轰动，以至于尽管从他被捕到审判开始，中间隔了 6 个星期，但是仍然不可能在洛杉矶地区举行一场公正的审判。

克拉克说，这个问题在于新闻报道是否在社区引起了如此严重的偏见，致使对申诉人的审判缺失了法律中的“构成正义概念本质要核的基本公正”，从而受到“致命影响”。

对媒体这种大规模的带有一定“定性”色彩的报道，作为一位负责任的法官，克拉克检视了本案中的媒体曝光情况。

根据汇总分析，克拉克指出，洛杉矶各报都以大字标题报道了警方搜捕斯特罗布的行动。斯特罗布在被捕当天向检察官认罪的时候，地区检察官一边讯问，一边出来向新闻媒体发布认罪内容，报纸发表了大量的认罪内容摘要。4 天以后，在预审上，认罪供述经宣读被写进了卷宗，洛杉矶各报全文刊登了认罪供述。

与此同时，负责该案的地区检察官也向新闻媒体宣布，他个人认为斯特罗布有罪且心智健全。这一司法机构有关人士的定性就好比给媒体吃下了一颗“定心丸”，此后，斯特罗布被更多的媒体称为“狼人”和“性变态杀手”，并且很多媒体将这些带有主观色彩的标题醒目地刊登在了头版上。

当然，媒体的报道也不会一直“炒作”一个话题，斯特罗布被抓并且认罪后，洛杉矶的媒体对斯特罗布案的报道“迅速降温”，到了 12 月份，洛杉矶各报只是偶尔把该案作为重大新闻来报道。例如在 12 月 2 日斯特罗布辩称自己无罪的时候一些媒体又重点报道了斯特罗布的无罪辩称。但更多的时候，媒体只在内页报道此案。

至于地区检察官向新闻媒体发布含有斯特罗布认罪细节的新闻通稿的行为，法官克拉克在判决书中虽然予以了指责，但是表示，在预审上，认罪记录经宣读写入了卷宗，“那个时候新闻媒体就可以获得认罪供述……申诉人（斯特罗布）没有证明，报纸在 4 天之前报道认罪供述的部分内容，如何在两个月后致使做出裁决的陪审团形成偏见”。

克拉克用下述文字总结了他对媒体报道的分析：

> 缺乏确凿的证据证明，社区存在偏见，以及这些偏见在某些方面影响到了陪审团的评议。本案的一个情形也很重要，报纸最突出的报道之一是认罪供述，它出自自愿，而且本身未在审判中被采信为证据。

通过这番分析，克拉克得出结论——“我们同意加利福尼亚州最高法院的观点：申诉人（斯特罗布）未能证明，报纸报道在社区中造成了不利于他的强烈偏见，以至于‘必然阻碍了审判的公正进行’。”

/ 官司进程 /

正像很多官司都是一波三折一样，斯特罗布一案的官司也是经历了初审、上诉、终审等一系列环节，而这其中被斯特罗布作为上诉重要依据之一的就包括这样一条——他是被迫认罪的。事实是这样吗？对此，我们还得从斯特罗布被捕后的情况说起。

斯特罗布被逮捕后发生了什么

1949 年 11 月 17 日被逮捕后，逮捕他的巡警卡尔森和提供线索的当地居民米勒一起把斯特罗布带到了餐厅领班的办公室，并向总部报告已经抓获了斯特罗布这一消息，请求派一辆警车来。

根据当时在场的居民米勒的描述，卡尔森报告完后，当着米勒和餐厅领班的面，卡尔森对斯特罗布进行了搜身。卡尔森要求斯特罗布面朝墙壁站立，双手放在墙上。在搜查过程中，斯特罗布的脚动了一下，卡尔森便踢斯特罗布的脚，让他保持姿势不动。米勒作证说，卡尔森的脚“可能”踢到斯特罗布的胫骨“一两次”。几小时后的体检显示，斯特罗布身上没有任何伤痕。搜身完毕后，卡尔森用警棍指着斯特罗布的鼻子说：“你知道这是用来干什么的吗？”“你看见警棍了没有？”但是，斯特罗布从未指控卡尔森用警棍打过他。在等待警车的过程中，米勒问斯特罗布是否犯了谋杀罪，而斯特罗布则“喃喃自语，听起来似乎是说‘我想是吧’”。于是，气愤的餐厅领班扇了斯特罗布几个耳光，打飞了他的眼镜。

警车如期而至，将斯特罗布带到地区检察官办公室。在路上，车上的一名警察问斯特罗布逃到哪里去了，斯特罗布回答说：“呃，那件可怕的事情发生后，我跑到海边，进了海洋公园。我想了结了自己。”该警察问：“你所说的可怕的事情是指什么？”斯特罗布回答说：“在小女孩被杀时——”该警察插问说：“你是说当你杀害小女孩时吗？”斯特罗布回答说：“是的，我跑到了海滩，跳进海里想自杀，但是我想到，我到了世界的那一边还是必须接受惩罚，最好还是回来在这边受罚。”该警察作证说，他没有向斯特罗布许诺任何回报，也没有以暴力相威胁。

和检察官的对话

11 月 17 日下午 1 时左右，斯特罗布被带到了检察官办公室。一名助理地区检察官对他进行了讯问，另有 19 人在场，全程录音。

斯特罗布说，11 月 14 日受害人来到他的女儿家，他带她到卧室，靠近她。小女孩开始尖叫，他惊恐万分，掐住她的喉咙，直至没有声响。一会后琳达身体开始扭动，他从梳妆台的一个架子上拿来一根领带，缠在琳达的脖子上。

当琳达的身体不再扭动时，斯特罗布找到一张毯子裹住琳达的身体，想把尸体移走，但他感觉到琳达没有断气，于是，他又在厨房找到一把斧锤，击打她的太阳穴。然后，他拖着尸体穿过房屋，来到外面的焚烧废品的炉子边。由于仍然不能肯定琳达死亡了，他回到厨房找了一把碎冰锤，反复地刺琳达的胸部。

后来斯特罗布告诉警方，他是想确保碎冰锤能刺中琳达的心脏，这样她就不会再感到痛苦。但由于还担心琳达气息犹存，于是，斯特罗布又来到车库，找到一柄斧头，两次砍击琳达的头部，然后用刀刃背部击打琳达的脊椎。击打中，他突然想起了几年前在墨西哥见到的一次斗牛，斗牛士用剑刺入牛的后颈部，一击致命。他回到厨房，找到一把刀刃两英寸宽的刀，刺入琳达的背部和后颈。

在逃跑之前，他回到卧室，拾起琳达的裤子，扔进炉子，盖在琳达的尸体之上，然后离开了房子。

在录音的最后，斯特罗布表示，无论是在餐厅领班办公室还是在地区检察官办公室，警察都没有威胁或殴打自己。

这次讯问持续了大约两小时，在斯特罗布开始认罪供述后大约 45 分种，律师格雷来到地区检察官办公室的接待室，提出找助理检察官处理此案。

在被告之助理检察官正在忙之后，格雷律师要求立刻见地区检察官。结果被告之，地区检察官也在开会，不能被打扰。格雷提出会见斯特罗布，他向接待室的一名警察说，他只是想听（斯特罗布）亲口说他有没有杀人，以便回去向斯特罗布的女婿报告情况。格雷被拒绝进入讯问室，但直至斯特罗布供述结束，他与一名助理检察官进行了交谈。当晚，格雷获许会见了斯特罗布。在审判的开始，格雷不是斯特罗布的代理律师，但是应斯特罗布的请求，他替代指定的辩护律师，提出了重新审判的申请。

下午3时，斯特罗布被带至县看守所医院，由马库斯·克拉汉医生进行了身体和精神状况检查，没有发现任何瘀痕和伤口。在体检过程中，斯特罗布告诉克拉汉，被捕以来警察对自己非常友好，甚至斯特罗布还说了杀人细节。当晚斯特罗布被关押在县看守所，第二天10时在法庭接受了传讯。

一个有案底的惯犯

俗话说，不查不知道，一查吓一跳，警方调查得知，这个年近古稀的斯特罗布着实不是“普通人”。事实上，斯特罗布有着多次猥亵女童的案底。在杀害小女孩琳达时，他就是一名被指控猥亵年轻女孩的逃犯，但在交了保释金后，斯特罗布却玩起了“失踪”，他逃跑了。跑到哪去了呢？跑到了他的女儿豪斯曼家中，也就是琳达遇害的地方。

在从传讯到审判开始的6周时间里，4名精神病医生和1名临床医生对斯特罗布进行了检查。斯特罗布对给他做检查的每个医生都说，是他自己杀了那名小女孩，他甚至还对医生绘声绘色地描述了他杀人的过程。后来，这5名医生在审判中把斯特罗布对自己说的话告诉了陪审团。

如何判决

1950年1月3日，对斯特罗布的审判开始了，两周以后的1月18日，陪审团开始进行评议。评议用时不到24小时，陪审团判决斯特罗布犯有一级谋杀罪。

1月19日，关于斯特罗布心智健康状况的听证会举行。2月6日，法官判决斯特罗布心智健全，判处他死刑，加利福尼亚州最高法院维持了对他的定罪和判决结果。

斯特罗布翻供

当然，斯特罗布不甘心就这样被判处死刑，因此他也开始寻求哪怕一丝一毫的求生希望，找来找去斯特罗布找到了这样几个他眼中的突破点。

第一个突破点就是我们前面说的媒体对他进行了大量的“定罪”式的报道，而且他还受到了警方和检方的双重压力，因此他的部分认罪供述是被迫做出的。

第二个突破点则是由于带有偏见性报道的报纸大量存在，这极可能造成申诉人（斯特罗布）在洛杉矶高等法院无法获得公正的审判，所以在审判地点的选择上不合要求，应该在外地的法院进行审理。

针对这两个上诉依据，美国最高法院在审理中逐一进行了反驳。对斯特罗布的第一个陈述，大法官克拉克经过调查给出了这样的结论，斯特罗布认为自己的部分认罪供述是被迫作出的，反对法院将他在到达地区检察官办公室后所作的认罪供述采信为证据。但是，斯特罗布又没有指控警方在获得认罪供述时采取了暴力或威胁等手段，因此这一陈述是不成立的。

斯特罗布的上述陈述实质上就是翻供，在古今中外的刑事审判中，翻供是一个较为普遍的问题，对这个问题，美国最高法院一再强调，法院“必须根据确凿无疑的事实独立地进行判断”。克拉克认为，在本案中，斯特罗布“从被捕到受审……急切地向每一个愿意听的人表示认罪，不管是在征求律师意见之前，还是在征求律师意见之后，都是如此”。斯特罗布的所作所为有力地表示，他认为和盘托出自己的罪行是明智的选择。

而对斯特罗布的第二个陈述，克拉克在判决书中写道，我们认为有一点非常重要，两名辩护律师替申诉人（斯特罗布）作了有力的辩护，但是在整个审判过程中却从未提出，由于偏见性的报纸报道可能造成申诉人（斯特罗布）在洛杉矶高等法院无法获得公正的审判，申请把审判地点转移至另一县。与先前判例一致，在美国最高法院看来，这至少说明，连斯特罗布本人在当时也不认为当地存在着影响审判公正性的偏见。

除了上述两个上诉理由，在上诉书中，斯特罗布还提到，当他放弃由陪审团审查心智状况时，他被剥夺了向律师征求法律意见的权利。

对此，美国最高法院给出了简单而直接的回答，我们认为申诉人的主张毫无意义。每一名精神病医师，无论他是代表申诉人作证，还是代表检方作证，都得出同一结论：申诉人心智健全。

至于斯特罗布上诉书中提到的初审法院对他的讯问非法延期这一主张，大法官克拉克在判决书中作出了如下回答：根据本案事实，我们认为，执法官员没有阻挠申诉人面见法官，强迫他作出认罪供述，以及在任何方面剥夺了他接受公正中立审判的权利的非法行为。

而斯特罗布提出的最后一个错判陈述是，当他接受地区检察官讯问时，他的律师未获允许向他提供法律咨询。针对这一观点，美国最高法院指出，那名律师只是受斯特罗布的女婿委托来了解他的罪名。宪法没有规定，只为了满足一名亲戚的好奇心，便可以打断讯问。

美国最高法院在一一解答了斯特罗布上诉书中的陈述后做出了最终判决。

最终判决

美国联邦最高法院大法官汤姆·C. 克拉克代表美国最高法院撰写了斯特罗布案的判决书。首席大法官弗雷德·M. 文森，大法官斯坦利·F. 里德、罗伯特·H. 杰克逊、哈罗德·H. 伯顿和谢尔曼·明顿联署。

在判决书的开头，克拉克大法官指出，为了寻求美国最高法院推翻其罪名，斯特罗布举出了5项错判陈述，全部基于审判未遵循正当程序：

（1）对他的定罪是部分基于他被迫所作的认罪。

（2）由于地区检察官炮制出诽谤性的报纸报道，不可能进行公正的审判。

（3）在关于心智健康状况的听证会上，他实际上被剥夺了征求律师意见的权利。

（4）对他的传讯存在非法延期现象。

（5）他被捕之后，检察官非法地拒绝律师向其提供法律咨询。

在层层反驳了上述5项错误陈述的基础上，美国最高法院做出了如下判决：维持加利福尼亚州最高法院的判决。

斯特罗布为自己的所作所为付出了生命的代价。

在该案的最终判决书上，还留下了这样一段影响深远的文字：

> 如果司法审判的裁决是不容蔑视的，那么，他提出存在这样的偏见，寻求推翻原判，因此由他来承担证明司法不公的举证责任，并不是一个过分的要求；而且这个问题不能靠猜测，它是要证明事实。

/ 法眼观案 /

第一观：报纸上的“偏见性”报道到底会不会干扰司法审判

在斯特罗布上诉的理由中，有这样一条，即报纸上那些把他当作杀人恶魔进行描述的报道是在审判之前登载的，是有偏见的，而这些有偏见性的报道会影响到陪审员进行公正性的审判。

实际上，斯特罗布第一次向初审法院提出报纸上的报道是有偏见性的提议是在他被判有罪以后，他的律师则声称，地区检察官办公室提前公布认罪细节，推翻了申诉人的无罪推定。

情况是不是这样呢？

在斯特罗布的辩护律师提出上述意见之前，该案的初审法院就已经认为，参与审判的所有陪审员都经过了全面审查，并且明确表示，他们将对被告人实行无罪推定……没有任何证据显示，陪审员们见过那些报纸或者读过那些报纸。

在判决书中，克拉克还写道：

> 事实上，在诉讼的所有阶段，申诉人都没有提交哪怕是宣誓书之类的材料，以证明报纸报道确实使陪审员形成了偏见。他要求最高法院仅凭陪审员阅读过那些报道的行为，就推翻两级州法院的判决，宣告那些报道必然剥夺了他的正当程序权利。我们不能那样做。

克拉克的这段文字性陈述在媒体报道和司法审判之间做了一个清晰的说明，即媒体的报道和司法审判是“井水不犯河水”的“两回事”。申诉人不能以媒体的那些所谓偏见性报道为依据希望上级法院推翻初审法院的判决。

第二观：究竟什么是“违反正当程序”

在斯特罗布案中，被控谋杀罪的斯特罗布在上诉中声称自己被剥夺了正当程序，那么在美国的司法体系中，究竟怎样才算是构成了违反正当程序呢？

对此，美国最高法院引用了 1941 年的一起官司——利森巴诉加利福尼亚州案，而正是在利森巴案中，美国最高法院阐明了美国法关于正当程序的一般性原则。

在利森巴案中，梅·雷蒙德·利森巴（又名罗伯特·S. 詹姆斯）被控为了骗取高额保险金故意杀害妻子玛丽·E. 布希。

在杀害自己妻子的过程中，利森巴蒙住妻子的双眼，把她绑在桌子旁，然后用响尾蛇咬她，企图制造意外事件假象。可是，响尾蛇没有咬死布希，利森巴又把妻子的头强摁在鱼池中将其溺死。

在审判中，作案用的响尾蛇被检方带上法庭出示，售蛇人指认这些蛇是他卖给利森巴的。利森巴称，检方把响尾蛇带至法庭的唯一目的是诱导陪审团对他形成负面偏见，法庭上的众人，包括陪审团都被蛇吓到了，而检方的这一举动剥夺了美国宪法第十四修正案赋予他的正当程序权利。

针对利森巴的这一主张，美国最高法院作出了这样的答复：

> 法庭采信的相关证据震惊了法庭上的人，单单凭这个理由，不能说采信该证据违反了正当程序。

而针对利森巴的另一个主张——他的认罪不是自愿的，但初审法院却将他的非自愿的认罪行为作为了证据，这一举动剥夺了他的正当程序权利。

对此美国最高法院回答说，正当程序的目的不是排除可能失实的证据，而是防止在使用证据中出现基本不公，无论该证据是真是假。反之，当用在刑事审判身上时，违反正当程序是指没有实现构成正义概念本质要核的基本公正。要宣告正当程序未被遵守，我们必须认定，这种公正的缺失给审判造成了致命影响；在上诉中被指控的行为在性质上必须是必然阻碍了审判的公正进行。

上述两段话成为关于正当程序的经典论述，一再为此后的案件援引。

除了对正当程序做了权威解读外，在审理方式上，美国最高法院在利森巴案中提出的两个观点也与斯特罗布案相关。

第一点，美国最高法院表示，最高法院将接受事实审判者的决定，除非它缺少证据支持，以至于执行该决定将造成基本不公，与正当程序产生冲突。

第二点，美国最高法院说它的职责在当时是，判断……采信该认罪是否是如此的基本不公，如此地违背法定自由这一普遍概念，以至于等同于未遵循正当程序法便剥夺一个生命。

可以说，在斯特罗布案中，美国最高法院使用了利森巴案中“构成正义概念本质要核的基本公正”这一定义，来判断“报纸的报道是否引发了社区的偏见”，从而给社区造成“致命的影响”，以至于审判违反了正当程序。美国最高法院进一步表示，斯特罗布必须承担举证责任，证明初审法院采信认罪的决定剥夺了他的正当程序权利。

第三观：最高法院的“三原则”

在斯特罗布案中，美国最高法院较为集中地探讨了大众媒体对陪审团的整体影响，尤其是带有偏见性的认罪报道对审判的影响。在以前的一些案件审判中，曾经有法官指出，认罪报道给公正审判造成诸多威胁，被告人没有机会与声称目睹认罪的人当面对质，交叉询问上述证人，甚至不能反驳他们的证词。可能受此论述的启发，斯特罗布的律师声称，由于斯特罗布的多次认罪被广泛报道，对他审判是不公正的。事实上，一边斯特罗布在作认罪供述，一边地区检察官又把他的部分认罪内容提供给了新闻媒体。

然而，对上述现象，美国最高法院认为，在寻求救济方面，斯特罗布没有请求变更审判地点；在举证责任的履行方面，斯特罗布提交不出证据，只是要求美国最高法院凭直觉承认社区存在偏见。

正是上述这些差别标志着本案的法律价值所在，促使我们记住，美国最高法院在审理关于新闻自由与公正审判冲突的案件时，至少坚持三个原则：

第一，被指控的审前报道和偏见性陪审团之间存在因果关系，这种因果关系应当举证予以证明。刑事被告人不能仅凭几句社区存在由审前报道造成的偏见，便要法院推翻对他的定罪，他必须提供有说服力的证据；

第二，在试图评估审前报道的负面影响时，新闻报道的内容是一个重要因素，见报的言论或事件如若在审判中作为证据出示并且被采信，即便它是明显不利于被告人的，也难说该报道是偏见性的；

第三，根据美国最高法院的观点，被告人如果真的认为审前报道造成了负面影响，应该及时申请变更审判地点或延期审理，而不是当时无所作为，事后却在上诉或申诉中以此要求推翻有罪判决。

本案非常重要的一点是，斯特罗布从始至终没有申请变更审判地点，直至被定罪之后才“如梦方醒”似地纠缠于审前报道对审判公正性的损害。当然，这个问题在本案不是首次出现，更不是最后一次，它一直是一个左右相关案件结果的重要因素。

当然在最高法院的做出终审判决时，也有大法官提出了异议：大法官费利克斯·法兰克福特针对该案撰写了一份异议书。他写道，尽管州法院认识到密集的新闻报道在审判开始之前已经制造出一种普遍认为被告人有罪的氛围，但是，“州法院不仅认为这是可以允许的，而且认为它是美国刑事审判不可避免的一部分。这种处理完全违背了我们所秉持的依靠法庭审判认定有罪的职业信念”。

法兰克福特尤其强调检察官在审判之前向新闻媒体提供认罪供述内容的严重性，由于检察官的行为，该州主动地参加到了媒介审判之中，而不是遵循被几个世纪的经验证明为保障司法公正所必不可少的程序进行审判。针对美国最高法院在判决书中认为的，斯特罗布从被捕到审判间隔了6个星期，时间的流逝能够冲释审前报道的负面作用这一理由，法兰克福特写道：

> 到目前为止，科学没有给我们提供一个方法去判断，报纸报道的这种影响何时会烟消云散。这种诽谤性报道必定在审判之前给陪审员留下强烈深刻的印象，但是科学也没有提供一种方法去判断，法庭上沉闷平淡的诉讼过程是否能够抵消陪审员头脑中的这种印象。

综合上述两种分析，法兰克福特批评了州法院在新闻报道引得民情沸腾的情况下判处被告人有罪：

> 由于加利福尼亚州法院的纵容，检方获许如此利用新闻媒体，这要么在暗示，判处有罪可以不按照法律规定的程序进行，要么说明了人们对冷静的司法程序失去了耐心，因为人们已经不能通过司法程序倾泄对严重犯罪的天生的、原始的和常见的厌恶之感。

在意见书的最后，法兰克福特也批评了加州最高法院对斯特罗布第一次认罪的处理是不负责任的。该院认为，第一次认罪不是出自自愿，但是由于后来他又自愿认罪了，所以第一次认罪是自愿与否失去了意义。法兰克福特认为，美国最高法院在翻供问题上的立场是再清楚不过的，法院必须根据确凿无疑的事实进行独立的判断，现在加州最高法院没有去审核相关事实，只是认为其“没有意义”就做出了决定，这无疑是不负责任的做法。

偏见，还是偏见！

——达西诉汉迪案

/ 案件回顾 /

到了 20 世纪 50 年代，由新闻报道产生的所谓审判公正性受损问题，进入美国最高法院的视野已经有一百多年的历史。在这百余年历史中，绝大多数案件涉及审前报道，也就是说审判尚未开始，涉案报道的内容是关于案件本身，而非针对审判过程。但是我们接下来要给大家介绍的达西诉汉迪案却比较特殊。

在这起案件中，涉案相关报道就发布时间而言还属于审前，但是其内容却确确切切是关于审判（当然是另一起案件的审判）的，在这一点上，就与过去的内容是关于案件的审前报道拉开了距离。怎么回事呢，在一起共同犯罪案件中，被告人没有被安排同时受审，而是分别审判，这样就发生了一个先后次序的问题。后受审的被告人在审判中就提出，同案犯在先进行的审判中被定罪，关于该次审判的报道使自己案件的陪审团形成了不利于他的违宪的偏见。这就产生了新闻自由与公正审判之间冲突的一个新问题：关于一起案件审判的报道是否会使另一起案件审判的陪审员形成偏见？

夜半枪声

1947 年 12 月 22 日晚 11 时 30 分，在宾夕法尼亚州雄鹿县的街头，22 岁的戴维·达西、23 岁的哈罗德·福斯特和 18 岁的哈里·蔡兹人手一把左轮手枪，闯进了雄鹿县的一家旅馆进行抢劫，在三人抢劫时，16 岁的费利克斯·卡彭负责在旅馆外面放风。

三个年轻人的抢劫并不顺利，进入旅馆后，达西等人与旅客艾伦·赫勒曼和爱德华·旺施打斗了起来，打斗中，达西开了两枪，蔡兹和福斯特也开了枪。旅客赫勒曼颈部中弹，倒在地上，两腿残废。而旺施则身中两弹，一处在手臂，另一处在肩膀。

经过打斗，达西等人抢走了旅馆收银台里的钱财，同时还抢劫了 18 名旅客，然后逃之夭夭。

在达西等人实施抢劫期间，在旅馆居住的一名女性旅客从后门逃走，跑到街对面的雄鹿酒店，在这里她获得一名酒吧男侍者和两名男子的帮助。他们 4 人来到街道外面时，正碰上达西等人逃走。看到有人迎了过来，蔡兹开了一枪，击中威廉·凯利的头部后方，两天后凯利伤重不治去世。

从那家旅馆逃走半小时后，四人又抢劫了 8 英里之外的另一家旅馆的店主和三四名旅客。12 月 23 日凌晨 1 时 17 分，当这几个年轻人回到费城后，他们立即被警方逮捕。遭到逮捕后，几个人主动交代，从 11 月 30 日开始，除了上述两起抢劫案以外，他们还犯有另外 7 起抢劫案，杀害或伤害 7 人。

媒体的“十字东征”

系列抢劫案发生后，当地的媒体表示出了极大的关注热情，其中《报道者日报》《信使日报》《进取周报》《自由新闻周报》等四家主要的报纸在报道中把达西等人描绘成了“强盗”“暴徒”“乱开枪的年轻人”和“费城佬”。《信使日报》甚至还在 1948 年 4 月 17 日见报了一篇名为“十字东征”的社论，社论写道，“不幸的是……仍然有法官和赦免委员会委员认为，暴徒……应当被给予掠夺公众的机会。是时候了，应当停止塑造守法社会成员这场试验”，社论还称达西这些来自城市的外乡人在田园般的雄鹿县犯下了累累罪行，破坏了这里的平静生活，法院应该对这些人处以电刑。

这些煽动性的报道到底会产生多大的影响力呢？对此，我们不妨看看这四家报纸的发行量。出版于雄鹿县政府所在地伊尔斯敦（Doylestown）的《报道者日报》当时的期发行量 5329 份，出版于布里斯托尔（Bristol）的《信使日报》期发行量 5397 份，出版于纽顿（Newton）的《进取周报》期发行量 1972 份，而出版于奎克斯敦（Quakerstown）的《自由新闻周报》期发行量 5000 份。

放在今天，可能很多人会产生这样的想法，发行量如此小的报纸能产生多大的影响力呢？但如果我们再回过头来看一看案发所在的雄鹿县的人口数就会改变我们的上述想法了。

根据统计，1948 年雄鹿县总人口 10.7715 万人，县政府所在地多伊尔斯敦人口

5262 人，布里斯托尔人口 1.1895 万人，纽顿人口 2009 人，奎克斯敦人口 5150 人。

真是不比不知道，一比吓一跳。上述四家报纸别看发行量只有几千份，但在各自所在地几乎人手一份，在这种情况下，报纸在当地的影响力之大可见一斑。

/ 官司进程 /

涉案的犯罪嫌疑人有四人，那么在审判时是一起审理还是分开审理呢？在审判方式上，雄鹿县高等刑事法庭根据被告人辩护律师的申请采取了后者。

分开审判后的结果

1948 年 1 月 5 日，达西等四人被带至雄鹿县高等刑事法庭，被控杀害威廉·凯利。

地区检察官申请延期审理，因为福斯特没有委托律师，加之检方的一名证人在抢劫案中受伤严重不宜出庭作证。法院批准了该申请。

1948 年 3 月 1 日，达西和卡彭的律师申请单独审判。初审法官海勒姆·H. 凯勒先表示本案适宜于共同审判，但在辩护律师坚持之下还是批准了该申请。随后，法院通知辩护律师，福斯特—蔡兹案首先开审，次周审理达西案，然后是卡彭案。

案件的事实问题没有多大争论，四名被告人都参加了抢劫，被告辩护律师的主要目的是争取在死刑以下量刑。

根据宾夕法尼亚州法律的规定，一级谋杀罪由陪审团定罪量刑。6 月 4 日，福斯特—蔡兹案的陪审团作出了被告人有罪的裁决，判处其死刑。据当地报纸报道，法官卡尔文·S. 博耶在收到裁决后对陪审团说：

> 我无法想象，根据证据你们能够作出其他裁决。你们的裁决应当对周边地区的其他年轻人产生有益的影响，使他们能够逐渐认识这种愚蠢行为的严重性，如今太多的年轻人卷入了这种蠢事。阻止年轻人的这种犯罪潮的唯一希望就是执行法律，而执法是通过你们的判决实现的。

在福斯特和蔡兹被定罪的三天后，即 6 月 7 日，对达西的审判开始了。宾夕法尼亚州的司法传统是，审判开始前由两名法官共同主持，首先处理各种事务性问题，然后一名法官离开，由留下的法官主持正式审判。可是达西案审判出现了意外情况，在完成了事务性工作之后，主持审判的法官凯勒让等在审判室外面的陪审员候选人逐一进入审判室接受预先审查。但是，按照惯例应当离开的另一法官博耶却未离开，而是留在审判室，有时和凯勒一道坐在法官席上，有时坐在为律师和新闻记者保留的位置上面。

当选的陪审员被禁止阅读报纸、收听电台或者观看电视。审判中，达西作的是无罪答辩。6 月 14 日，陪审团对达西案作出有罪裁决，判处达西死刑。

反复审理长达 8 年的官司

在雄鹿县法院作出初审判决后，达西一案并未画上句号，而是反反复复审理 8 年之久，各级审判无一例外地都维持了有罪判决。

最后，达西向美国最高法院提出申诉，称自己被剥夺了正当程序权，美国最高法院签发了调卷令。

在开始分析达西的控诉之前，大法官伯顿表示，美国最高法院已经准备好纠正侵犯宪法权利的行为，但是推翻原判需要满足两个条件。第一个条件来自 1943 年发生的亚当斯诉美国案，在这起案件中，美国最高法院作出了闻名于今的重要论述：他提出存在这样的偏见，寻求推翻原判，因此由他来承担证明司法不公的举证责任，并不是一个过分的要求；而且这个问题不能靠猜测，它是要证明事实。这段论述实际上确立了一个原则，寻求推翻原判的申诉人或上诉人应当承担举证的责任，这解决了举证原则问题。

第二个条件来自大法官霍姆斯那段著名论述，如果形成偏见或者产生腐败的可能性大到使人们推定确有偏见，在目前的情形下，陪审团审判难以继续进行下去。这个问题是小奥利弗·温德尔·霍姆斯大法官在 1910 年发生的霍尔特诉美国案中首次提出的，具体到关于审前报道负面后果的案件就是，报道极其密集，偏见性极其强烈，引发偏见的可能性极大。

在达西一案中，达西的主张是，密集的审前报道“制造出一种歇斯底里的氛围和偏见”，使他在当地不可能获得公正的审判，这个错判陈述从整体上否定了陪审团的偏见性。

运用上述两个条件来衡量达西的诉求，伯顿表示，无论是福斯特—蔡兹案还是达西案，开庭时审判室都没有坐满人，法庭内外也没有发生示威、抗议等事件。报纸每日报道了审判进程，电台偶尔报道。案发数周以后，新闻报道的数量减少，以大陪审团提起指控为节点，新闻报道数量增加，不久又退烧，直至审判之前再次密集起来。综合上述情况，“我们认为，最多能证明，在某些方面，可能形成偏见”。

而对初审法院的判决，伯顿指出，在本案中，联邦地区法院熟悉当地情况，依据手上的证据认定，对申诉人（达西）的审判是以一种冷静的司法方式进行的，没有受到任何干扰；新闻报道是“真实的，偶尔有一些描绘性的字眼，怜悯和称赞之语也是零星出现”。若无相反的确凿证据，对初审法院的这个认定，上诉法院也是不能推翻的。

最终，最高法院维持了上诉法院的判决，大法官哈罗德·H. 伯顿代表美国最高法院撰写了判决书。首席大法官厄尔·沃伦，大法官雨果·布莱克、斯坦利·里德、汤姆·C. 克拉克和舍曼·明顿联署。

在判决书中，伯顿写道：

> （达西）没有承担起自己应负的举证责任，未能证明，在宪法意义上，对他的审判本质上是不公正的。因此，维持上诉法院的判决。

/ 法眼观案 /

一起历时 8 年的官司背后必然会存在很多对法律产生深远影响的内容，在达西一案中，美国最高法院作出终审判决的同时也在另外的一些方面进行了反思。

第一观：偏见性报道不能成为推翻原判决的理由

为了防止可能出现的偏见影响公正审判，美国法律规定了有因回避、无因回避、延期审判、变更审判地点、单独审判等应对措施。在达西一案中，最为关键的一点是，达西有 20 次申请无因回避的机会，但是只用了 10 次，也就是说，达西没有用完申请无因回避的机会。而且达西也没有申请延期审判和变更审判地点，卷宗显示，几乎在达西案开审前 3 个月，辩方律师便获得通知，案件将在福斯特—蔡兹案审判结束后立即进行，但是达西没有申请延期审理或变更审判地点。

在达西未诉诸法定救济手段的情况下，大法官伯顿说：“偏见问题直到审判结束三年之后才提出来，我们被要求仅靠阅读新闻报道和关于其他事件的证词，便去推翻宾夕法尼亚州最高法院和两级联邦法院的判决，认定这些报道和事件制造出一种影响陪审员和剥夺了申诉人接受公正审判权利的氛围。我们在卷宗中找不到任何理由这样做。”

纵然媒体的报道可能会带有一定的情绪性和偏见性，但作为法院，不能因为这些就认定审判是不公正的，更不能以此作为推翻原有审判的理由。这一理由的提出事实上也就认可了偏见性报道和审判之间并不一定存在必然的联系。

第二观：博耶法官留在法庭恰当吗？

在诉理由中，达西还提出了博耶法官的一些违规举动。在凯勒法官向陪审团作指示时，博耶法官给地区检察官递了一个纸条，后者立即对凯勒法官的一个指示提出反对意见，凯勒法官采纳了检察官的意见，更正了自己的指示。

此外，审判开始之日，博耶法官在处理完各项工作之后，违背当地司法传统仍然留在审判庭。

对传递便条一事，大法官伯顿说，达西所说的这件事，地区检察官和助手说没有，孰是孰非，应当由事实审理者做决定。

针对此事，联邦地区法院明确表示：“作为一个事实，我们认为，在整个达西案审判期间，博耶法官没有帮助，或者试图帮助，或者提建议，或者以其他任何方式帮助州政府指控戴维·达西。”既然初审法院做出这样的认定，美国最高法院表示，“没有理由推翻”该认定结果。

而对博耶工作完成后依然留在法庭的这一举动，伯顿认为，博耶留在法庭这一行为本身亦不构成违反正当程序。因为达西不能证明博耶的在场使其遭受歧视，他所指控的只是博耶在前面的福斯特—蔡兹案宣判之际发表过对罪犯“持有敌意”的评论，现在他又打破惯例留在审判现场，陪审团会注意到他的这种敌意。

伯顿认为，博耶的那番评论不可能使陪审团形成偏见，因为陪审团被要求不能阅读报纸，如果没有读报，他们也自然无从知晓博耶的那番言论言从何来。况且，伯顿分析说：“如果博耶的话对陪审员造成影响的话，达西的律师当时一定清楚。然而，他没有采取任何措施防止它影响对申诉人的审判。因此，我们不妨推测，他认为没有必要采取任何措施，因为形成偏见的可能性非常低，不能成为采取防止措施的理由。”

“枪林弹雨”般审前报道的致命后果

——欧文诉多德案

人们经常会议论这样一个话题，审判前铺天盖地的媒体涉案报道在多大程度上会干扰到司法公正？在面临这种情况的时候法律又会如何处理？通过下面这起欧文诉多德案我们可以找到答案。

/ 案件回顾 /

一个令人发指的连环凶杀案凶手归案后会面临怎样的审判？媒体对这样的恶性案件又会作何报道？这些看似简单的问题在 1954 年发生于印第安纳州欧文诉多德案中却都变得复杂了，为什么会出现这种简单问题复杂化的情况？问题的症结又和媒体有关。

连环凶杀案

1954 年 12 月的印第安纳州范德堡县的埃文斯维尔爆发了连环凶杀案，前后共发生了 6 起，其中 2 起发生在 1954 年 12 月，4 起发生在 1955 年 3 月。

凶杀案发生后当地民众人心惶惶，而久久未能抓获杀人凶手也给当地警方造成了巨大压力。自然，对这样一起焦点事件，地方媒体更是不会放过，进行了大篇幅的连续报道。事情在 1955 年 4 月 8 日获得了转机。这一天绰号“疯狗”的莱斯利·欧文被警方逮捕。逮捕欧文后，范德堡县的检察官和埃文斯维尔的警察局随即发布一份新闻公告，称欧文承认自己犯下了上述 6 起谋杀案。

事情至此似乎已经完结，按照正常的司法途径处理就可以了。但对这样一起社会影响极深的案件来说，媒体又怎么会轻易放弃呢？

“枪林弹雨”般的审前报道

对媒体而言，欧文被捕无疑是重大新闻！此后，范德堡县检察官和埃文斯维尔警察局为了满足媒体报道需要，还不时地共同对外发布新闻通稿，在其中的一篇新闻稿中检察官和警察局表示，被捕后的欧文想做诉辩交易，以认罪交换无期徒刑，但是检察官拒绝妥协，寻求判处欧文死刑。对这样的新闻，地方媒体自然是争相报道。

审判还未开始，当地报纸上的大字标题、文章、漫画和图片，如枪林弹雨一般发泄在欧文的身上。此外，埃文斯维尔的电台和电视台也对这一事件进行了密集的新闻报道。

大量的报道都详细披露了欧文的背景，包括他在青少年时期犯的罪，20 年之前被判纵火罪和入室行窃罪，以及被军事法庭指控在战争期间擅离职守等。综合这些以前的罪行，欧文还被媒体指控违反假释规定。

甚至还有报纸在显著版面用大字标题宣称，警方对欧文进行身份辨别，他接受了测谎测验，并被带到犯罪现场进行指认，6 起谋杀案被侦破，但欧文拒绝认罪。

还有的媒体在报道中称欧文承认了 6 起谋杀案；在有的报道中，记者还把欧文形容为死不悔改和丧尽天良的罪犯。

总之，大多媒体的多数报道都把欧文描述成了一个“承认犯下 6 案的杀手”“违反假释者和骗钱能手”。在审判的前一天，还有报纸刊登文章称，欧文已经口头承认杀害了克尔（受害者之一）。

据参与了终审的大法官克拉克说，当地这种负面报道延续不断，在它的影响下，吉布森县的民众群情沸腾，形成了强烈的偏见。

/ 官司进程 /

逮捕了欧文后，当地法院很快就组成了陪审团，开始对这起引起轰动的案件进行审理。

难选的审判地与陪审员

在进行案件初审时，欧文的指定辩护律师申请变更审判地点，获得法院批准，但是新的审判地点定在了紧邻范德堡县的吉布森县。

吉布森县是一个农业县，1955年的人口只有3万，当地出版有两家日报《信使报》和《新闻报》，这两份报纸覆盖了该县95%的家庭。而对邻居范德堡县发生的这起“大案”，吉布森县的两家报纸同样也是不遗余力地进行了大量报道。发现这一情况后，欧文的律师在1955年10月29日再次申请变更审判地点，称广泛的、煽动性的新闻报道使吉布森县居民对被告人形成了根深蒂固的偏见，应当在更远的地方举行审判，以保护审判不受偏见的影响。

但这次，律师的申请被驳回，因为印第安纳州法律规定，审判地点只能变更一次。

选定了审判地后，紧接着还涉及到对陪审员的选择问题，这个问题同样困扰了欧文的代理律师。

陪审员候选人预先审查开始于1955年11月，耗时4周。虽然说陪审员候选人多达430名，但在选择的询问环节，430人中的268人因为对欧文有罪持有成见而被要求有因回避。经过艰难的选择，最终选出了12名陪审员，但欧文对他们全部不满意，提出有因回避申请，但是这一申请被法庭驳回。

针对陪审员“难产”这一情况，1955年12月5日，埃文斯维尔的WJPS电台采访了该案检察官保罗·韦弗，据韦弗说，他认为由于报纸和电台广泛地报道了这起案件，法官要找对欧文没有不利偏见的人组成陪审团将会有困难。在这期间，欧文两次申请变更审判地点，8次申请延期审理，全部被驳回。

最终，印第安纳州范德堡县的一个大陪审团先期在1954年12月23日判决欧文杀害惠特尼·韦斯利·克尔的罪名成立。1年后的1955年12月20日，陪审团完成了终审裁决，裁决欧文谋杀罪名成立，1956年1月9日，他被判处死刑。

但这个欧文却在执行死刑前的1956年1月28日从县监狱越狱，2月17日在加利福尼亚州落网。印第安纳州最高法院维持了对他的定罪，于是，这个罪上加罪的欧文又向联邦地区法院提出人身保护令①申请，该申请被巡回上诉法院法官驳回，第七巡回区上诉法院维持了印第安纳州地方法院的判决。

---

① 是在普通法下由法官所签发的手令，命令将被拘押之人交送至法庭，以决定对该人的拘押是否合法。人身保护令是以法律程序保障个人自由的重要手段。任何人士如若被拘押，皆可以由自己或他人向法院挑战拘押的合法性，并迅速获得裁决。

最高法院的判决

官司后来打到了美国最高法院，在接到欧文的上诉后，美国最高法院要求上诉法院审理法律问题，或者将案件发回地区法院重新审理，上诉法院选择了前者，但是作出的判决仍是不利于欧文。最后，应欧文申诉，美国最高法院签发了调卷令。

经过审理，最高法院的大法官汤姆·克拉克代表美国最高法院撰写了判决书。首席大法官厄尔·沃伦和大法官威廉·J. 布伦南、查尔斯·E. 惠特克（Charles E. Whittaker）、波特·斯图尔特、约翰·M. 哈伦、雨果·L. 布莱克、威廉·O. 道格拉斯联署。判决书中写道：

> 判处申诉人（欧文）监禁和死刑……违反了美国宪法。可以以本指控或其他指控审判（欧文）。

针对此案，大法官费利克斯·法兰克福特还撰写了一份同意意见书，法兰克福特在同意意见书中强调，美国最高法院并不认为，审判公正在效力等级上比新闻自由低了一等，同时他还批评了新闻媒体不负责任的报道给审判公正造成的干扰：

> 普通大众是容易犯错误的，他们在进入陪审席之前，报刊和电台在长达数月的时间里，用那些声称被告人有罪的内容灌满了他们的大脑，这些人如何能够完全根据他们在法庭上听取的证据作出一个公正的判决？这种情况下得出的有罪判决明显违背了正当程序法最基本的要求……本院并不认为，与我们宪法体系设立的另一个保障——新闻自由——相比，刑事司法审判的公正运行处于一个次要地位。

至于本案初审中出现的根据印第安纳州法律的规定，审判地点只能变更一次这一情况，最高法院认为，根据《甘农诉波特巡回区法院案》，不能僵化地执行相关州法律。在甘农案中，印第安纳州最高法院判决："如果情况说明，为了获得中立的陪审团，尽管已经采取了措施，但是在目前的审判地点还是不能组建中立的陪审团……司法机构有义务保证每一名被告人由中立的陪审团公开审判，即使为了做到这一点，法院必须违反（该法），批准第二次变更审判地点。"换句话说，美国最高法院认为，初审法院可以根据自己对案情的判断，自行决定是否第二次变更审判地点。

/ 法眼观案 /

第一观：公正与否不能完全依赖陪审员自己的话

在本案中，初审的印第安纳州地方法院称，根据印第安纳州的法律，陪审员确实是中立的，因为他们告诉初审法官，他们“能够作出中立的裁决”。

从法律形式要件看，印第安纳州法院的这个认定符合以上判例的规定，然而在官司打到美国最高法院后，最高法院却从本案特殊情况出发，形成了相反的结论，认为“已经形成的偏见是明显的和有说服力的”。而这个结论的得出主要来自两个因素，一个因素就是审判前铺天盖地的带有偏见性的新闻报道；第二个因素就是陪审员选任过程透露出来的偏见存在的种种迹象。

在该官司的初审阶段，陪审员的候选人共有 430 人，法庭应有因回避申请，排除了其中 268 人，认为他们根深蒂固地持有欧文有罪的看法。103 人因为反对死刑被排除。30 人因为无因回避申请退出，其中 20 人由欧文提出，10 人由检方提出。12 人当选，另有 2 人替补，其他人由于个人原因被排除，例如耳聋等。

长达 2783 页的预先审查证词记录显示，370 名陪审员候选人持有被告人有罪的看法，态度的坚决程度从只是怀疑到绝对肯定不等，占到接受审查的总人数近 90%。12 名最终当选的陪审员中 8 人认为欧文有罪，尽管他们作证说，能够完全根据证据作出裁决。

对这一情况，最高法院大法官克拉克分析说：“由于他们的头脑中充满着这种看法，我们难以认为，每个人在评议案件时都能够把有罪成见排除在外。这种看法一旦形成，它的潜在影响持续很长时间，以至于在无意识之中，使普通人的思考过程发生偏离。”

克拉克还认为，当一个人的生命处于被剥夺的危险时，考虑到人性的脆弱，我们只能认为，根据本案案情，对中立性的认定不符合宪法的要求。

虽然否定了陪审员自证中立的证言，克拉克并不想给人以不尊重他们证言的印象，他补充指出：“毫无疑问，每名陪审员在说自己会公正中立审案的时候是诚实的”，只不过是“由于太多太多次承认有偏见，他们关于自己中立性的证词没有多少说服力”。

第二观：如何审查新闻报道所造成的陪审团偏见

陪审团是否在审判中存在偏见一直是公众所关心的重要问题。在审查新闻报道造成陪审团偏见时，迄今为止，美国最高法院提出了两个审查标准：一个是对单个陪审员的，另一个是针对整个陪审团的。

对于前者，最高法院要求用确凿证据证明偏见存在，举证的责任由主张者（通常是被告人）承担，而且陪审员自证中立的证言是衡量其未受外部因素影响的重要证据，初审法院关于该问题的决定除非存在明显的错误，上诉法院不能推翻。

对于后者，最高法院认为，偏见存在的证据并不重要，重要的是如果新闻报道覆盖面足够大、偏见性足够强烈，那么就会形成一种偏见推定，此时甚至可以推翻陪审员自证中立的证言。

在美国的法律体系中，偏见推定维度也有一个出现、发展、成熟的过程，它首现于霍尔特案，执笔该案判决书的霍姆斯大法官提出，实践中可能出现“形成偏见或者产生腐败的可能性能使人们推定确有偏见”这种情形，不过在霍尔特案，该情形并未出现。

在1951年的谢泼德案中，偏见推定成立了，但此次却不是由于偏见性新闻报道造成而是由种族歧视造成的。不过，在一份同意意见书中，杰克逊大法官认为，该案中无中生有的所谓被告人认罪的报道实际也导致了当地民众对被告人的偏见，可以实施偏见推定。

在1959年的马歇尔案中，由于被告人的犯罪前科被初审法院认定为具有偏见性，不得作为证据在法庭上出示，而新闻媒体又报道了该内容，并传递给了陪审团。据此，美国最高法院认为，此种情况之下，可以认为陪审团是有偏见的，尽管没有确凿证据证明某个或某些陪审员确有偏见。

可以看出，经过上述案件的演进，从整个陪审团角度衡量新闻报道造成的违宪偏见，有一个逐渐深入化、系统化和完整化的过程。正是基于以上积累，美国最高法院在本案充分地阐述了一连串问题：是否存在一种可能性，由于审前报道非常密集和传播广泛，在一个特定地理区域内，所有的陪审员候选人尽管声称自己仍然是中立的，但是不能相信他们？在什么情形下，接触媒介上的审前报道必然使陪审员头脑中根深蒂固地形成有罪或无罪的看法，以至于他们不能完全根据审判中出示的证据做出裁决？法院应当如何判断陪审员根据大众媒介上的信息形成的审前看法的强度？

第三观：检测陪审员是否受到审前报道影响的标准发生了变化

由于欧文诉多德案的出现，美国最高法院还在多个方面对业已形成的陪审员是否受到审前报道影响而形成偏见的检测标准进行了如下重大调整。

第一，从上诉法院的职责来看，美国最高法院在审理本案时对陪审员预先审查记录进行了独立的审查，而不是像过去那样主要依赖于初审法院的判断。从雷诺兹案开始，美国最高法院一再强调，判断陪审员是否受到审前报道的影响，“第一责任人”是初审法院，除非它的错判是明显的，上诉法院一般不应推翻。这也是说，上诉法院在复审时如无特殊情况，用不着去费事地复查预先审查记录。但是，在本案中，美国最高法院一改前念，认为，如果证据显示，审前报道旷日持久，密集广泛，可能影响到整个陪审团的中立性，那么上诉法院必须引起重视，独立地分析和审查预先审查记录，作出自己的判断。

第二，从衡量依据来看，过去是，如若没有相反证据，只要有陪审员自称中立的证言，陪审员通常会被法院认定为是中立的，但是，在本案里面，美国最高法院大大调低了陪审员自称中立的证言的重要性。因为在以前，依照《雷诺兹诉美国案》（1878）的标准，要推翻陪审员自证中立的证言，“既有看法的性质和强度”要达到“一定程度，以至于在法律上必然……引发偏袒推定”。具体地说是，陪审员关于被告人有罪的看法“必须有证据证明，而不能仅仅是一种印象”。现在，美国最高法院就明确地认为，审前报道持续时间长、规模大，完全可以构成证据，证明整个陪审团的判断受到报道的严重影响，所有陪审员关于自己中立性的誓词的可信度受到侵蚀，不足为信。

第三，从考察对象来看，过去着眼的是审前报道对单个陪审员的影响，而现在则是看整个陪审团。这个转变是第二个转变的自然而然的结果，既然如今是从宏观的层面检测审前报道的规模、内容、偏见性，这种影响不可能落在单个陪审员身上，必然要从陪审团整体的承受层面来考虑。

陪审员选拔要"阳光"
——新闻进取报公司诉高等法院案

1980年发生的里士满报业公司诉弗吉尼亚州案确立了公众和新闻媒体享有出席刑事审判的第一修正案权利，顺理成章地，记者会主张由于第一修正案赋予了自己刑事审判接近权，而预先审查程序是刑事审判的一部分，因此，记者也就有权出席陪审员候选人的预先审查。然而，对此，检辩双方都认为，预先审查程序会涉及许多私人问题，公开进行会侵犯陪审员的隐私。

这就会引发两个问题，一个就是审判从什么时候，哪一阶段算正式开始，是从全体陪审团成员进入审判室听取证词算作开始呢，还是选拔陪审员阶段的第一名陪审员候选人接受询问算作开始呢？而另一个问题则是经常出现的、繁琐的审前程序是审判本身的一部分吗？

其实，上述问题美国最高法院在防止双重追诉的背景下曾经探讨过。早在1949年的韦德诉亨特案中，被告人因同一犯罪接受了多次审判，他们认为自己遭受了双重追诉，要回应这个主张，需要厘清到底有几次审判，每次审判开始于何时。对此，美国最高法院认为，审判开始于第一名证人宣誓。但在20世纪60年代的一次判决中，最高法院却又宣称，审判开始于陪审员宣誓。

按照最高法院的解释，之所以给出了不同的答复，主要是依据"追诉的贴加"原则作出的，而"追诉的贴加"原则的基本精神是，政府重新追诉的权力必须接受与之相反的个人利益的审查，这种个人利益受到第五修正案的双重追诉条款的保护。

但是，对我们接下来要介绍的这起案件，美国最高法院却又表示，上面两起案件的判决与本案没有关系，它们是从第五修正案出发，而本案"我们研究的问题——陪审员预先审查程序是否必须公开——主要取决于第一修正案价值和第一修正案制定实施之时的历史背景，而非第五修正案"。

/ 案件回顾 /

1981 年，加利福尼亚州里弗赛德县发生了一起奸杀少女案，后来犯罪嫌疑人艾伯特·格林伍德·布朗被警方逮捕，并在随后的审判中被判处死刑。

在这起案件的审理过程中，隶属于新闻进取报公司的《新闻进取晨报》和《新闻进取晚报》报道了该案。但在报道的过程中，出现了这样的一幕：

在陪审员预先审查程序启动之前，新闻进取报公司提出申请，主张公众享有出席审判的绝对权利，预先审查程序是审判的起点，应当公开举行，公众和记者有权出席。但负责案件的检方却反对该申请，认为，如果有新闻媒体在场，陪审员候选人的回答会言不由衷，不是其真实意思的表示，从而威胁到审判的公正性。听取了双方主张以后，里弗赛德县高等法院法官威廉·J. 莫特兰做出了判决，新闻进取报公司的记者不得出席和观看陪审员候选人预先审查程序，只能出席“全体询问”程序，控辩双方个别询问陪审员候选人对死刑的态度及其他敏感问题则可以“私下”进行。

整个预先审查程序进行了 6 周，向公众和媒体开放不到 3 天。

1981 年 12 月 30 日，陪审团正式组成，新闻进取报公司立即请求法院公布预先审查程序的记录。布朗的律师表示，公开记录会侵犯陪审员的隐私权。检察官也不同意公开，补充说，陪审员候选人是在“默示的保密承诺之下”回答询问的。

对新闻进取报公司的第二个请求，初审法院也予以了驳回，法院认为：“法院有充分的理由认为，在特定的领域之内，隐私权应当获胜，接受公正审判的权利应当获胜，而且法院还认为，民众的知情权应当受到某些限制。”

等到布朗业已被定罪和判处死刑之后，新闻进取报公司第三次提出了申请，申请公布有关陪审员选拔的记录，然而初审法官莫特兰还是驳回了该申请。莫特兰说：“陪审员非公开地接受了关于过去经历的询问，大部分信息是阴暗的和令人厌烦的，一些陪审员的敏感经历不适宜公开谈论。”这样一来，莫特兰前前后后共下达了三份封闭令：第一份命令封闭了预先审查的部分环节，第二份命令封存了预先审查程序的记录，第三份命令则是永久封闭记录。

三番五次受阻的新闻进取报公司继而向加利福尼亚州上诉法院申请执行职务令，希望初审法院的法官公布记录和撤销封闭令，然而该申请被驳回。如此一来，不甘失败的新闻进取报公司走上了司法诉讼的程序。

/ 官司进程 /

新闻报道的自由权和公正审判之间，究竟如何平衡才能使各方皆大欢喜呢？这个问题注定是很难有完美的答案的，因此，新闻进取报公司代表的媒体一方在争取报道权的道路上，注定也不会一帆风顺。

被驳回的申请

在满怀希望地向加利福尼亚州最高法院递交了就初审法院对媒体颁发的封闭令举行听证会的申请后，新闻进取报公司本以为可以就此迫使初审法院“解封”，但没想到，等来的却是加利福尼亚州最高法院也驳回了该公司召开听证会的请求。

加利福尼亚州三级法院的否定态度，注定了新闻进取报公司只能把伸张权利的希望寄托在美国最高法院身上。

于是该公司向美国最高法院提起了申诉，最终等来了美国最高法院签发的调卷令。

最高法院会怎么判？

经过漫长的等待后，美国最高法院给出了终审判决。

负责该案的首席大法官沃伦 · E. 伯格代表美国最高法院撰写了判决书。大法官威廉 · J. 布伦南、拜伦 · R. 怀特、哈里 · A. 布莱克门、刘易斯 · F. 鲍威尔、威廉 · H. 伦奎斯特、约翰 · 保罗 · 史蒂文斯和桑德拉 · 戴 · 奥康纳联署。

大法官伯格在判决书中写道，“我们签发调卷令是为了判定，刑事审判公开举行的规定是否适用于陪审员预先审查程序”，“（初审法院）非但没有按照法律的要求具体说明相关事实，而且也没有考虑采取替代封闭法庭和全面封存记录的其他措施。初审法官本当部分密封记录，以便保证应予保护之人的姓名不外泄。撤销上诉法院的判决，本案发回下级法院，按照本判决的观点重审”。

对本案，大法官伯格直白地说出了美国最高法院面对的一个重要问题，第一修正案的规定是否允许新闻媒体和公众在陪审员选任阶段有权在场？对这一关键问题，判决书做出了如下说明：

> 虽然本案的陪审员预先审查程序有三天向公众开放，但是却封闭了6个周，而且媒体请求获得记录的申请也被驳回。高等法院表示，有两种利益支持它发

出命令封闭法庭和拒绝公布记录：被告人接受公正审判的权利和陪审员的隐私权……当然，被告人有权在陪审团选任过程中得到公正的待遇，这是一种必要权利。加州法院认为，第六修正案和隐私权足以证明封闭法庭的合理性，但是并没有证据证明，选任程序公开进行在事实上会威胁到上述利益，因此该判决（指加州法院的判决）站不住脚。……

由于没有考虑采用其他措施替代封闭令，初审法院封闭陪审员预先审查序的命令违宪。

这一判决也就等于说在事实上承认了在陪审员选任阶段，媒体和公众是有权参与的。此后，陪审员的选任也必须是在“阳光”下公开进行了。

/ 法眼观案 /

第一观：自由权和隐私权，接近权与审判权都应得到尊重

在本案的裁决中，虽然最终推翻了加州法院的判决，但在最高法院的终审判决中，也有的大法官在同意意见书中表达出了自己的一些担心。

大法官哈里·A. 布莱克门虽然撰写了一份同意意见书，但在意见书中，他写道，“我单独写作一份意见书是为了强调我的一个观点，即最高法院所审查的，不是所谓的‘陪审员候选人的隐私权’，本案也没有要求最高法院做这项工作”。布莱克门表示，之所以特地加以强调，是因为布莱克门认为，一旦把陪审员候选人的隐私权引入审判，一连串棘手问题应运而生，审判将难以为继。例如，如果法庭不承诺保密，候选人可以拒绝回答询问吗？候选人可以拒绝回答属于私人化却与案件有关的问题吗？好在本案中，法院在本案可以暂且搁置隐私权，因为“根本没有一名陪审员寻求维护该权利。即便假设有陪审员主张隐私权，初审法院在缺少具体证据支撑的情况下便封闭陪审员预先审查程序和拒绝公布相关记录，也是错误的”。

更为重要的是，布莱克门认为，在现有法律制度上，陪审员的隐私能够得到充分保护，因为被告人和检方可以充当陪审员隐私权的“保护者”，两者都希望陪审员候选人诚实地回答提问，不要由于担心隐私外泄而有所隐瞒，所以会积极地保护陪审员的隐私。“在本案及大多数案件中，检辩两方为了鼓励陪审员全面合作，能够全面地保护陪审员的隐私权。”

而最高大法官约翰·保罗·史蒂文斯在同意意见书中针对审判程序的公开问题表达了他的意见，他说，（本案）至少涉及到美国宪法的两个条款——第一修正案和第六修正案，前者规定了接近权，后者则规定了公开审判权。

以本案为例，相关方可以以第一修正案为依据，以公众享有知情权为由要求陪审员预先审查程序公开进行，与此同时，被告人也可以援引第六修正案赋予其的公开审判权，提出公开的要求。两者所不同的是，在后一种情形下，司法机构必须判断，陪审团的选任程序是否属于第六修正案规定的公开审判的“审判”一词范围之内，而若是以第一修正案为诉由提起的诉讼，陪审团选任是否属于“审判”之一部分，根本不重要。

史蒂文斯注意到了上述差别，强调指出，本案属于前者，即根据第一修正案，预先审查程序是否应当公开，因此司法机构审理案件时焦点应当放在第一修正案所保护的核心价值上面。这种核心价值不局限于保障刑事司法的有效运作，它更加宏大，确保公众有权了解政府运作信息，当然也包括司法分支。对此，史蒂文斯援引了鲍威尔在“萨克斯比诉华盛顿邮报公司案”中的下述论述：

> 第一修正案的社会功能是维护对政府事务的公开讨论，在本案中，该功能陷入了危险之中。我们的民众通过自由开放的辩论来思辨和决定自己的命运，宪法对民众的这种能力给予了最大的保护，其力度是宪法对其他权利的保护所不能比拟的。

史蒂文斯认为：“只要公众的参与对自治政府的运转有正面作用，接近权主张就能成立。在本案，公众的出席有助于增进公众对预先审查程序的了解，严密地监督该程序的运作。因此，预先审查程序的长时间封闭损害了公共利益，我认为，最高法院的判决是完全恰当的。”

尽管第一修正案规定的接近权如此重大，史蒂文斯并不认为，接近权是无限的和绝对的。“正如最高法院承认的，在某些条件下，陪审员的隐私利益为限制公众出席预先审查程序提供了理由。”只不过，在本案“初审法官适用的秘密原则过于宽泛，不可接受”。

第二观：陪审员预先审查程序的历史和功用

梳理美国最高法院类似本案的审判，我们会发现美国最高法院在审理关于审判程序的接近权或审判的公开性时，有两个着力点，一是分析历史传统，二是衡量公开所起到的作用，本案也不例外。

关于历史问题，美国最高法院的结论是，在英美法上，审判历来是公开举行的，然而本案所涉更为细微，具体到了陪审员选任程序是否公开。大法官伯格承认，有关古代审判公开情况的史料极少，陪审员选任情况的就更少了，这是因为早期的盎格鲁－撒克逊法所规定的："与其说是规范的和确凿的法律原则，不如说是新奇的和无常的法律原则……为什么要费事地去记录村落长者知道的法律原则呢？"

尽管如此，伯格仍然寻觅到了历史证据，如1565年的一件史料记载了当时的审判情形：审判开始后，在召唤陪审员之前，法官告诉争议各方"传唤他们来审判室的原因，然后向大家发表指导意见"，接着宣读指控书，如果被告人辩解无罪，就召唤陪审员鱼贯而入，这个时候被告方可以申请特定陪审员回避。

伯格表示："如果我们认可这段记载的真实性，那么从16世纪开始，陪审员的选任过程是公开进行的。"他进一步认为："历史回顾显示，陪审员选任过程一直被推定为公开的，只有当有充足的理由支持时才有例外情形。"

在公开的作用方面，也是早有定论的，比如，"审判公开使那些没有参加审判的人确信，其他人能够监督审判，从而提高了公信力"，"社会确信，人人都可以自由地旁听审判，也就会去相信，审判遵循了法定程序，任何违法行为都会被曝光。因此，公开既增强了刑事审判的实质公正，也提高了程序公正，后者对赢得公众对司法体系的信任而言是必不可少的"。

此外，"公开审判回应了受害人和社区的关切，他们知道，经公正和公开程序挑选出来的陪审员正在让违法者为他们的犯罪行为付出代价"。

上述关于公开的效用的论述全是关于审判的，而本案的对象是预先审查程序，因此光靠"述而不作"不足解决问题，对此，伯格提出了"作"，他的"作"就是，"刑事案件审判中，陪审团的职责是进行事实调查……不仅对争议各方，而且对刑事司法体系而言，陪审员的选任过程本身都非常重要。"虽然不够直接，伯格想的意思表达得还是很明显了，即陪审员的选任意义重大，直接关系到陪审团能否履行好审判职责，影响着刑事司法体系可否实现司法公正的终极目标。既然陪审员的选任如此重要，自然要和正式审判一样对外公开了。

当然，陪审员选任程序的公开，和正式审判一样，在少数特定情形下要受到限制。这种限制的条件和范围在前面的判例中已有定论，不过，我们还是来看一看伯格是如何表述的：

> 只有更重要的利益才能推翻公开推定，这种利益必须基于以下事实认定：为了维持更高的价值，必须封闭法庭，而且封闭范围受到严格限制，只服务于该利益。该利益必须有足够确凿的事实予以说明，以便上诉法院能够判断颁发封闭令是否合适。

应当注意的是，伯格的这番分析并不是说隐私权就不重要了，相反，伯格认为，如果对陪审员候选人的询问涉及到异常私人化的问题，利益方有合法理由要求不予公开。以强奸案为例，在选任陪审员时，为了防止陪审员对强奸犯有偏见，辩方可能问候选人他本人或者他家人有无被强奸的遭遇，倘若后者恰好有，如果是在公开场合承认其事，则他的隐私可能曝光。这个时候，法官应当考虑保护隐私利益，封闭法庭。“为了在实现正义的同时保护合法的隐私，初审法官必须从始至终有效控制陪审员选任过程，应当告之陪审员候选人，一旦有敏感问题提向他们，他们认为公开回答这些问题会给自己造成伤害，他们可以由律师陪同，私下向法官反映问题。”

实际上，伯格在这里是提出了一种解决问题的两全之策。他主张，不要去一刀切式地封闭法庭，而是当涉及敏感问题时，由候选人提出封闭请求，法官进行自由裁量。然后，在合理期限之内公布记录，公布的时候根据相关信息的私密程度，有选择性地密封部分内容，比如陪审员的姓名。这样既能保护相关人员的隐私，又能最大化地减少不必要的封闭。

庭审直播终于放开了

——钱德勒诉佛罗里达州案

1937年，美国律师协会代表大会通过了《司法准则》，第35条禁止在审判室内进行摄影和广播。1952年，该准则进行了修正，电视报道被添加进禁止之列。1972年，《司法行为准则》取代了《司法准则》，旧准则的第35条不复存在，代之以新准则第3A条（7）款，其内容照样禁止电视摄像机进入审判室。大多数州，包括本案发生地佛罗里达州，制订了各自所在州的司法行为准则，这些准则都含有禁止电子媒体进入审判室的内容。

1978年2月，美国律师协会公正审判与新闻自由委员会建议再次修订准则，允许电子媒体进入审判室，条件是遵守法官的管理，不得干扰审判活动的前提下进入审判室从事报道。该建议得到美国律师协会刑事司法委员会和刑事司法与媒体委员会的同意，但是在1979年2月12日被美国律师协会代表大会否决。

庭审直播的大门在美国律师协会这里关死了，却在另一处打开了缝隙。1978年，州首席大法官会议以44比1的投票结果，批准了一项决议，允许各州最高法院制订关于电台、电视台和其他摄像机构报道庭审的标准和指导意见。

就在各方为是否允许庭审直播争论不休，莫衷一是的时候，佛罗里达州进行了自己的探索和尝试。1975年1月，该州一家电视台向州最高法院申请，修改禁止电子媒体报道庭审的准则。受此申请的触动，该州最高法院宣布进行一个试验项目，经各方一致同意之后，分别电视转播一起民事案件和刑事案件。由于在实践操作中，根本不可能获得各方一致同意，该试验无法进行下去。于是，佛罗里达州最高法院制订了一个新的为期一年的试验计划，内容是，电子媒体遵照详细的指导意见，可以报道佛罗里达州所有的司法诉讼活动，时间为1977年7月至1978年6月。这项试验项目结束后，佛罗里达州最高法院对项目实施情况进行了评估研究，并且经由州法院协调人办公室对律师、证人、陪审员和法庭工作人员展开了调查。对法官的调查是由佛罗里达州巡回法官会议单独进行的。

在完成了上述工作之后，佛罗里达州最高法院得出结论："总的来说，允许电子媒体在相关准则指导之下报道司法诉讼活动是利大于弊。"因为日常性地转播庭审，有助于公众信任司法，接受和理解判决结果。基于这一认识，佛罗里达州最高法院修改了该州的司法行为准则，相关规定如下：

> 主审法官有权：（1）规范法庭之上的诉讼行为，（2）维持庭审秩序和制止干扰，（3）确保未决案件得到公正的审理，如果电子媒体始终服从法官的管理，并且遵守佛罗里达州最高法院制订的行为和技术准则，那么应当允许其报道本州上诉法院和初审法院公开举行的审判。

正是因为佛罗里达州的上述试验引发了本案，本案也跻身为第一起上诉至美国最高法院的关于电视拍摄刑事审判的案件。

/ 案件回顾 /

诺埃尔·钱德勒和罗伯特·格兰杰是迈阿密海滩的警察，1977年5月1日清晨，他们闯入迈阿密南部海滩一家非常有名的餐厅行窃。机缘巧合，无线电业余爱好者约翰·西昂无意中听到和录下了钱德勒和格兰杰在行窃时通过警方对讲机进行的通话。

1977年7月1日，钱德勒和格兰杰被控图谋犯重罪、入室盗窃罪、大盗窃罪和持有盗窃工具罪。

上面说过，从1977年的7月起，佛罗里达州的法院着手实施电视转播庭审的试验计划。这意味着钱德勒和格兰杰的案件的审判过程也将进行电视转播。可是，两人并不甘心当"试验品"，他们的律师向初审法院提出申请，要求宣告该试验违宪，于是在事关电视转播庭审的埃斯蒂斯案发生10余年后，又一场和电视媒体有关的官司"打开了"。

/ 官司进程 /

面对钱德勒和格兰杰不想对他们的案件进行电视转播的申请，初审法院一方面驳回了申请，一方面把问题反映给州最高法院。

州最高法院拒绝就这一问题作出判决，给出的回复是，它与两名被告人被控犯罪没有直接关联。

在陪审员预先审查阶段，辩护律师询问每一名候选人，审判过程中有摄像机拍摄，他是否还能保持“公正和中立”。当选陪审员全部回答，摄像机的存在丝毫不会影响自己的判断。这一过程也进行了电视摄像。辩方又以电视拍摄和转播为由申请隔离陪审团，初审法官驳回申请，但是告诉陪审团，不要收看或阅读媒体上关于案件的报道。

审判开始后，一台摄像机跟踪拍摄，这个过程本身也发生了一个插曲。拍摄人员拍摄了检方发言陈述，包括其主要证人作证，但是轮到辩方发言时却离开了，直至结案陈词时才返回。后来电视台播出的节目时长为 2 分 55 秒，只有检方的内容，后来这也成为本案讨论的争议点之一。

经过初审法院审判，陪审团判决 4 项指控罪名成立，钱德勒和格兰杰被判监禁 7 年，5 年缓刑。

对这一判决结果，钱德勒和格兰杰请求重新审判，称电视报道剥夺了他们接受公正审判的权利，但是没有提交任何证明偏见的证据。

佛罗里达州上诉法院维持定罪，认定卷宗中没有证据显示，电视摄像机进入审判室损害了钱德勒和格兰杰的诉讼权利。佛罗里达州最高法院拒绝受理此案，认为自己在同意电视台拍摄庭审的申请时实际上已经就这个问题作出了决定。

最终在官司打到了美国最高法院后，最高法院做出了维持原判的判决结果。

首席大法官沃伦・E. 伯格代表美国最高法院撰写了判决书。在判决书的分析开始之前，伯格首先进行了一番“事先声明”：

> 佛罗里达州最高法院在修改准则时专门说明，州或联邦宪法都没有规定广播电视台有权拍摄和转播庭审。这可不是伯格多虑，因为如果不澄清这一点，本案争议点就会由法院能否允许电子媒体进入审判室演变成讨论电子媒体是否

享有报道审判的接近权。毕竟，允许你这样做和你有权这样做在法律性质上完全是两码事。

最高法院的最终判决书给该案做出了如下判决：

就本案案情而言，因为本院对州法院不具监督权，我们的复审只限于是否有违宪情形。我们认为，宪法没有禁止各州根据修正后的准则第3A条（7）款的授权进行试验。维持原判。

威廉·J.布伦南、瑟古德·马歇尔、哈里·A.布莱克门、刘易斯·F.鲍威尔和威廉·H.伦奎斯特联署了判决书。

/ 法眼观案 /

第一观："宪法没有授权我们监督或阻挠各州在诉讼程序方面进行实验"

美国是一个经验主义盛行的国家，加之普通法信奉法律的生命是经验。所以美国最高法院在考虑是否确立一个宪法原则的时候，绝不会把目光只停在一个个案上面，肯定要参考相关经验积累和研究结果。这方面的情况同样不利于全面禁止电视报道庭审。伯格写道："没有人能够拿出充足的实验数据说明，广播电视媒体进入审判室天然地对审判造成负面影响。"

讲到这里，想必大家看明白了，美国最高法院已经对全面禁止电视摄像机进入审判室这种做法说不了。然而，不禁止并不等于说可以，更不用提不顾被告人的反对，进行有那么一点"强制"色彩的拍摄了，而这恰恰是钱德勒案的关键。用伯格的话来说就是："本案的问题是，一个州是否可以不顾被告人的反对，准许电台、电视台报道刑事审判，并且公开播出。"

关于这个问题，伯格说，必须考虑这项政策的实验性质，他援引大法官布兰代斯的话论述了鼓励实验对一个国家而言的重要性：

进行社会和经济事务的实验是一项重要工作。禁止实验可能给这个国家造成严重后果。联邦制的一大好处是，如果某个州的公民选择这样做，这个勇敢的州可以起到实验室的作用，开展新颖的社会经济实验，而又不会给国家的其他地方带来风险。

梳理下来，伯格在判决书中主要得出两个结论：其一是，钱德勒和格兰杰从始至终只是说，诉讼各方看到审判室内有摄像机，知道审判活动将在电视上播出，每个人的诉讼行为会受其负面影响，从而伤害了审判的公正性。然而两人却没能提交证据予以证明，这就难以让美国最高法院采信其主张。“在一个具体案件中，要证明存在偏见，除了陪审员知道本案是个大案，广受电视记者注意之类事实外，被告人必须证明更多的东西。”

其二，“宪法没有授权我们监督或阻挠各州在诉讼程序方面进行实验；只有当该州行为侵犯了基本权利时，我们才有权进行干涉。”然而，“本案没有像埃斯蒂斯案一样，弥漫着‘罗马竞技场’或‘扬基体育馆’一般的气氛，上诉人也没有试图去证明未被隔离的陪审团接触到了‘煽动性’报道。”因此，美国最高法院认为自己在这个问题上面应当置身事后，不宜插足。

第二观：“它实际上掏空了埃斯蒂斯案的内涵”

针对本案的判决，大法官拜伦·R. 怀特撰写了一份同意意见书，在意见书中，怀特表达出了一个中心主题：如何看待埃斯蒂斯案判决。他认为该案应被解读为确立了禁止摄像机进入刑事审判室的宪法原则。

怀特认为：“无论是广义地解读还是狭义地解读埃斯蒂斯案判决，我都同意斯图尔特大法官的观点，即应当推翻它。”因为从根本上，怀特就不认同该案判决的内容，即不需要相关证据证明，电视拍摄刑事审判天然地造成了偏见。他说，被告人当然应当拥有充足机会去说服法官相信电视转播对自己构成了不公平，法官也应当有权完全或部分地限制电视拍摄。但是，“在缺失被告人遭受偏见的证据之下，我依然坚信，不能只因为初审法官拒绝逐出电视摄像机，审判的全部或者部分过程向公众进行了电视转播，便可以推翻州法院作出的有罪判决。”

在怀特看来，美国最高法院关于本案的判决事实上使埃斯蒂斯案名存实亡，“虽然最高法院今天的判决认为它遵循了埃斯蒂斯案，但是我认为，它实际上掏空了埃斯蒂斯案的内涵。”

因为佛罗里达州的实验没有区分普通案件和高度曝光的案件，只要没有证据证明确实存在偏见，任何类型案件都可以进行电视拍摄。这不仅有违埃斯蒂斯案判决书所说的电视拍摄天然地造成偏见的观点，而且超越了哈伦所持的高度曝光的案件不得进行电视转播的同意意见。如此激进的实验却被美国最高法院认可，无异于彻底地放弃了埃斯蒂斯案判决。

同样撰写了一份同意意见书的大法官波特·斯图尔特尽管同意判决结果，但是却没有在判决书上署名，原因在于他认为，要维持原判，必须先推翻“埃斯蒂斯诉得克萨斯州案”的判决。为什么呢？

斯图尔特认为，无论是在审理埃斯蒂斯案时，还是现在，自己的观点始终不变：埃斯蒂斯案宣告了一项宪法原则，即第十四修正案全面禁止电视摄像机进入刑事审判的审判室。而本案判决书却以投票结果微弱多数、哈伦的支持附带条件等为由，明确否认埃斯蒂斯案确立了一项宪法原则。

斯图尔特认为，判决书的错误之处是夸大了哈伦的犹豫。实际上，哈伦虽然表示过埃斯蒂斯案的判决结果只适用像埃斯蒂斯案这样高度曝光的大要案，但是随即又承认，这种限制可能没有意义，电视对普通案件的转播也可能损害审判的公正性。况且，哈伦说得非常直白，他并不主张庭审直播的宪法问题完全取决于案件的性质。

既然斯图尔特坚持埃斯蒂斯案确立了全面禁止电视摄像机进入刑事审判室的宪法原则，姑且信之，以这个思路来审视本案，会得出什么结果呢？

一种观点就认为，埃斯蒂斯案的好几份意见书都说到，随着电视技术的发展，干扰性降低，摄像机可否进入审判室需要重新考虑。现在，时间过去了 15 年，这期间电视技术突飞猛进，本案或许可以此为由避开埃斯蒂斯案确立的原则。对此，斯图尔特表示，这是一个误读，原因在于，“最高法院在埃斯蒂斯案中认为的违宪情形不是（电视给诉讼参与人造成的）身体困扰，这种困扰随着技术的进步终有一天会消失。相反，它根生于一种假设：只要摄像机出现在审判室，它就会使诉讼参与人对被告人产生偏见”。因此，尽管技术发展了，美国人也更加熟悉电视媒体，电视的潜移默化的影响在今天没有减退。只要埃斯蒂斯案“健在”，本案便无法回避。

“最高法院在埃斯蒂案认为，哪怕出现在刑事审判中的电视摄像机没有造成干扰，但是它天然地带有偏见性，因为违反了正当程序。今天，最高法院得出了截然相反的结论。我完全赞成最高法院今天的判决，但是我会认为我们彻底地背离了先例。”斯图尔特说。

媒体的审判报道权也有框架限制

——甘尼特公司诉德帕斯卡尔案

在“内布拉斯加州新闻协会诉斯图尔特案”之后，美国很多初审法院意识到，自己被束缚住了手脚，不能轻易去禁止新闻媒体报道可能于被告人不利的信息，但是防止陪审团不受偏见性报道的影响，保证被告人获得公正审判又是其职责所在，那么怎么才能在两者中搞好平衡呢?

于是，很多对此焦头烂额的法院想到了这样一种方法——阻挠新闻记者进入审判室。

被拦在审判室的大门之外的新闻记者当然不会甘心，他们至少可以诉诸两条宪法修正案来要求上级法院推翻初审法院的封闭令——第一修正案和第六修正案。以前者规定的接近权，记者可以主动要求进入审判室，按照后者的公开审判条款，审判是公开举行的，作为公众之一员，记者进入是理所当然的事情。

在公开审判方面，尽管在英美上早已形成历史传统，并且是现实实践，但是这其中还存在很多问题。

第一个问题是，第六修正案规定的接受公开审判的权利是否包括公众参与相关审前程序的权利？第二个问题是，公开审判权是被告人专有的呢，还是属于全体公民？第三，被告人接受公开审判的权利是否代表着他可以强制要求不公开审判？所有这些问号，美国最高法院的大法官们将在本案中一一为公众打开。

/ 案件回顾 /

水门事件暴露后，美国总统尼克松黯然辞职下台，他的多名顾问因涉嫌妨碍司法调查被指控，尼克松在白宫与顾问们的谈话录音磁带在审判中被采信为证据，法庭还将录音记录提供给陪审员、旁听记者和公众，报纸也予以刊登。沃纳传播公司向法院申请复制这些磁带，用于播放和出售。初审法院驳回了该申请，理由是，被告人提起了上诉，如果批准该申请，他们的接受公正审判的权利将会受到损害，况且记录本身已经把录音内容告诉了公众。

沃纳传播公司的申请被驳回后，该公司将这件看似不起眼的“小事”上诉到了美国最高法院，没想到，美国最高法院经过审判推翻了初审判决，认为，仅仅是被告人的权利可能受损这一情况未能超越公众的知情权，普通法上公众享有对于刑事档案的接近权，因此初审法院需公布磁带。

虽然该案只涉及到新闻媒体对于刑事审判档案的接近权，但是可以看出，美国最高法院否认了媒体享有优先于公众的接近权，而且它推托说磁带内容早已公开，媒体实际上已经获得相关信息，从而回避了媒体是否享有接近权这个问题。

对这样一个相对空白的领域，下面的案件给美国最高法院出了一道“难题”，需要美国最高法院给出解决办法。

一起失踪案

1976 年 7 月 16 日，42 岁的美国纽约州罗彻斯特市郊区亨里埃塔的警察韦恩·F. 克拉普在休息日准备开船去塞尼卡湖钓鱼，可能考虑到一个人去无聊，因此，这个克拉普又找了两个男子和自己结伴同行。

当天，克拉普开着自己的船，拉着两个男同伴直奔塞尼卡湖。这天晚些时候，和克拉普同去的两名男子独自乘船返了回来。上岸后，两人开着克拉普的小型载货卡车离开了。而克拉普直至 7 月 19 日都未回家，于是，焦急的家人向警方报了案。

出警后的警方检查了克拉普的船，结果发现上面有弹孔。警方怀疑克拉普遭遇了不测。由于和克拉普同去的两名男子已经不见了踪影，且又是开着克拉普的车离开的。自然，警方就把这两名男子当作了重点嫌疑对象，于是，警方一边查找那两名男子，一边在湖中打捞克拉普的尸体。

很快警方就查明，跟随克拉普一道出湖钓鱼的两名男子是 16 岁的凯尔·格雷特豪斯和 21 岁的戴维·琼斯，分别来自得克萨斯州和北卡罗来纳州。

7 月 21 日，密歇根州警方在当地一家小旅馆逮捕了戴维·琼斯和格雷特豪斯夫妇。

7 月 25 日，塞尼卡县治安法院以涉嫌三级谋杀罪传讯了格雷特豪斯和琼斯两人，一块被捕的格雷特豪斯的妻子则被控二级大盗窃罪。

媒体被审前会议拒之门外

1976 年 8 月 2 日，塞尼卡县的一个大陪审团对三人提起了指控，法院给予三人律师 90 天的期限，用以提交审前申请。

11 月 4 日，格雷特豪斯和琼斯向法官丹尼尔・A. 德帕斯卡尔申请排除此前向警方作的认罪，同时请求法院拒绝新闻记者进入审判室。辩方律师认为，负面报道经久不衰，日积月累，已然危及被告人获得公正审判的能力。他们特此请求，审前会议应当将公众和新闻媒体拒之门外。地区检察官不反对该请求。虽然（甘尼特公司的）记者卡罗尔・里特当时在审判室，但是也没有表示反对。初审法官批准了该请求。

甘尼特公司在罗彻斯特市发行两份报纸——《民主纪事报》和《联合时报》。正是这两份报纸对该案进行了大量报道，根据统计，从 7 月 20 日第一篇报道见报，到 8 月 6 日法院传讯格雷特豪斯和琼斯的新闻发表，18 天时间里两报总计发表了 14 篇相关文章。此后，直到 11 月 4 日排除证据听证会召开，中间三个月的时间两报再无稿件报道本案。相关评论文章也是大陪审团提起指控之后才发表。

在咨询了甘尼特公司的律师后，甘尼特公司的记者里特次日给德帕斯卡尔写信说，她有权报道审前会议，同时请求查看会议记录。德帕斯卡尔当天晚些时候回复说，会议已经结束了，并且决定暂不公开记录。吃了“闭门羹”的甘尼特公司开始寻求司法途径进行解决。

/ 官司进程 /

甘尼特公司向法院申请撤销封闭审前会议的命令，德帕斯卡尔法官安排在 1976 年 11 月 16 日举行一次听证会，审议甘尼特公司的这项申请。

在这次听证会上，德帕斯卡尔法官说，尽管宪法规定了媒体享有接近权，但是在本案中，证据显示，公开举行排除证据听证会很有可能导致公众形成对被告人的偏见，被告人接受公正审判的权利的重要性超过了媒体和公众的接近权利益。因此，他拒绝撤销封闭审前会议的命令，记录也暂时不公开。

11 月 17 日，甘尼特公司援引第一修正案、第六修正案和第十四修正案，向纽约州最高法院[1]上诉。

纽约州最高法院在12月17日判决，初审法官的命令违背了司法程序公开举行的原则，侵犯了重大公共利益，构成了非法的事前限制，因此撤销了该命令。

但在接下来的上诉中，纽约州上诉法院又推翻了纽约州最高法院的判决，认为本案纯属理论探讨性质，没有实际意义，因为到那个时候，两名男子已经认罪，听证会的记录已然向新闻媒体公开，但是鉴于所涉问题事关重大，它保留审理本案的管辖权。该院说，根据纽约州法律，“刑事审判是推定向公众开放，包括新闻媒体”，不过，在本案中被告人接受公正审判的权利遭受到严重威胁，推翻了公开审判的推定，因此支持初审法官最初作出的禁止媒体进入审判室的命令。

最后，甘尼特公司将官司打进了美国最高法院，美国最高法院表示，考虑到所涉的宪法问题关系重大，签发了调卷令，并最终形成了终审判决：

> 我们认为，宪法没有规定这种权利（公众或媒体对审前诉讼程序的接近权）。相应地，维持纽约上诉法院的判决。

大法官波特·斯图尔特代表美国最高法院撰写了判决书。首席大法官沃伦·E.伯格，大法官刘易斯·F.鲍威尔、威廉·H.伦奎斯特和约翰·保罗·史蒂文斯联署。

/ 法眼观案 /

第一观：排除证据听证会的特殊性

在本案之前的判例中，美国最高法院的一贯立场是，审前报道可能损害被告人接受公正审判的权利，采取措施防止这种危害是法官的职责所在。本案的初审法官也正是出于该考虑作出了封闭听证会的决定。

审判中的听证会有很多，排除证据听证会只是其中一种，对本案中所提及的排除证据听证会的性质，首席大法官沃伦·E.伯格在同意意见书中进行了说明，按照伯格的解释，“究其定义，审判开始之前召开的排除证据听证会不是审判；它是一

① 由于历史等原因，这家法院虽名为纽约州最高法院，实际上只具一般管辖权，兼有初审和上诉审管辖权，该州终审法院是下文所说的上诉法院。

种审前会议。”事实上，普通法层面的审前程序没有实行公开推定，人们一直认为，参加审前宣誓和审前传讯的人只能是诉讼人。这样一来，按照伯格的推论，排除证据听证会不是审判，因此也就不存在案件中争议的公开性问题了。

对于这种特殊的听证会，最高法院大法官斯图尔特认为，相较于一般的审前报道，关于排除证据听证会的报道对被告人权利的伤害更大。“这种听证会的全部目的是筛除不可靠的或非法获得的证据，确保这种证据不为陪审团所知。然而，在审判之前公开报道听证会，将使公众形成不利于被告人的看法，把那些完全不可能被审判采信的信息告诉了陪审员候选人。”自然，这对于公正审判是不利的。

那么作为公共传播工具的媒体能不能派遣其记者出席并报道这个较为特殊的听证会呢？

一般来说，对新闻记者能不能出席某个刑事审判程序这个问题的回答可以从两个维度进行：一个维度是该程序是否是公开举行的，如果是，记者当然有权参加了；第二个维度则是记者对该程序享有接近权，有接近权意味着可以参加。

甘尼特公司申诉的一个理由也是，根据第六修正案规定的“公开审判”，记者有权出席排除证据听证具体规定。对此，大法官斯图尔特认为，第六修正案的“首要目的”是保护“被告人免受指控权和司法权滥用的伤害”，所以，那些权利——包括接受公开审判的权利——专属于被告人。“宪法全文没有一处地方提及公众对刑事审判的接近权；它的保障……专属于被告人。”

虽然公开审判权属于被告人，但是被告人却不享有“强制举行不公开审判”的权利，这是因为“公开审判具有重大的社会利益”，“法庭诉讼的公开可以提高证词的质量，引导潜在的证人提交相关证词，促使所有诉讼参与人更加自觉地履行其义务，而且总体上给公众提供了观察司法系统的一个机会。”

不过，斯图尔特强调说，承认公开审判的公共利益性，“离创制一项宪法权利还有很远的距离”。言下之意是，公开审判虽然具有公共利益，甚至这种公共利益还很重大，但是并不等于说宪法规定了，公开审判权为公众享有，公众有权强制要求审判公开举行。那么公共利益如何保障呢，斯图尔特没有详细论述，只是说，美国的刑事司法系统是对抗式的，控辩双方的诉讼行为“全面地保护了”公共利益。

尽管美国联邦宪法确实没有明文规定公众享有出席刑事审判的权利，但是甘尼特公司及其支持者认为，公开审判的历史传统说明了这种宪法权利的存在。斯图尔特表示：“历史至多证明了，在普通法上存在着一种民事和刑事案件公开审判的原则。”

虽然美国联邦宪法吸纳了某些普通法，例如普通法上的陪审团审判明文写进了第六和第七修正案，但是普通法原则升格到宪法的情形并不多见。况且，即便第六修正案规定了公众出席刑事审判的权利，它也没有赋予“公众出席审前诉讼程序的权利”。

对媒体是否能够出席排除证据听证会这一问题，大法官刘易斯·F. 鲍威尔在同意意见书中也写道，“我会明确地判决，申诉人（甘尼特公司）的记者出席关于限制审前报道的听证会的权利受到第一修正案和第十四修正案的保护”，但是，这种权利不是绝对的。“它是有限的，”鲍威尔写道，“既受到被告人接受公正审判的宪法权利的限制……也受到政府寻求公正定罪和保守机密信息和线人身份的需要的限制。”

在发出不许新闻媒体进入审判室的命令之前，初审法院“应当考虑是否可以采用合理的替代办法，在不严重干扰公众迅速获知司法运作信息的情况下，保持审判的公正性”。

此外，鲍威尔认为，公众和新闻媒体“有权要求，它（不许新闻媒体进入审判室的命令）的范围不得超出实现其目标（公正的审判）所需要的程度”。而且，公众和新闻界的“代表”“在封闭审判的命令发出时，必须获得机会，就自己被排除在审判室之外这个问题举行听证会”。

在举证原则上，鲍威尔认为应当采用谁主张谁举证的原则，“被告人作为采取行为的一方，有责任去证明，公众旁听审判可能会损害对他的审判的公正性”。

如果州政府申请封闭审判，它必须“证明公众的知情将会妨害公正审判，影响其保守敏感信息的秘密”。相反，新闻媒体和公众“有责任提交证据，让法庭相信，可以采用替代措施消除被告人和州政府证明的危险”。

至于本案，根据鲍威尔的说法，初审法官的决定“完全符合宪法的规定”，“适用的实体标准在本质上是正确的”，其判决没有任何错误。

第二观：值得深思的一份意见书

在此案的终审判决中，大法官哈里·A. 布莱克门撰写了一份意见书，对判决书的观点部分同意，部分表示异议。大法官布伦南、拜伦·R. 怀特和瑟古德·马歇尔联署。

布莱克门的意见书是一份比较特殊的意见书，把它归入同意意见书或异议意见书都不太精确，因为布莱克门在这份意见书中明确表示，自已赞成判决书的部分观点，然而在另一些观点上有分歧。当然，鉴于布莱克门投下了反对票，把这份意见书称为不典型的异议意见书也无不可。

布莱克门认为，最高法院的判决“毁誉参半”，夸大了新闻报道造成的负面影响。

这种“毁誉参半”首先体现在，布莱克门同意判决书所说的，这个问题不是没有实际意义，但是认为美国最高法院夸大了相关新闻报道造成的负面影响，由此作出了一项“硬性规定”，即“只要辩方和检方提议不许公众进入排除证据听证会，而且初审法官不反对……就封闭听证会”。但在布莱克门看来，这个规定固然简单易行，却是僵化笨拙的，既不符合历史，也偏离了第六修正案的真义。

而在统计、研究了甘尼特公司两家涉案报纸对该案的报道后，布莱克门认为，报道是“冷静的、常规的和无伤大雅的”。

布莱克门认为，整个事件在程序方面也存在瑕疵，特别是申请不公开进行听证会的一方没有完成举证责任。听证会不公开进行的申请是辩方突然提出来的，事前未通知其他各方。辩护律师给出的理由是，将要提交审查的证据可能不会在今后的审判中出示。法庭提醒辩护律师，被告人享有公开受审的宪法权利，让公众和媒体离开审判室将剥夺被告人的这项权利。辩护律师回答：“我完全了解这一点，尊敬的法官，但这不是审判，它是听证会。”法官转头征求地区检察官的意见，后者回答：“听辩方的，我不反对他们想做的事。”法官没有做进一步的调查，批准了封闭听证会的申请。因此，布莱克门认为，从始至终，辩方没有提供任何证据证明自己所主张的“负面报道经久不衰，日积月累，已经危及被告人获得公正审判的能力”。

另外，对本案中争议的另一个话题——公开审判，布莱克门认为按照美国刑事司法的传统，审判是“公共事件”，“审判室内发生的事情是公共财产”。同时也反映了“深植于普通法的一个理念，公正必须以公正的形式实现”。因为，“秘密的司法审判将会威胁自由。”密室无公正容身之地。相反，“公开审判确保，无论是法官，还是刑事司法系统的参与人，所有人都接受公众的监督”。

公开审判的重要性无庸多言，不过单从第六修正案的字面意思来看（在一切刑事诉讼中，被告有权由犯罪行为发生地的州和地区的公正陪审团予以迅速和公开的审判，该地区应事先已由法律确定；得知控告的性质和理由；同原告证人对质；以强制程序取得对其有利的证人；并取得律师帮助为其辩护），这种权利应当归属于被告人，无关公众。

然而，具体到本案的具体情况，布莱克门表示，由于第六修正案可能涵藏着除被告人权利之外的其他利益，作为权利人，被告人固然可以主动放弃属于自己的权利，但是，可以放弃一项宪法权利并不等于说，放弃者有权获得该权利的对立面。与之类似的还有，被告人可以放弃与指控他的证人对质的权利，但是他不能强制要求根据猜测来审案。同样，“虽然在某些情形下，被告人可以放弃接受公开审判的宪法权利，但是他不享有强制进行不公正审判的绝对权利。”

为了进一步论证被告人不享有强制要求秘密审判的权利，布莱克门从多个方面进行了阐述。

第一，英国普通法的历史表明，所有刑事审判是公开举行的，并且这个传统最初并不是作为被告人的权利出现的，而是为了追求审判的有效性。“有确凿的证据说明，公开审判形成于现在通常赋予被告人的其他程序性权利，被广泛认为具有重要的社会利益，事关审判的正当性，该利益独立于单个被告人的利益，可以想象，有时还不利于被告人。”

第二，布莱克门写道：“我从公开审判原则在美洲殖民地的发展和第六修正案的通过中，从始至终没有发现任何证据表示，这个国家承认不公开审判的权利和通过放弃公开审判获得强制不公开审判的权利。”

第三，在常人理解中，公开审判当然是有利于被告人的，为什么布莱克门要说它不但不是作为被告人权利而产生，而且也不是专门保护被告人的利益呢？原因在于，公开审判的功能是保障审判的公正性，防范司法不公。但是，“被告人本身可能从法官腐败、有偏见或者不胜任中获得好处”。

此外，在布莱克门看来，公开审判还能够让公众审查警方和检方的工作；受害人及其家人希望目睹指控过程，普通公众也希望观察审判活动；公正的形式也作用重大，“秘密审判——哪怕事实上是公正的——生来就令人疑窦丛生。重要的司法判决先在紧闭的大门之后作出，然后向公众宣布，这样的做法不能长久地维系公众的信任”。显然，这些上述利益都是独立于被告人的。

在进行上述一番分析之后，布莱克门在意见书中写道：

> 因此我认为，由于第十四修正案的正当程序条款包含了第六修正案的公开审判条款，所以它禁止各州在没有全面和公正地考虑公开审判的公共利益之下，就禁止公众在第六修正案的规定范围内出席审判活动。

布莱克门的结论实际上说，审前程序公开举行是原则，不公开是例外。

为什么要有例外？例外有哪些情形？布莱克门解释说，在特定情形下，媒体报道从公开程序上获得的信息，可能给被告人接受公正审判的能力造成不可修复的损害。尤其是审前程序，提交的某些证据证词在听证会上经审查被判定为不得在审判中出示，这个时候把它们报道出去，将严重地损害被告人的权利。因此，“虽然第六修正案的公开审判条款强烈主张公开，但是它没有要求，即便公开开庭会使被告人得不到公正审判时，所有审判仍必须公开开庭”。

只不过，公开审判原则意义重大，不公开的条件和范围应当予以严格的限定。布莱克门认为，被告人要寻求封闭听证会，至少应当证明以下内容：第一，公开举行听证会将会对他接受公正审判的权利造成不可修复的伤害。相关证据应包括审前报道的性质和内容、报道对陪审团的影响等；第二，替代措施不足以充分地保护自己接受公正审判的权利。所谓的替代措施包括延期审理、单独审判、变更审判地点、更换陪审员、预先审查、无因回避、隔离陪审团和告诫陪审团；第三，封闭法庭确能有效地防止预期中的损害。

不过封闭法庭首先要满足严苛的条件，而且封闭措施也不得超出必要的程度。布莱克门建议，最好是只在偏见性信息出示时才让公众离开审判室，而且封闭“应当是临时性的，法院应当确保，那些秘密举行的诉讼程序要进行准确详细的记录，一旦对被告人接受公正审判权利的威胁消失了，公众可以获许以恰当的方式接触到该记录”。他继续说：“我认为，作为最后一道防线，被要求离开审判室的人应当被给予合理的机会，在该命令生效之前表达其反对意见。最后，法院应当在卷宗中表明其认为必须封闭法庭的理由，供上诉法院充分了解案情。”

在意见书的结尾处，布莱克门引用边沁所说的公开是“正义之魂”，再次强调了公开的重要作用：第一，它防止法官、检察官和警察滥用权力。第二，它向公众提供了一个途径，去获得关于刑事司法体系和公共官员表现的信息。第三，它捍卫了法庭的公正性。第四，它维系了公众对法治和法庭运作的信赖。

“综观卷宗，作为一个法律问题，我认为，没有充足的证据表明，法庭有必要发布命令把公众拒之门外。案情也不能证明初审法院的看法：封闭令的替代措施不能起到保护被告人权利的作用。”